高职高专旅游类教材系列

旅游商品学

（修订版）

主编 艾艳丰

科学出版社

北京

内 容 简 介

本书为适应市场经济体制下旅游业发展的需要,培养有理想、有技能的旅游、酒店行业的生产、服务第一线高等应用型技术人才而编写。主要内容包括:旅游商品概论、金银珠宝、纺织工艺品、中国画、年画及文房四宝、民间工艺品、时尚旅游商品、烟、茶、咖啡、酒及名贵中草药等旅游商品的个论介绍。本书具有较强的知识性、趣味性和实用性。

本书适合作为高职高专院校旅游、酒店、导游等专业的教材,也可以作为相关社会从业人员了解旅游商品学的参考书。

图书在版编目(CIP)数据

旅游商品学(修订版)/艾艳丰主编. —北京:科学出版社,2005
(高职高专旅游类教材系列)
ISBN 978-7-03-015982-3

Ⅰ.旅… Ⅱ.艾… Ⅲ.旅游商品-商品学-高等学校:技术学校-教材
Ⅳ.F590.8

中国版本图书馆 CIP 数据核字(2005)第 083027 号

责任编辑:朱大益 / 责任校对:王万红
责任印制:吕春珉 / 封面设计:耕者设计工作室

科 学 出 版 社 出版

北京东黄城根北街 16 号
邮政编码:100717
http://www.sciencep.com

新科印刷有限公司 印刷

科学出版社发行 各地新华书店经销

*

2005 年 8 月第 一 版 开本:B5 (720×1000)
2021 年 8 月修 订 版 印张:18
2021 年 8 月第十次印刷 字数:347 000

定价:48.00 元

(如有印装质量问题,我社负责调换〈新科〉)
销售部电话 010-62134988 编辑部电话 010-62135397-2021(VF22)

修订版前言

旅游商品学是一门文理渗透、相互交融的应用性学科。本书结合高职高专的教育宗旨，有针对性地做了一些探索，对具体商品进行了个论分析。通过对本书的学习，学生可以掌握品种繁多的旅游商品的分类、标准、质量、鉴定、包装及储存等知识，拓展知识面，从更广泛的领域加深对旅游商品知识的学习，从而起到指导消费、提高鉴别商品的能力和提高服务质量的作用。

本书主要内容包括八大部分：

一、旅游商品概论，包括旅游商品质量、分类、标准及商品包装、生命周期及环境管理的一般知识。

二、金银珠宝知识，包括黄金、白金、白银、钻石、翡翠、珍珠等商品的鉴别和保养知识。

三、纺织工艺品知识，包括对四大名锦、柞蚕丝绸产品、绫罗绸缎绢绉、蜡染、扎染、挂毯等的介绍。

四、中国画及文房四宝知识，包括对中国画、年画、笔墨纸砚的名品介绍。

五、民间工艺品知识，包括对雕刻、陶瓷、唐三彩、景泰蓝、风筝、剪纸、刺绣、编织等的介绍。

六、时尚旅游商品知识，包括对睡袋、帐篷、摄像机、太阳镜等的介绍。

七、对烟草、名茶、名咖啡、名酒的介绍。

八、名贵中草药知识，包括对人参、灵芝、虫草、藏红花、麝香、鹿茸、阿胶等中成药的介绍。

艾艳丰（西安外事学院）任本书主编，并编写第1章，鲍清晓（陕西师范大学）编写第2～4章，程蕾（陕西师范大学）编写第5、6、10章，黄宇（西安外事学院）编写第7～9章，崔林（西北大学）编写第11章。

本书在编写过程中，参考了不少专家学者的研究成果（以参考文献的形式附于书后），同时参考了黄金珠宝网、凤凰网、中国蚕茧丝绸网、潍坊工艺网、中国杨家埠木版年画网、中国民间工艺网、中国艺术网、中华工艺品在线等网站的资料，在此一并表示衷心的感谢。由于旅游商品学知识面广，编者学识有限，书中难免有疏漏和欠妥之处，敬请广大读者批评指正。

编者

2021年1月

目　录

第1章 旅游商品概论

【本章要点】

1. 影响商品质量的因素；
2. 商品标准的分类及编码；
3. 商品质量检验的方法；
4. 绿色设计和环保商品。

我国历史悠久，地域辽阔，民族众多，具有民族特色的丰富多彩的名贵金银珠宝加工品、丝绸、陶瓷、茶叶、旅游地的土特产、纪念品、工艺品、字画、服装等旅游商品，从古到今一直受到我国及世界各地旅游者的青睐。购物是旅游中吃、住、行、游、购、娱六大要素之一，是旅游过程中的重要环节。要发展旅游业，发展旅游商品，就要加强对旅游商品知识的研究和学习。

恩格斯说：商品"首先是私人产品，但是，只有这些私人产品不是为自己的消费，而是为他人的消费，即为社会的消费而生产时，它们才成为商品；它们通过交换进入社会的消费"①。旅游商品首先是劳动产品，通过旅游市场"交换"进入社会消费的劳动产品，才能称为旅游商品。

学习旅游商品学，首先要了解商品的要素和属性。旅游商品的要素有商品体、有形附加物和无形附加物。有形附加物是为了商品流通、消费的需要以及环境保护和可持续发展需要而制作的附加物，如商品的名称、包装、商标及注册标记、检验合格证、说明书、保修卡、发票等；无形附加物是指服务和附加利益，如提供信贷、送货上门、免费安装、调试服务、售后保证与维修服务、退换退赔的服务承诺、优惠折扣、附加财产保险等。因此商家都在加大力度开发和利用旅游商品的无形附加物，以增大市场份额，满足消费者的综合需要，使商品在激烈的市场竞争中立于不败之地。

商品的属性有自然属性和社会属性。在自然属性中，要认识商品的成分、结构、形态和化学性质、物理性质、生理生化性质等。它们对旅游商品的质量起着重要的作用，也是本书介绍的重点。社会属性包含商品的经济属性、文化属性（民族、宗教、审美、道德等属性）、政治属性和其他社会属性。本书只介绍商品

---

①恩格斯. 1972. 马克思恩格斯选集（中文1版）. 北京：人民出版社. 第3卷：345页。

的自然属性。

本书从各类旅游商品的质量、分类、标准、鉴定、包装、养护和环境保护等相关知识切入，使旅游管理及相关专业的学生在旅游商品的管理、营销、导购过程中能更多地掌握旅游商品的知识。

1.1　旅游商品的质量

旅游商品的质量体现在商品的内在质量、外观质量、社会性质量等方面。商品的质量是动态的、变化的，它随着现代科学技术和生活水平的提高而提高，人们对商品质量的要求不会停留在原有的标准上。因此要不断地提高商品的各项性能及质量，以满足消费者和社会的需求。

1.1.1　旅游商品质量指标

旅游商品的质量体现在众多的指标上，通常有适用性指标、工艺性指标、结构合理性指标、卫生安全性指标、可靠性指标、经济性指标、寿命指标、质量均一性指标、科学性指标、方便性指标、可收藏性指标和观赏性指标等。

1.1.2　影响旅游商品质量的因素

在旅游商品生产、流通、使用过程中，影响其质量的因素很多，但主要有以下几点。

1. 人的因素

商品的经营者以及生产、销售、运输、存储等部门人员的质量意识、责任感、事业心、文化修养、技术水平、质量管理水平对商品的质量起着关键作用。

2. 生产过程中影响旅游商品质量的因素

生产中的天然商品，如农业、林业、牧业的商品质量，主要取决于品种的选择、栽培、饲养方法、生长的自然环境和收获方法等因素。

其他旅游商品的质量取决于市场调研、商品的开发设计、原材料质量、生产工艺和设备、质量控制、成品检验和包装等环节，它们都会影响商品质量。

3. 流通过程中影响旅游商品质量的因素

（1）运输装卸

商品在运输装卸中，如路线、运输方式、运输工具、装卸工具不同，对商品的破坏程度就不同。又如在铁路、公路、水路、航空运输中的碰撞、跌落、散失等，也会影响商品质量。

（2）仓库储存

商品在仓库储存中受到日光、温度、氧气、水分、臭氧、尘土、微生物、害虫的影响，是发生质量变化的外因。

（3）销售服务

在销售服务、进货验收、入库储存、旅游商品陈列、提货搬运、装配调试、包装服务、技术咨询、维修和退换服务等过程中，都有影响质量变化的因素。

4. 使用过程中影响旅游商品质量的因素

由于对商品的使用范围和条件、使用方法和维修保护、废弃处理等了解的程度不同，也会影响旅游商品质量。

1.1.3 旅游商品质量管理

旅游商品质量管理体现在确定质量方针、目标和职责，并在质量体系中通过质量策划、质量控制、质量保证、质量改进使其实施的全部管理职能的所有活动中，已由简单的产品管理发展到全面质量管理阶段。

1. 全面质量管理

全面质量管理是一种全面、全过程、全员参与的积极进取型管理，核心是调动人的一切积极因素。它是以质量为中心、全员参与为基础，通过让顾客满意和本组织所有成员及社会受益而达到长期成功的管理。

（1）宗旨

旅游商品质量管理的宗旨是：将满足消费者（用户）的需要放在第一位；以数理统计等现代化综合管理手段和方法，对旅游商品开发、设计、生产、流通、使用、售后服务及用后处置的全过程进行全面管理；防检结合，以防为主，重在分析各种因素对旅游商品质量的影响；管理产品、工作、工序质量；保证产品质量，成本低廉，供货及时，服务周到；要求管理业务、技术、方法的标准化。

（2）管理的基本方法

PDCA 是英文 Plan（计划）、Do 执行、Check（检查）、Action（处理）的缩写。PDCA 工作循环法是旅游商品管理的基本方法，它是指计划、执行、检查、处理的循环管理法。

2. 旅游商品质量的过程管理

旅游商品的过程管理是对旅游商品的生产、流通、使用消费的全过程管理，即对旅游商品寿命周期的全部阶段和质量体系中的众多因素进行全面控制和管理。

1.1.4 旅游商品质量认证

旅游商品质量认证的对象是商品或服务。认证的依据是特定的商品标准以及补充的技术要求。旅游商品质量认证机构应为独立的第三方。认证证书或认证标志是旅游商品质量符合认证标准的标志。质量认证一般遵循自愿的原则。但是对关系到人民生命和财产安全的商品必须实施强制认证和监督管理。

1. 认证种类

1981 年我国成立了商品质量认证委员会，如中国电子元器件认证委员会等。商品质量认证的类型有质量认证、安全认证和综合认证。质量认证标志、安全认证标志和长城标志如图 1-1 所示。

图 1-1　商品质量认证标志

商品的安全认证多是强制性认证，旅游商品的安全性，不仅涉及到使用者的健康和安全，还包括旅游商品在生产中对工人的健康和安全的影响。世界各国都把安全标准作为强制性标准予以执行，并对有关人身安全、健康和其他法律法规有特殊规定的旅游商品实施强制性认证。

2. 认证方式

目前，世界各国的商品质量认证方式主要有以下几种：
1）型式试验，是指规定的试验方法，是一次性试验。
2）型式试验加上市场抽样检验，是指认证后监督措施的型式试验。
3）型式试验加上供方抽样检验，是指在供方发货前的产品中随机抽样进行检验。
4）型式试验加上市场抽样和供方抽样检验，是指监督检验所用的样品，来自市场抽样和供方随机抽样。

5) 型式试验加上对供方质量管理体系的评估,再加上分别对供方和市场抽样检验。

6) 只对供方质量管理体系评定和认可,是指对供方按既定标准或技术规范要求提供产品的质量保证能力进行评定和认可。

7) 批量检验,是指对一批商品进行抽样检验。

8) 百分之百检验。目前,世界各国大都采用国际通用的 ISO 9000 质量管理认证准则制度。

3. 认证分类

(1) 按质量责任的不同

按质量责任的不同,可分为自我认证、购买方认证和第三方认证三类。

(2) 按认证性质的不同

按认证性质的不同,可分为强制性认证和自愿认证两类。

(3) 按认证的内容不同

按认证的内容不同,可分为质量认证、安全认证(质量、安全同时认证)和综合认证三种。同时要进行产品使用合格标志和安全标志两种认证。

4. ISO 9001—9003 (GB/T 19001—19003)

ISO 9001—9003,即商品系列的标准及其准则。

5. ISO 14000 环境管理系列认证

证明供方具有按既定环境保护标准和法规要求提供商品的环境保证能力。证实企业使用的原材料、生产工艺、加工方法以及产品的使用和用后处置是否符合环境保护标准和法规的要求。1996 年发布的 ISO 14000 环境管理系列标准,体系认证目的是规范企业和社会所有组织的环境行为,减少人类各项活动所造成的环境污染,最大限度地节省资源,改善生态环境,保持环境与经济发展相协调。ISO 14000 环境管理系列标准将成为产品进入国际市场的一个重要标准。ISO 14000 是个庞大的标准系统,由环境管理体系、环境行为评价、环境审核与环境监测、生命周期评价、环境标志和产品标准中的环境指标六个子系统组成。

ISO 14000 提出了三种类型环境标志:Ⅰ型标志是生态标志;Ⅱ型标志为自我声明的环境信息标志;Ⅲ型标志是以数值表示的产品环境质量标志。

6. 我国质量技术监督部门的商品质量认证

1994 年我国成立了质量体系认证机构国家认可委员会。这些质量体系认证机构批准认证的企业质量体系在国际上被各国客商所承认。1997 年 4 月，我国发布实施 GB/T 24000—ISO 14000 环境管理系列国家标准。

（1）获得认证的商品标准

1）商品要符合国家标准或者行业标准要求。

2）商品质量稳定，能正常批量生产。

3）生产企业的质量体系符合 GB/T 19000—ISO 9000 质量管理和质量保证系列标准要求。

（2）国家商检部门的商品质量认证

商检标志分为卫生标志、安全标志和质量标志，如图 1-2 所示。

   （a）卫生标志   （b）安全标志   （c）质量标志

图 1-2　商检标志

中国商检质量认证中心承担全国出口商品生产企业质量体系的评审注册，受理各种质量体系评审业务。

1.2　旅游商品分类

旅游商品的分类是将旅游商品从总体上科学地、系统地逐次划分的过程。常以旅游商品的用途、原材料、加工方法、化学成分等来分类。

旅游商品分类是根据一定目的和需要，选择适当的分类标志，将所属范围内的旅游商品集合总体科学地、系统地逐级划分为若干范围更小、特性和特征更趋一致的子集合体（如大类、品类、中类、小类、细类或类、章、组、分组等），及至最小应用单元的过程（见表 1-1）。主要目的是便于旅游商品的识别、管理、销售及保管。

表 1-1　旅游商品分类的应用实例

旅游商品类目录	实用实例
旅游商品大类	加工食品
旅游商品品类	粮食加工品、食用植物油、肉加工品、蛋制品、水产加工品、糖、糖果、蜜饯、果脯、糕点、饼干、方便主食品、乳制品、代乳品、罐头、调味品等（以下分类以罐头食品为例）
旅游商品品种	猪肉罐头、牛肉罐头、鸡肉罐头、鱼肉罐头、鸭肉罐头（以猪肉罐头为例）
旅游商品细目	清蒸猪肉罐头、红烧猪肉罐头、咖喱猪肉罐头、鱼香猪肉罐头等

1.2.1　数字代码

旅游商品的代码常采用数字代码和条形码两种。我国商品的分类以数字代码表示，其表示法有层次编码法、平行编码法和混合编码法三种。

1.2.2　旅游商品条形码

商品条码是计算机输入一组数据的一种特殊代码，包含有商品的生产国别、制造厂商、产地、名称、特性、价格、数量、生产日期等一系列商品信息。借助光电扫描阅读设备，能迅速地显示、打印出商品的信息，为售货、仓储、订货、供销提供准确的商品信息流，也是物流控制的现代化手段。商品条码有厂家条码和商店条码两类。

我国于 1988 年 12 月成立了中国物品编码中心。1991 年 4 月，中国物品编码中心被国际物品编码协会接纳为会员，使我国的旅游商品有了进入国际市场的"身份证"。

1. 厂家条码

厂家条码是指生产厂家在生产过程中直接印制到旅游商品包装上的条码，我国采用的是 EAN-13 码，它和 UPC 条码还分为消费单元的条码、储运单元的条码 2 种。

1）消费单元是指通过超级市场、百货商店、专业商店等零售渠道直接售给最终用户的旅游商品单元。

2）储运（物流）单元是指由若干消费单元组成的稳定和标准的旅游商品集合体，它是装卸、仓储、收发货、运输等各项业务所必需的一种旅游商品单元。

厂家代码一般是指 EAN 的消费单元模式。

厂家条码和商店条码的比较如表 1-2 所示。

表 1-2 厂家条码和商店条码

种类 \ 项目	编码场所	代码内容	旅游商品对象
厂家条码	生产、包装阶段（工厂）	国别（地区）码、厂商识别码、商品项目码、校验码（国际通用商品代码系统）	加工食品、日用百货等
商店条码	加工、陈列阶段（超级市场、加工中心、商店）	零售商店店内用旅游商品编码（原则上由零售店自己设定）	鲜肉、鲜鱼、蔬菜、水果、熟肉制品及未经厂家编码的加工食品、日用百货等

2. EAN-13 代码结构

EAN-13 代码结构如表 1-3 所示。

表 1-3 EAN-13 代码

前缀码（国别代码）	厂商识别代码	商品项目代码	校验码
690～693	4 位或 5 位数字表示	5 位或 4 位数字表示	C

我国采用的商品条形码是 EAN-13 码，前三位数字是国别代码，我国是三位码，690、691、692、693 代码都表示中国内地的产品；中国台湾的代码为 471；中国香港的代码为 489。欧洲、大洋洲等地区和日本等国家是二位码。

中间 4～5 位码称为厂商识别码，即制造厂商代码，是物品编码组织分配给其成员（制造商）的标志代码。

后面的 5～4 位码称为商品项目代码，表示商品的类别（品种、规格、颜色、质地等），由厂商自己编码分配，最后一位码是校验码。

3. EAN-8 码

```
        ×××    ×××    ×    ×
前缀码 ←────┘      │     │    │
制造厂商代码 ←──────┘     │    │
商品项目代码 ←────────────┘    │
校验码 ←──────────────────────┘
```

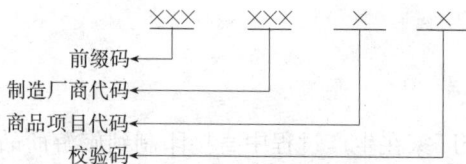

我国物品编码中心规定，当 EAN-13 条码印刷面积超过旅游商品包装面积或者标签可印刷面积 1/4 时，获准注册的旅游商品条码系统成员可以申请使用缩短版旅游商品条码 EAN-8 码，如香烟、香水、打火机、化妆品等小商品都采用 EAN-8 码。

4. 商店条码

为便于 POS 系统对商品的自动扫描结算，商店对没有旅游商品条码或旅游商品条码不能识读的旅游商品,自行编码和印制条码,并只限于在自己商店内部使用,通常这类条码称为商店条码,也称店内码。它可分为两类,一类是用于变量消费单元的店内码,如鲜肉、水果、蔬菜、熟食品等按基本计量单位计价;另一类是用于定量消费单元的店内码,按旅游商品件数计价销售,由生产厂家编印条码,但因厂家对其生产的旅游商品未申请使用旅游商品条码或其印制的旅游商品条码不能识读,为便于商店 POS 系统的扫描结算,商店必须制作店内码并将其粘贴或悬挂在旅游商品外包装上。

5. 标准版店内码

标准版店内码结构如表 1-4 所示。

表 1-4　标准版店内码结构

前缀码	旅游商品项目代码	校验码
2	11 位数字表示	C

标准版店内码的前缀码只有 1 位,即专供零售商编码使用的"2"。旅游商品项目代码有 11 位数字。

缩短版店内码结构如表 1-5 所示。

表 1-5　缩短版店内码结构

前缀码	旅游商品项目代码	校验码
2	6 位数字	C
0	6 位数字	C

缩短版店内码的前缀码可以是"2",也可以是"0",由 6 位数字构成,将数值最低的 6 位信息码分配给最畅销的旅游商品项目。

1.3　旅游商品标准

没有规矩,不成方圆,标准是评价判断或控制管理的准则和依据。我国颁布的 GB 3935.1—83 中对"标准"作了如下定义:"标准是对重复性事物和概念所作的统一规定。"

1.3.1　标准的分级

商品标准在世界范围内分有国际标准、国家标准、行业或专业团体标准、公司(企业)标准。

我国的标准划分为国家标准、行业标准、地方标准、企业标准。

1. 国际标准

国际标准是指由国际标准化组织（ISO）和国际电工委员会（IEC）制定的标准以及经国际标准化组织认可，并加以公布的其他国际组织所制定的标准。

ISO 是国际标准化组织（International Organization for Standardization）的简称。它和 IEC（国际电工委员会）是当今世界上两个最大的国际标准化机构。总部设在日内瓦。主要活动是制定国际标准，协调世界范围内的标准化工作，组织各成员国和各技术委员会进行讨论。ISO 的工作领域涉及除电工、电子标准以外的所有学科。

2. 区域标准

区域标准是指世界某一区域性标准化组织制定的标准。如欧洲标准化委员会、亚洲标准咨询委员会。

3. 国家标准

国家标准是由国家标准委员会制定的一系列标准，分为强制性国家标准，代号为 GB；推荐性国家标准，代号为 GB/T。编号采用顺序号加发布年代号，中间加一横线分开，如 GB 458—1989，GB/T 19000—1994。

4. 行业标准

行业标准又叫专业团体标准。我国行业标准是指在没有国家标准的情况下，需要在行业范围内统一制定和实施的标准。

5. 地方标准

我国地方标准是指在没有国家标准和行业标准的情况下，需要在某地区内统一制定和使用的标准。

6. 企业（公司）标准

企业标准是由企业制定发布，在该企业范围内统一使用的标准。企业生产的产品没有国家标准和行业标准时，应制定企业标准，作为企业组织生产、经营活动的依据。

我国 1988 年 12 月等效采用 ISO 9000 系列标准，将其转化为 GB/T 10300 系列国家标准，1993 年改为等同采用 ISO 9000 系列标准。

1.3.2 标准书写含义

1. 国际标准（ISO）书写含义

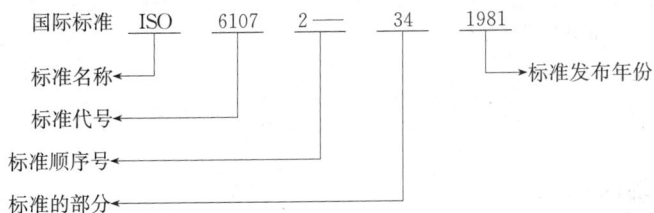

国际标准 ISO 6107 2——34 1981
标准名称←
标准代号←
标准顺序号←
标准的部分←
→标准发布年份

2. 国家标准（GB、GB/T）书写含义

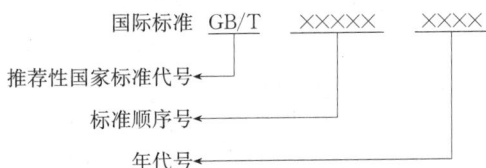

国际标准 GB/T ×××× ××××
推荐性国家标准代号←
标准顺序号←
年代号←

3. 专业标准（ZB）书写含义

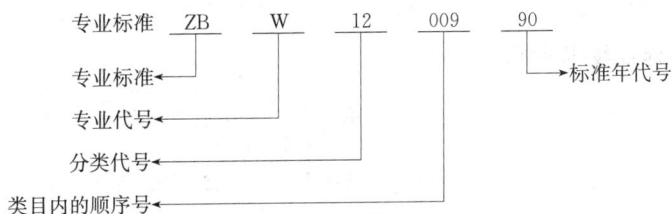

专业标准 ZB W 12 009 90
专业标准←
专业代号←
分类代号←
类目内的顺序号←
→标准年代号

我国行业（专业）标准一级类目代号（专业代号）如下：

A 综合	G 化工	N 仪表仪器	W 纺织
B 农林	H 冶金	P 土木建筑	X 食品
C 医卫	J 机制	Q 建材	Y 轻工
D 矿业	K 电工	R 公路水路运输	Z 环保
E 石油	L 电子计算机	S 铁路	
F 能源核能	M 通讯广播	T 车辆	

4. 地方标准（DB）书写含义

DB××/ ××× ××××
标准顺序号←
推荐性地方标准代号←
年代号←

5. 企业标准（QB）书写含义

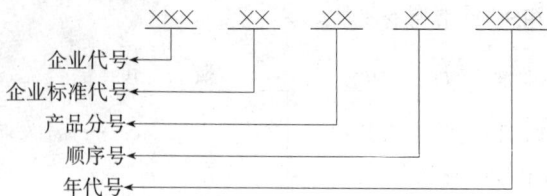

```
        ×××    ××    ××    ××    ××××
企业代号 ◄──┘      │      │     │      │
企业标准代号 ◄─────┘      │     │      │
产品分号 ◄───────────────┘     │      │
顺序号 ◄──────────────────────┘      │
年代号 ◄─────────────────────────────┘
```

1.3.3 标准的内容

标准的内容由概述部分和商品标准技术内容及补充部分组成。

1. 概述部分

```
概述部分 ──┬── 封   面
          ├── 目   录
          ├── 标准名称
          └── 引   言
```

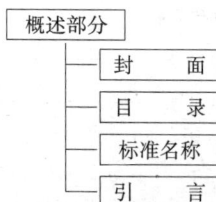

2. 商品标准技术内容

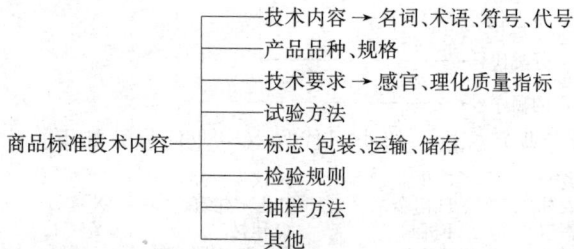

```
              ┌── 技术内容 → 名词、术语、符号、代号
              ├── 产品品种、规格
              ├── 技术要求 → 感官、理化质量指标
商品标准技术内容 ──┼── 试验方法
              ├── 标志、包装、运输、储存
              ├── 检验规则
              ├── 抽样方法
              └── 其他
```

商品标准技术内容中，各项所包含的具体内容如下：

1）商品标志、包装、运输、储存，即对商品包装、规定材料的种类、包装形式、包装中产品的数量、重量、体积的要求。

2）检验规则和运输保管条件中，规定了温湿度、运输工具、搬运、堆放方法、储存期、防发生变质措施等。

3）仪器种类、试剂的种类、规格、制配方法、操作程序、操作方法、计算结果。

4）抽样方法、抽样用具、做法、样品质量检验前处理法、封存法、验收商品的方法。

5）样品是贸易谈判、签约、履约、交货、受货时必查的实物依据，它分成交样品和检验样品。

成交样品是检验评价整批商品的实物依据。有关化学成分、物理性能、内在质量等，要在合同中规定明确。样品由商检机构封存，防止变换样品。它与合同一样，对贸易双方具有同样的法律特征和约束作用。

检验样品是以少量的商品代表全批商品进行检验和评价，对整批商品起决定性作用，直接涉及到双方的经济得失，一定要保证样品的真实性和代表性。

3. 补充部分

补充部分包括附录和附加说明。

1.3.4　标准的性质分类

按照标准的性质可划分为如下几种。

1. 技术标准

技术标准有基础标准、产品（商品）标准、方法标准、安全标准、卫生标准和环境保护标准。

2. 管理标准

管理标准包括技术管理标准、生产管理标准、经济管理标准、行政管理与业务管理标准。

3. 工作标准

按照标准的实施方式，分为强制性标准和推荐性标准。强制性标准是指由法规规定、要强制实行的标准，也称为法规性标准；推荐性标准是自愿性标准。

我国对采用国际标准生产的商品实行采用国际标准产品标志制度。

1.4　商 品 检 验

商品在生产、验收、贸易、销售过程中均要进行检验，检验是保证商品质量的必要手段。

1.4.1 商品检验工作的内容

商品检验主要检验商品的质量、规格、数量、重量、包装是否符合各种标准及安全、卫生要求。商品质量检验的内容有:

1) 商品质量检验,包括成分、性能、外观及内在质量等。
2) 商品重量和数量的检验。
3) 商品包装检验。
4) 安全、卫生检验。

1.4.2 商品质量检验的方法

商品质量检验的方法通常分为感官检验法、理化检验法和卫生安全检验法等。

1. 感官检验法

感官检验法是以人的眼、鼻、口、手、耳等感觉器官对商品外观的综合评定。

2. 理化检验法

理化检验法是利用各种仪器、试剂,运用物理、化学及生物学的方法,对商品进行的定性、定量的分析。它主要用于商品成分、结构、物理性质、化学性质,生理生化性质及对环境的污染和破坏等方面检验。在商品生产和流通中,理化检验法应用最广泛。

3. 卫生安全检验法

卫生安全检验法是对食品类、药类和日用工业品类商品质量检验的常用方法之一,它包括微生物学检验和生物学检验两种,主要检验对人体的有害微生物和致病菌、有害重金属等。

4. 商品防伪记号检验法

商品防伪记号检验法包括两种:一种是名酒防伪技术,它选取人体正常代谢必不可少的微量氨基酸盐注入酒中作为标记物,使用含有特定显色剂的试纸,可以很方便地将标记物识别出来,这种标记物已有300多种,微量注入酒中并不影响它的理化指标和风味,检测有效率100%;另一种是防伪油墨,它无色、遮盖力和着色力低,生产厂家可以用此种油墨将防伪暗记加印在包装物或产品特定位置上,检验时用火柴、吹风机、打火机稍加烧烤,原有的防伪暗号即刻显现,从而达到识别真伪的目的。国家质量技术监督局对防伪标志物的生产、使用、监督控制全过程实施严格的管理。

1.4.3　免检产品

具备下列条件之一的商品可申请免检：

1）在国际上获得质量奖的商品，获奖期限必须在三年以内。

2）有关国际组织实施质量认证的商品，并经国家商检部门认可，经商检机构多次检验，质量长期稳定的商品。

3）连续三年出厂合格率及商检合格率为100％，在三年内没有发现质量异议的出口商品。

4）一定数量限额内的非贸易性的进出口商品，如无偿援助、国际合作、对外交流和对外承包工程所需要的物品。

5）进出口的展品、礼品和样品。

1.5　商品包装

商品包装是在商品流通过程中为了保护商品、方便储运、促进销售，按一定技术方法而采用的容器、材料及辅助物等的总体名称。包装体由包装材料、包装技法、包装结构造型和表面装潢共同构成。

1.5.1　包装的要求

1. 造型

造型指包装的形状、材料、外部结构、几何特征等。造型设计必须便于陈列、使用、携带并且美观大方。

2. 装潢

装潢是指包装的表面色彩、图案、标签、美工、文字、照片等一切宣传美化商品的措施。装潢设计的宗旨是：力求画面图文并茂，色彩搭配合理、明快亮丽，使形象、文字、构图、色彩、商标应用协调一致，最大程度地吸引消费者注意。国内注册的商标应在包装图案旁加注加圈的 R 字样。

3. 运输包装的设计要求

包装应是一个坚固的、美观的防护体；包装的尺寸标准化；应有醒目的包装标志，包装标志大致分为四大类：识别标志、指示标志、危险标志、环保标志，应做到经济，可回收利用，废弃物对环境无影响。

4. 进出口商品的包装

进出口商品禁止使用干草、谷壳、糠、稻草、麻袋、麻织品、草席作包装，对作衬垫的天然材料，如干草、稻草、麻类等须经过杀菌剂、杀虫剂等处理，出口国要出具消毒证书。

1.5.2 商品包装技法

1. 泡罩包装与贴体包装

泡罩包装与贴体包装是将商品封合在用透明塑料薄片的泡罩与底板之间的一种包装方法。

2. 真空包装与充气包装

真空包装与充气包装是将商品装入密性包装容器，抽去容器内部的空气，使密封后的容器内达到预定真空度的一种包装方法。

3. 收缩包装

收缩包装是以收缩薄膜为包装材料，包裹在商品外面，通过适当温度加热，使薄膜受热自动收缩紧包商品的一种包装方法。

4. 无菌包装

无菌包装是适于液体食品包装，即在罐头包装基础上发展而成的一种新技术。先将食品和容器分别杀菌并冷却，然后在无菌室进行包装和密封。

5. 硅窗气调包装

硅窗气调包装是在塑料袋上烫接一块硅橡胶窗，通过硅橡胶窗上的微孔调节袋内气体成分组成的一种方法，适用于果蔬的包装。

6. 防潮包装

防潮包装是采用具有一定隔绝水蒸气能力的材料，制成密封容器，运用各种技法阻隔水蒸气对内装商品的影响。在防潮包装材料中金属和玻璃最佳，塑料次之，纸板、木板最差。常用的防潮技法有多层密封、容器抽真空或充气、加干燥剂等。

7. 缓冲包装

缓冲包装是指为了减缓商品受到的冲击和震动，确保其外形和功能完好而设计的具有缓冲减震作用的包装。一般的缓冲包装有三层结构，即内层商品、中层缓冲材料和外层包装箱。

8. 集合包装

常见的集合包装有集装箱和托盘集合包装。

9. 特别商品包装要求

药品包装必须符合五个条件：药品盒必须是不能轻易打开的；药品的包装量应是不足以引起儿童伤害的量；药品包装有安全措施；包装尽量由成年人使用；以上限制范围的包装应该有必要的警告标志。

烟花爆竹的包装容器及最大包装量都有一定的规定，对包装容器有具体测试要求等。

1.5.3　销售包装的基本内容

销售包装说明必须包括如下内容：

1）注明商品名称及商标、规格、数量、成分、产地、用途、功效、使用方法、保养方法、批号、品级、商品标准代号、条码等。

2）标明制造厂名及包装、批发、进口分装、出口或销售任意一个单位的准确名称、地址和电话。

3）注明生产批号、日期、标志及储藏指南。

4）标明生产日期、保存期或保质期。

1.5.4　运输包装标志

在商品的运输过程中，必须明确指示商品的运输要求及存放条件等信息。如防雨、不能倒置、轻拿轻放等，一定要在包装上有标志的显示。运输包装标志可分为收发货标志、包装储运图标志和危险货物包装标志。

1. 运输包装收发货标志

1）分类标志（代号 FL）：发货人向收货人发的特定记号。

2）供货号（GH）：供应该批货物的供货清单号码。

3）货号（HH）：商品顺序编号，以便出入库、收发货登记和核查商品价格。

4）品名规格（PG）：商品名称或代号，标明单一商品的规格、型号、尺寸、花色等。

5）数量（SL）：包装容器内含有的商品数量。

6）重量（ZL）：包装件的重量，包括毛重和净重。

7）生产日期（CQ）：产品生产的年、月、日。

8）生产厂家（CC）：生产该产品的工厂名称。

9）体积（TJ）：包装件的外径尺寸，长厘米×宽厘米×高厘米＝体积立方厘米。

10）有效期（XQ）：商品有效期至××年××月××日。

11）发货单位（FH）：发货单位（人）。

12）运输号码（YH）：运输单号码。

13）发运件数（JS）。

14）目的地标志或目的港名称。

这些标志在包装上的注明，有利于商品的安全装卸运输、堆码，减免差错事故，减少货物的破损率，保证货物质量、安全，加速商品流转。提单、发票上的运输标志应与包装上运输标志完全相同。

2. 商标

在国内注册的商标应在包装图案旁加注加圈的 R 字样，它是品牌或品牌的一部分在政府有关部门注册之后，称为商品的商标。商标是受法律保护的品牌，注册者有专用权。商标具有价值，是企业的一项无形资产，商标的专用权可以按价买卖。

（1）商标的概念

商标是指用来表示买方或卖方集体的商品、服务有别于其他竞争者的商品、服务的名称、用语、符号、象征、设计或这些要素的组合。商标由商标名及标识构成。商标具有识别及保证质量功能。

（2）商标的主要分类

1）按形象分类，有文字商标、符号商标、图形商标、组合商标。

2）按功能分类，有：制造商标，这类商标也称厂标，如"三菱"、"小天鹅"；销售商标，它是宣传商业经营者的标记；统一商标和共同商标，一些生产厂家共同使用同一商标，如"梅林"罐头，食品是由各厂家生产的，但都统一用"梅林"商标；复数商标，生产者、销售者共同使用的商标称为复数商标；无商标，即不加商标的商品。

1.5.5　储运商品损耗与质量劣变

商品在储运过程中，由于各种因素，会引起多种变化。

1. 物理变化

物理变化是指如挥发、溶化、熔化、凝结、发硬、发软、脆裂、干缩、渗漏、黏结、串味等变化。

2. 机械损伤

商品受到外力的碰撞、摩擦和挤压等机械作用而发生形态的变化叫机械损伤，主要有破碎、散落、变形等。因此商品在储运过程中应轻拿轻放，避免高温、曝晒、撞击、湿度过大、重压，并保持包装完整。

3. 化学变化

化学变化是指由于外界环境因素的作用，商品会发生各种化学变化，使商品质量劣变，甚至完全丧失使用价值的现象。常见的形式有氧化、分解、水解、聚合、老化、腐蚀等。

4. 生理变化

生理变化形式有动植物食品商品的呼吸作用、后热作用、发芽、抽苔、僵直、成熟和自溶等。

5. 生物变化

生物变化形式有霉变、发酵、腐败、虫蛀、鼠咬等。

1.5.6　商品储运养护的技术方法

商品在储存过程中变化很大，因此常采用以下的方法保护商品，将其损耗降至最低限度。

1. 防霉腐方法

1) 药剂防霉腐。药剂防霉腐是利用化学药剂破坏或抑制霉腐微生物的细胞和新陈代谢活动，进而达到杀菌或抑菌的目的。

2) 气相防霉腐。气相防霉腐是通过药剂挥发出来的气体渗透到商品中，杀死霉菌或抑制其生长和繁殖的方法，这种方法效果较好，应用面广。

3）气调防霉腐。气调防霉腐是根据好氧性微生物需氧代谢的特性，通过调节密封环境（如气调库、商品包装等）中气体的组成成分，降低氧气浓度，来抵制霉腐生物的生理活动、酶的活性和鲜活食品的呼吸强度，达到防霉腐和保鲜的目的。

4）低温防霉腐。低温防霉腐是低温破坏或抑制霉腐微生物的细胞，使新陈代谢活动受到抑制，达到杀菌或抑菌的目的。

5）干燥防霉腐。干燥防霉腐是以减少水分，破坏或抑制霉腐微生物的细胞和新陈代谢活动，达到杀菌或抑菌、防霉腐的目的。

6）辐射防霉腐。辐射防霉腐是利用放射性同位素（钴-60或铯-137）产生的γ射线辐射商品的方法。

2．防治害虫的方法

1）化学杀虫法。化学杀虫法主要有熏蒸法、触杀杀虫法和胃毒杀虫法三种。

2）物理杀虫法。物理杀虫法主要有高、低温杀虫法；射线杀虫与射线不育法；微波和远红外线杀虫法。

3．防鼠与灭鼠的方法

防鼠、灭鼠的方法主要有化学灭鼠药物、物理粘贴法、高压电击法等。

4．防腐蚀方法

金属商品的电化学腐蚀是造成商品损失的重要因素之一。为了提高金属的耐腐蚀性能，最常采用的方法有以下几种：

1）在金属表面涂盖防护层。此方法是把金属与促使金属腐蚀的外界条件隔离开来，从而达到防腐蚀的目的，如喷漆、搪瓷涂层、电镀等。

2）涂油防锈。此方法以隔离空气达到防腐蚀的目的。

3）气相防锈。常用的气相防锈形式有气相防锈纸防锈、粉末法气相防锈、溶液法气相防锈。

4）可剥性塑料封存法。此方法按其组成和性质的不同，可分为热熔型和溶剂型两类。

5．防老化方法

防老化方法主要用来提高商品本身的抗老化作用。在商品的外表涂以漆、胶、塑料、油等保护层，有显著的防老化作用。例如，塑料商品用某些塑料粉末在其表面涂一层薄膜，可提高耐磨、耐热和耐气候等性能。

随着科学技术的发展，养护技术更加现代化、科学化和多样化，将最大限度地保护好商品。

1.5.7 储运商品的质量管理

储运商品的质量管理以验收程序、发放出库管理程序、仓储管理程序等方法来保证商品的质量，包括如下方面：

1）商品入库验收。它包括检验单货是否相符、检验包装是否符合要求、检查商品质量是否合格。

2）商品储存场所和堆码的管理。

3）储存环境卫生管理。

4）商品在仓库的检查程序。

5）库房的温湿度管理。它包括密封、通风、吸湿和加湿。

6）商品的出库管理。在商品的出库管理方面应做到不见提货单据不付货，提货单据不经复核不付货。

1.6 商品生命周期及环境管理

随着商品经济的发展，商品生产和消费带来了很多的环境问题，一是自然环境的破坏，即人类不合理地开发和利用自然资源与环境所造成的环境恶化和生态失衡；二是环境污染，人类在商品生产、消费活动中过量释放的各种排放物、废弃物非环境所能吸收和净化，从而毒化和污染了自然环境，引起环境质量的恶化。

1.6.1 商品生命周期

从自然环境中获取生产的原材料，通过有用劳动将原材料加工成产品，与此同时消耗大量资源，并将"废物"释放给自然环境的过程叫生命周期。

1. 商品的生命周期

商品的生命周期的定义是：商品从开发设计、加工制造、流通、消费、废弃处理直到再利用的全部过程。

2. 绿色生命周期

绿色生命周期是指消费后的废弃物及其包装物又回归到自然环境中的周期。

人类在发展商品生产初期阶段的过程中，强调商品的经济效益而忽视社会和环境效益，没有将污染计入成本。可是在目前和未来的市场中，谁拥有绿色商品，谁就能抢占市场，谁在商品生命周期的全过程中注重资源节约和再利用，努力降低环境污染，又能较好地满足消费者的要求，谁的商品就有强大的市场竞争力。

1.6.2　环境标志

环境标志是一种印刷或贴附在商品或其包装上的图案，是一种商品"认证标志"，证明该种商品在其生命周期中符合环境保护要求，不危害人体健康，对生态环境无害或危害极小，有利于资源的节约和回收利用。

1. 环境标志

我国环境标志（图 1-3）于 1993 年 8 月发布，由 10 个环及太阳、绿水、青

图 1-3　我国环境标志

山组成。图案中心结构表示人类赖以生存的环境；外围 10 个环紧密结合，环环紧扣，表示公众参与，共同保护；10 个环的"环"字与环境的"环"同字，其寓意为"全民联合起来，共同保护人类赖以生活的环境"。

中国环境标志产品认证委员会根据认证申请书，审查、批准认证合格的产品及企业名单，并通过颁发环境标志和认证证书来确认该产品符合环境保护要求。

2. 环境标志产品的范围与制定产品环境行为评价标准的原则

（1）产品的范围

节能节水低耗型产品；可回收、可复用、可再生产品；清洁工艺产品；低污染、低毒产品；可生物降解产品。

（2）制定产品环境行为评价标准的原则

产品环境行为全过程控制原则。对每类环境标志产品的评价都要包括从原材料的开发利用、加工制造、流通、消费直到处理的生命周期全过程行为。

认证委员会秘书处根据企业申请材料、检查报告、产品检验报告撰写评价意见，国务院环境保护行政主管部门、国务院标准化行政主管部门发布通过认证的产品及其企业名单公告。

1.6.3　绿色食品

1. 绿色食品的概念

绿色食品是无污染的安全、优质、营养类的食品的统称。它常分为 A 级和 AA 级。

1）A 级绿色食品是指生产产地的环境符合 NY/T 391—2000 的标准，并严格按照绿色食品生产资料使用准则和生产操作规程要求，限量使用限定的化学合成生产资料，产品质量符合绿色食品产品标准，经专门机构认定，许可使用 AA 级绿色食品标志的产品，即有机食品。生产环境质量指绿色食品植物生长地、动物养殖地的空气环境、水环境和土壤环境的质量。

2）AA 级绿色食品是指生产产地的环境符合 NY/T 391—2000 的要求，生产过程中不使用化学合成肥料、农药、兽药、饮料、化学合成食品添加剂和其他有害于环境和身体健康的物质，按有机生产方式生产。产品质量符合绿色食品标志的产品，即有机食品。

2. 绿色食品的生态环境标准的主要内容

1）农业初级产品或食品的主要原料，生长区域内没有工业企业的直接污染，水域上游、上风口没有污染源对该区域构成污染威胁；大气标准、土壤质量及灌溉用水、养殖用水质量符合绿色食品大气标准、土壤标准、水质标准；有相应的整套保证措施，确保该区域在今后的生产过程中环境质量不下降。

2）农药作物种植、畜禽饲养、水产养殖及食品加工必须符合绿色食品生产操作规程。

3）在种植业方面，必须限制在不对环境和作物品质产生不良后果，并不使作物产品中的有毒物质残留积累到影响人体健康的限度内。

4）在畜牧业方面，饲料原料应主要源于无公害区域内的草场和种植基地；畜禽房舍内不得使用毒性杀虫、灭菌、防腐药物；不可对畜禽使用各类化学合成激素、化学合成促生长素、有机磷和有机药物。

5）在水产养殖业方面，养殖用水必须达到绿色食品要求的水质标准，鱼虾等水生物的饵料，其固体成分应主要来源于无公害的生产区域。

在食品加工方面，不能使用国家明令禁用的色素、防腐剂、品质改良剂、糖精及人工合成添加剂等。食品生产加工过程、包装材料的选用、流通媒介等都要具备安全无污染条件。

6）绿色食品卫生标准一般包括农药残留、有害重金属、细菌、大肠杆菌和致病菌、霉素和溶剂残留量等，必须符合绿色食品的卫生要求。如：产品的标签必须符合《绿色食品标志设计标准手册》中的有关规定。

3. 绿色食品标志

绿色食品标志作为一种证明商标正式通过审查核准注册，纳入商标专用权保护范畴。它是一种专为证明商品的原产地、原料、制造方法及其他特定品质的商标。绿色食品标志通过国家商标注册后生效。绿色食品标志是由农业部正式注册的质量证明商标，用以标识、证明无污染的安全、优质、营养类食品及与此类食品相关的食物。

绿色食品标志（图 1-4）由三部分构成：上方的太阳、下方的叶片和中心的蓓蕾，标志为正圆形，意为保护。它表明食品出自纯净、良好的生态环境和安全、无污染。

图 1-4　绿色食品标志

4. 绿色食品的特点

1）绿色食品生产于良好的生态环境。
2）绿色食品实行的是"从农田到餐桌"全过程质量监控。
3）绿色食品标志受到法律的保护。

5. 有机食品

有机食品是指生产环境无污染，在生产和加工过程中不使用农药、化肥、生长激素、色素等化学合成物质，不采用基因工程技术，应用天然物质和环境无害的方式生产、加工形成的环保型食品。

6. 保健食品

保健食品也叫功能食品、营养保健食品、药膳食品等，它是我国著名的、传统的旅游商品之一，深受海内外旅游者的欢迎。我国颁布的《保健食品通用标准》（GB 16740—1997）给出了保健食品的定义，认为保健食品是食品的一个种类，具有一般食品的共性，能调节人体功能，适应于特定人群食用，不以治疗为目的。

7. 绿色包装

绿色包装是指既可充分发挥各种包装功能，又有利于环境保护，废弃物最少，易于循环复用及再生利用或自行降解的包装。即从原材料开发、生产、使用以及回收或废弃的整个过程，要符合环境保护要求，对环境无害或少害，并且能回收复用或再生。绿色包装包括保护环境和资源再生两方面的含义。

8. 旅游免税商品

免税商店一般设立在出入我国口岸、机场、港口、车站等处，向已办完出境手续即将登机、上船、乘车前往他国的旅客，免税推销我国尚未生产的世界各地具有特色的精致商品。销售对象严格限制在即将出境的游客中，既不对我国居民，亦不对仍在我国各地继续旅行的游客，因此它是与国内市场无关的另一游客消费市场。1979 年国务院批准开展免税业务，同时我国对旅游商品生产所需要的檀香木、红木、翡翠、高档玉石等原料给予减免进口关税，并为大力发展旅游商品提供各种优惠条件。

本 章 小 结

本章主要介绍了商品学的基础知识，如商品的质量、商品质量认证、商品分类、条形码、商品标准、商品检验及包装等，为商品个论介绍打好基础。

思考与讨论

1. 写出 EAN-13 码结构，说明各部分表示的意义。
2. 简述我国的商品标准类型。
3. 简述商品检验的方法。
4. 商品储存保管的技术有哪些？
5. 什么是商品生命周期？什么是绿色设计？
6. 食品质量认证的形式有哪些？
7. 什么是绿色食品？其标准主要有哪些内容？

第2章　金银玉钻

【本章要点】

1. 黄金饰品的分类、鉴别、选购和保养；
2. 白金饰品的分类、鉴别、选购和保养；
3. 白银饰品的分类、鉴别、选购和保养；
4. 钻石及其特征、钻石饰品的选购和保养；
5. 珍珠及其特征、珍珠饰品的选购和保养；
6. 玉石的分类以及翡翠和玛瑙的特色、鉴别、选购和主要产地。

旅游商品中贵重的一类是用金、银、玉、钻做成的饰品。黄金、白银饰品自古以来就是我国人民佩戴较多的传统饰品，白金饰品则是近几年较为流行的饰品。钻石饰品作为爱情的象征物，许多年以来一直深受人们的喜爱。"金银有价玉无价"，我国自古以来就盛产各类珍贵的玉石，古有和氏璧，今有蓝田玉等。

2.1　黄金饰品

黄金是人类生活中必不可少的贵重金属，我国人民自古以来就有佩戴金饰品的传统习惯。广大旅游消费者特别是女性旅游消费者已经把黄金饰品视为日常生活中不可缺少的装饰用品。改革开放以来，随着人们生活水平的提高，黄金越来越受到人们的青睐。鉴于黄金具有绚丽的颜色、耀眼的光泽以及优异的理化性质，古今中外都用它来制作珍贵的装饰品。据统计，在世界黄金的消耗中，约有60%～70%用于制作各种装饰品，如金戒指、金项链、金手镯、金耳环、金边眼镜、金手表等。我国黄金饰品的销售量逐年增加，金饰品商店也逐年增加，黄金珠宝首饰业获得了飞速的发展，年营业额达800亿元，并且每年以10%的速度增长。在满足国内消费的同时，我国黄金珠宝的出口也在不断增加，并且增长的空间很大。

2.1.1　黄金饰品的分类及特征

1. 黄金饰品的分类

(1) 纯金饰品

纯金饰品，又称足金饰品。金无足赤，最纯的黄金也只能达到99.9999%，即专门用做标准试剂的"试剂金"。首饰店里出售的纯金首饰，其实际含量有99％、99.99％两种。前者称为"二九金"，后者称为"四九金"。纯金质地柔软，色泽赤黄，永不泛色。用纯金制成的首饰体积小、价值高，是理想的保值商品和装饰品。但因其质地柔软，容易变形，不能镶嵌精美的宝石，所以款式不易翻新，花样品种较少。

（2）K金饰品

从古代起，纯金中大都混有其他金属，制成的金饰，称为"饰金"。衡量饰品中纯金含量的单位叫"金位"，英文叫"Carat"，一般称为"开"，按英语读音又简称"K金"。K金是指在黄金中加入一定比例的银、铜、锌等金属，以增加其强度与韧性。K金的计算方法是把含量最高的纯金分成24K，1K即代表金饰品中含有的纯金量占1/24，每K的含金量为4.166％（建国初期每K为4.15％）。K金有24K、22K、20K、18K、14K、12K、9K，常见的是18K（含金量75％）和14K（含金量58.33％）两种。在英国，金饰多为10K、14K和18K，只有极少数为22K。在欧洲，金饰一般是14K、18K和22K。在法国和瑞典，规定最低标准是18K，瑞士、荷兰、比利时、卢森堡、挪威和丹麦规定金饰的含金量不得低于14K，意大利则容许低于8K。金饰有各种K数，也有各种颜色，如把黄金与不同比重的铜、银、镍和钯混合，则呈绿色。

K金首饰款式易翻新，能够镶嵌各种钻、翠、珠、宝和雕琢凿镂出各种精美的图案。镶嵌钻石的钻戒，多用18K金。金笔的笔尖上写着"14K"或"14开"，是指这种金笔的笔尖是14K金的。

（3）包金、镀金、仿金和变色金饰品

包金饰品是将一层薄薄的金箔，以机械方法滚压在坯件表面而制成的饰品，内部是铜、银、镍、铜、锌等合金，包金厚度一般约$10\sim50\mu m$，仔细观察就能发现在饰品包金表层上有一条不明显的接口，用10倍放大镜能看得很清楚。包金首饰的质地比纯金首饰要硬，不易变形，耐磨性强，从表面上看能与24K金的首饰相媲美。

镀金饰品是在特制的镀槽内，给坯件电镀上一层薄薄的金箔，也就是说镀金首饰是在铜、银或合金制成的首饰表面上镀一层24K金，其外表和纯金首饰一样。按规定镀金饰品必须标明镀金层厚度，如P4Au表示镀金层厚度为$4\mu m$。镀金层较易磨损，特别是非正规厂家多采用镀水金或镀酸金的方法，在坯件表面镀上一层薄薄的黄金。由于金原子结合力不强，镀金层极易被腐蚀，很快就会变色，有的一入水就会变色。

仿金饰品又称亚金饰品，它是选用特殊的镀层工艺制成的近似K金的首饰。这种首饰是以铜、锌或铝等金属为原料，先制成半成品，然后放入一种特殊镀液中，经过处理，在其表面镀上一层像黄金一样赤黄光亮的镀层。按规定仿金饰品不允许打印记，旅游消费者可以从手感、音韵、重量及硬度上与真金饰品相互区别。虽然这种首饰不含一点黄金，但却酷似纯金制品，目前在国内外已有许多精致的仿金首饰代替纯金首饰做装饰品。

变色金首饰是用一种新颖的、经过特殊加工后的 K 金材料制成的首饰，如在 K 金表面注入钴原子，可呈现出一层美丽的蓝色；把一种很细的金属微粒电镀在 K 金表面，可显示出黑色。日本还研制出含金量为 78％、含铝量为 22％的光彩夺目的紫色合金首饰。现在，红、黄、白、紫等色彩都进入了 K 金家族。目前，这种神奇变幻的变色金首饰已经在国内外流行，并且颇受青睐。

2. 黄金含量的计算

黄金饰品中的"K"表示其含金率。黄金饰品的含金率＝X/24，X 即"K"前面的数字。一般称纯金为 24K，则 1K 含纯金 1/24，约 4.16％的含金量。24K 为足金。例如，22K 金的含金率＝（22/24）×100％＝91.7％。

若要计算黄金饰品的含金量，则可以这样算：4g18K 金的含金量＝18÷24×4＝3g。

国家标准规定销售的每件黄金饰品必须标明其含金量和重量，含金量使用"K 金"。"足金"含金量不少于 99％。"千足金"含金量不少于 99.99％。不得使用"千足纯金"、"纯金"、"24K 金"、"9999"等不规范的标识。

2.1.2　如何识别黄金饰品的真假与成色

1. 黄金饰品真假的识别

黄金饰品真假的识别需要有相当丰富的经验，而不同的人识别的方法也有所区别，本书主要介绍 7 种识别真假黄金饰品的方法，以便于旅游者在旅行游览过程中选购金饰的旅游商品。

（1）看颜色

黄金首饰纯度越高，色泽越深。在没有试金片（对金牌）的情况下可按下列色泽确定大体成色（以青金为准则，所谓青金是黄金内只含有白银的）：深赤黄色成色在 95％以上，浅赤黄色在 90％～95％，淡黄色在 80％～85％，青黄色在 65％～70％，色青带白光只有 50％～60％，微黄而呈白色就不到 50％了。通常所说的七青、八黄、九赤可作参考。

（2）掂重量

黄金的比重为 19.32，重于银、铜、铅、锌、铝等金属。如同体积的黄金比白银重 40％以上，比铜重 12 倍，比铝重 61 倍。黄金饰品托在手中应有沉坠的感觉，假金饰品则觉得轻飘。但旅游者应注意，此法不适用于镶嵌宝石的黄金饰品。

（3）看硬度

纯金柔软、硬度低，用指甲能划出浅痕，牙咬后能留下牙印，成色高的黄金饰品比成色低的柔软，含铜越多越硬。折弯法也能试验硬度，纯金柔软，容易折弯；纯度越低，越不易折弯。

（4）听声音

成色在 99％以上的真金往硬质地面上抛掷，会发出“叭哒”声，有声无韵也无弹力。假的或成色低的黄金声音脆而无沉闷感，一般发出“当当”响声，而且声有余音，落地后跳动剧烈。

（5）用火烧

用火将要鉴别的饰品烧红（不要使饰品熔化变形），冷却后观察颜色变化，如表面仍呈黄金色泽则是纯金；如颜色变暗或不同程度变黑，则不是纯金。一般成色越低，颜色越浓，全部变黑，说明是假金饰品。

（6）看标记

国产黄金饰品都是按国际标准提纯配而制成的，并打上戳记，如“24K”标明“足赤”或“足金”；18K 金，标明“18K”字样；成色低于 10K 者，按规定就不能打 K 金印号了。目前社会上不法分子常用制造假牌号、仿制戳记，用稀金、亚金甚至黄铜冒充真金，因而鉴别黄金饰品要根据样品进行综合判定来确定真假和成色高低。

（7）金银（含黄金、白银和铂金）饰品标识的新规定

从 2004 年 12 月 1 日起，国家对金银（含黄金、白银和铂金）饰品标识有新的规定。国家质量技术监督局发布的《金银饰品标识管理规定》（以下简称《规定》）要求经营者不得经营无印记、无标识物及标识内容不符合该《规定》要求的金银饰品。其具体内容为：每件金银饰品都必须有相应的标识，每个标识包括印记和其他标识物（标签）两个部分。印记的内容包括饰品材料名称和含金（银、铂）量，原规定生产者名称或企业代号的印记内容在新规定中可以免除。其他标识物即标签，则要求包括饰品名称、材料名称、含金（银、铂）量、生产者名称、地址、产品编号和质量合格证明等，按重量销售的金饰品还应当包括重量。

2. 黄金饰品成色的鉴别

古代辨别真金、假金以及金的成色，唯一的鉴定方法就是用试金石。试金石

是一种测试真金和假金以及金的成色的石头。在古代，由于科学技术水平所限，不可能采用精密的分析方法去鉴定黄金的成色，只有利用黄金的硬度大小（摩氏硬度 2.5～3），在坚硬的岩石上刻划后，根据所留下的金黄色的痕迹来鉴别。地质学上称这种痕迹为条痕，也就是黄金粉末的颜色。既然是"金无足赤"，那么怎样辨认它所含杂质的多少呢？据明代宋应星所著《天工开物》记载，古代的鉴定标准是："金高下者，分七青、八黄、九紫、十赤，登试金石上，立见分明。"这就是说，金在试金石上刻划出来的条痕为青色者，含黄金七成，杂质三成；条痕为黄色者，含黄金八成，杂质二成；条痕为紫色者，含黄金九成，杂质一成；条痕为红色者，含黄金十成，由此分辨金的成色。

我国的试金石大部分是用一种硅质砾石加工成的。试金石的硬度一定要大，以耐刻划；颜色要暗，以易于观察条痕；表面要光滑平整，以便于测试。

现在流行的鉴别黄金饰品成色的方法有以下两种。

（1）试金石法

选择质地细腻的黑色试金石，用含金量不等的标准试金片（对金牌）在试金石上划出痕迹，再将所要鉴定的金饰样品在同一试金石上划痕，滴上浓硝酸去掉杂质，将留在试金石上的痕迹与所划的试金片痕迹对比，对照样品金的标准度，找出与饰品样品一样的色度，即为所要测定金饰样品的准确含金量。

（2）化学法（又称试剂点试法）

黄金不溶于单独的硝酸、硫酸和盐酸，而银、铜等成分均能与硝酸起化学反应而被溶解。取金饰样品，将硝酸点在某一部位，如是黄金则不会变色；如是银制品，则会生成氧化银而变黑；如是铜制品，生成二价铜盐而冒绿色泡沫。对含金量在 95％以上的金饰品，用硝酸点试，表面变化很小。

2.1.3　黄金饰品的保养

黄金饰品已经成为许多人的装饰品，它虽然并不十分娇气，但是如果不细心保养，也会失去它最初的光泽和魅力，影响美观。一般来说，旅游者购买后要注意以下几点：

1）洗洁精的化学物质会改变金子的色泽，所以做清洁工作之前应该摘掉金饰品。

2）避免直接与香水、发胶等高挥发性物质接触，否则容易导致金饰褪色。

3）游泳时要取下金饰，以免碰到海水或池水后，表层产生化学变化。

4）保管的时候用绒布包好再放进首饰箱，避免互相摩擦损坏。

5）黄金比较软，容易变形，所以不要拉扯项链等饰品，以免变形。

6）纯金饰品在遇水银时会产生化学反应，出现白色斑点，清洗时只要在酒精灯上烧烤一会儿，就能恢复原色。

7）佩戴后的金饰常因污渍及灰尘的沾染而失去光泽，此时，只要将金饰置于中性洗洁剂中浸泡并清洗，再取出拭干即可。

8）不要戴着金首饰烤火、做饭或用热水洗东西，也不要接触酸、碱或水银。目前市场上销售的黄金饰品中，含有一定数量的杂质，这些杂质在一定条件下能发生氧化反应，使饰品发生褪色或变色现象。

2.2　白金饰品

2.2.1　白金饰品的分类

用以制作首饰的白金有两类，一类是纯白金；一类是 K 白金。

纯白金材料比较柔软，在制作首饰时，会因材料强度而受到某些限制。而在白金中加入适量的铱、钯、钴等贵金属来提高材料的硬度和韧性，这种白金含量不同的材料就叫做 K 白金。

K 白金含量的计算方法和 K 黄金计算方法一样。对于纯白金材料，世界上大部分国家都规定含金量必须在 950‰以上。美国的白金首饰，一般都有 Platinum 或简写形式 Plat 记号，这个印鉴告诉人们该产品已经符合要求。虽说它没有具体标明含白金量，不过美国的白金刻印法规定，纯度达不到 950‰以上的，不得刻印白金（即 Plat）记号，如果违反这个规定要受到处罚。欧洲发达国家也都规定纯白金的含金量必须在 950‰以上。日本除了 K 白金外，还有四种特殊白金规格，即 1000‰Pt、950‰Pt、900‰Pt、850‰Pt。一个国家规定这么多记号，在世界上恐怕只有日本了。虽然日本承认这么多规格，但对白金的品质还是非常重视的，日本政府采用官印 JIS 或 JA 来对白金品质作正式保证。

我国对白金材料也有严格的规定，这种规定是参照国际通行原则，结合我国实际情况制定的。我国规定白金产品必须刻印实际含金量，如含白金量 99%，则刻"99 白金"，以此类推。

2.2.2　白金饰品的保养

白金早已被古埃及人和印加文明用于装饰。在现代，白金更是以精湛工艺来镶嵌钻石的首选质材，造就了 20 世纪 20 年代华美绝伦的装饰艺术。今天，白金含蓄的优雅气质令新一代旅游消费者为之心驰神往。那么，旅游者购买白金饰品后应怎样保养呢？

1）将白金饰品单独存放在珠宝盒或软皮口袋内。

2）在做手工工作时，取下白金首饰。

3）在佩戴白金首饰时，不要让首饰接触漂白剂或其他有刺激性的化学品。虽然它们不会损伤白金，但可能会使精致的饰品褪色。

4）定期清洁白金，就像清洁其他贵重首饰一样。应使用专门的首饰清洁器或者将它浸在温和的肥皂水中，然后用柔软的布轻轻擦拭。

5）每过一段时间将白金首饰送去做专业清洗。对于镶嵌宝石的白金首饰，要确保每 6 个月进行一次专业清洗。

6）如果保养得当，你的白金饰品应基本不需要任何修理。当需要做些调试时，例如调整大小、抛光或者清洁的时候，就需要前往拥有专业白金工匠的珠宝店了。

2.3　白银饰品

在日本有一种说法：懂得戴银的人是懂得爱和被爱的人。银是一种灰白色的美丽金属，在人类历史上，银凭借其光润洁白、清新典雅的风格和适中的价格，在很长的时间里，一直是一种非常普及的首饰材料。白银洁白纯净，承载着特殊的情感色彩，被誉为"永远闪耀着月亮般的光辉"。那种淡淡的色彩，软润的风格，含蓄而不失高贵之气，非常适合传达一种纯洁的感情。在外出旅游时或者情人节时，选一件洁白的银饰，刻上几句永恒的私语，将是一种怎样的浪漫和情怀。

2.3.1　白银饰品的分类及特征

1. 分类

（1）按成色
银制饰品按其成色，从高到低可分为纯银、纹银和色银。

（2）按加工方式
按加工方式可分为铸造银、打造银和银色细工制品。

（3）按国家标准
GB/T 11887—2000 是在 GB/T 11887—1989 实施基础上修改制定的，在银饰品方面银及其合金规定如下：银及其合金纯度千分数最小值纯度的其他表示方法：800，925，990，足银，纯度千分数前冠"银"或"S"，如"银 800"或"S800"，"S990"或"足银"。

2. 特征

传统的银饰，一个致命的弱点就是容易氧化。一件精美的银饰，往往佩戴几个月后，就开始发黑，失去光泽。因此，近几十年来，随着黄金、白金和钻石首饰的普及，传统的白银首饰逐渐被冷落。事实上，真正100％的白银洁白柔软，并不会变黑，只不过由于银很少单体产出，提纯需要特殊的冶炼技术，同时纯粹的白银过于柔软，很难成形。因此，在传统的银饰品中，不得不添加一定比例的其他金属，以增加其硬度和延展性。比如，目前最普及的所谓纯银925，实际上是添加了7.5％的铜或镍的合金银，这些添加的金属才是银制首饰容易变黑的真正原因。

纯粹的白银饰品没有添加任何的杂质，软润舒适，不会引起皮肤过敏，也不会变黑，可以完美体现出银的光泽，其独特的银白色系，在视觉上能产生清爽、典雅的感受，今天回归自然的风气盛行，白银这种最古老的贵重金属恰恰符合人们追求"返璞归真"的心情。这也是近几年，白银饰品在欧美国家、日本等地成为一种潮流饰品，颇受年轻白领欢迎的原因。

虽然银饰品既高贵又典雅，但在饰品家族中一直都是以"身价不贵"而"飞入平常百姓家"的。一件精美的白银首饰，其价格不过百元至数百元之间，仅相当于纯金饰品的十分之一左右，相对于一些品级钻石或品级珠宝，则是一个更大的价格差距，即使一般的工薪阶层，也消费得起。在起到同等装饰美感的情况下，广大旅游消费者更青睐价格相对便宜的银饰，也在情理之中。

2.3.2 如何识别白银饰品的真假与成色

1. 看颜色（又称看面档）

纯度愈高，银色愈洁白，面档细腻均匀发亮，有润色。如果含铅质，面档发出潮花带有青灰色；如果含铜质，面档出现粗糙及烂心，有干燥感。被氧化了的白银尽管表面有"黑锈"，但其色泽黑而呈光亮，铅、锡、白铜则没有光泽，其色发暮。

2. 重量

白银密度较一般常见金属略大，一般地讲，"铝质轻、银质重，铜质不轻又不重。"因而掂掂重量可对其是否为白银做出初步判断。若饰品体积较大而重量较轻，则可初步判断该饰品是其他金属。

3. 查硬度

白银硬度较铜低，而较铅、锡大，故用大头针稍用力划实物的表面进行测试，如针头打滑，表面很难留下痕迹，则可判定为铜质饰品；如为铅锡质地，则痕迹很明显、突出；如实物留有痕迹而又不太明显，便可初步判定为白银饰品。纯白银饰品用手拉、折就能使之变形。

4. 听声韵

饰品如为高成色白银，则掷地有声无韵，无弹力，声响为"卟哒卟哒"。成色越低，声音越尖越高而带韵；若为铜质，其声更高而尖，韵声急促而短；若为铅、锡质地，则掷地声音沉闷、短促、无弹力。

5. 看茬口定成色

把白银饰品截开，看茬口颜色，若茬口白而绵，饰品表面光润、细腻，氧化后表面色泽发乌呈光亮，可断定其成色在98％左右；若茬口粗而柔，微显红色，成色在95％左右；茬口白而带灰，略有微红则成色在90％左右；用手弯折较硬，茬口淡红色或带灰色，成色在80％左右；表面白黄且干燥，茬口微红、黄兼有，弯折坚硬，成色在70％左右；若茬口红中带黑，黄中带黑，其成色已在60％以下。

6. 银药（又名吃银虎）抹试

将银饰品在试金石上磨出银道，用银药（银药是用95％以上成色的白银面和水银调和而成的软体状物）在银道上涂抹，挂银药多的，成色就高，少的成色就低，假的不挂银药。

7. 伪造白银的特点

伪造白银一般是用红铜、黄铜、白铜、铅、锡、铝等制造的，其特点如下。
红铜质：外表紫红色，茬口黑红色，生绿锈。
黄铜质：外表黄色，茬口豆绿色，生绿锈。
白铜质：外表灰白色，茬口砖灰色，生绿锈。
铅质：灰蓝色，质软，用指甲可划出道痕。
锡质：银白色，质软，用指甲可划出道痕。
铝质：白灰色，体质较软而轻。
以上是白银饰品的真假和成色基本的鉴定方法，随着科技的迅速发展，出现了现代无损等先进的检测技术，如 X 射线荧光光谱法、电子探针法和扫描电镀分析等。

2.3.3 白银饰品的保养

很多人喜欢银饰，却不知道要如何保养它，甚至认为银饰是很难保养的，事实并非如此。银的化学性质不如铂金和黄金稳定，常因空气中的水或其他化学物质氧化而变黑或变黄并失去光泽，在了解这一特性后，旅游者购买回银饰品后只需在日常生活中花一点点心思，就可以让自己所佩戴的银饰历久如新了。

1）银饰的最佳保养方法是天天佩戴，因为人体油脂可使白银产生自然温润的光泽。

2）为避免银饰品触及香精类物质，建议梳妆打扮后再佩戴银饰品。

3）在佩戴银饰时不要同时佩戴其他贵金属首饰，以免碰撞变形或擦伤。从事剧烈运动或搬移重物时，尽量避免戴银饰品，以避免饰品因摩擦、碰撞造成裂面毁损、宝石脱落等情形的发生。银饰品表面若有摩擦划痕，容易加速银质氧化。

4）保持银饰的干燥，从事洗衣、洗碗及做饭等工作时，应将戒指取下，以避免化学物品或油渍影响其亮度。不可戴着游泳，因为银不可接近温泉和海水，银接触硫化物会产生化学变化。若不慎触及，银饰品表面氧化呈淡咖啡色。受氯化物（如游泳池水）腐蚀时，应先以大量清水清洗。

5）每次佩戴完后可用棉布或面纸轻拭表面，清除水分和污垢，然后收藏于密封袋中，避免与空气接触，以免表面光泽度减弱。

6）经常性的擦拭，也易使银饰品光泽度降低。

7）含有精致的立体雕塑的银饰，避免刻意擦拭光亮。若发现银饰有变黄的迹象，应先用珠宝小刷清洁银饰品的细缝，然后用拭银布轻拭表面，即可让银饰恢复原本的银白与光亮。在此建议各位旅游者：若使用拭银布能够恢复约八成的银白状况，就无需使用拭银乳和洗银水了，因为这些产品都具有一定的腐蚀性，银饰在使用过这些产品之后，会越发容易变黄。拭银布含有银保养成分，不可水洗。如果平时在佩戴之后没有对银饰进行处理和收藏，就极有可能使银饰变黑。这时应使用珠宝小刷清洁饰品的细缝，然后将拭银乳滴一滴在面纸上，将银饰表面黑色氧化物拭去，再用拭银布恢复饰品原本的光亮。之后就要记住做好日常的一般保养，避免银饰再次变黑，银饰在多次变黑之后就很难擦亮了。

2.4 钻石饰品

"钻石恒久远，一颗永流传。"钻石是地球上硬度最高、光泽绝伦的矿物，钻石饰品作为爱情的象征物，多年以来一直深受旅游消费者青睐，因为钻石永不磨损，常戴常新，一旦拥有，可世代流传。

2.4.1 钻石及其特征

1. 钻石

钻石，又称金刚石，英文名称为 Diamond，源自于希腊语"adamant"，意为难征服。大约 16 世纪中期开始使用英文名并延续至今。其实，严格地说，金刚石和钻石的含义是不同的。自然界产出的金刚石因其品质的优劣不同，只有很少一部分可作宝石用，其余大部分只能用于工业上。可作宝石的金刚石是指那些纯净无杂质、无裂隙、无包裹体、无色透明或有特殊颜色且晶体较大的金刚石。这种未经加工琢磨的金刚石原石称做宝石金刚石。宝石金刚石只有经过专门的琢磨加工成各种首饰才能称做钻石。不过，人们习惯上常常把金刚石和钻石等同起来，所以这里也就不加严格区分了。钻石是地球上最硬、最光亮照人的矿物，纯净无色的钻石最受青睐，但其他变种——从黄色、棕色到绿、蓝、粉红、红、灰和黑色亦有。由于组成钻石的碳原子排列均匀，所以其结晶体系极为完善——通常为带圆边且表面略凸圆的八面体。钻石是在地下 80km 或更深处高温高压下形成的。在印度和巴西，大部分钻石产生于次生矿床，即河流的沙砾中。从 1870 年在南非金伯利岩中发现钻石后，改成开采矿石，以便提取。今天的澳大利亚是主要的钻石生产国，其他还有加纳、塞拉利昂、扎伊尔、博茨瓦纳、纳米比亚、前苏联、美国以及巴西。

2. 钻石的基本特性

（1）硬度

所谓硬度是指物质抵抗外界机械刻划的能力。钻石的摩氏硬度为 10，是迄今为止人类所发现的最硬的天然物质。实际上钻石的硬度按 Rosival 的绝对硬度衡量，是红、蓝宝石的 140 倍，是水晶的 1000 倍。与其他宝石相比，钻石镶在首饰上，更能抵抗磨损、划伤。

（2）韧度

钻石具有高韧度，即钻石抵抗破裂的能力高，但是它的边棱是比较脆的，因此佩戴时应避免直接碰撞坚硬的物体。

（3）比重

钻石的比重为 $3.52g/cm^3$（即是水的比重的 3.52 倍），钻石是碳元素的结晶体，碳的原子系数为 6，是重量很轻的元素，能达到如此高的比重，意味着它的原子堆积得很紧密。

（4）热导率

钻石是已知物质中传导热的能力最强的物质之一，热导率是铜的 5 倍。这一性质使钻石在工业，尤其是航天工业和微电子工业中得到广泛应用。

（5）热膨胀率

钻石的热膨胀率很低，不会因温度的变化而出现明显的热胀冷缩现象。这一特性对北方寒冷地区的旅游消费者尤为重要，由于钻石热膨胀率极小，故镶嵌在首饰上，钻石不会像某些宝石会因室内、室外温差大而产生裂纹。

（6）折射率

钻石的折射率为 2.417，是所有天然无色宝石中最高的，这一特征使光线进入钻石后能向中心聚合。

（7）光泽

光泽与折射率及表面特性相有关，是物体表面反射光线时所表现出的特点。钻石为典型的金刚光泽，这使得钻石经切磨后具有极其耀眼的光泽。

（8）色散率

钻石的色散率高，为 0.044。这也是所有天然无色宝石之最，钻石因此能使白光散发出光谱式的彩虹颜色。

（9）亲油性

钻石具有强烈的亲油性，这一特性由戴比尔斯的科学家于 1896 年发现。

（10）对化学药品的反应

钻石具有很高的化学稳定性，酸、碱以及一般化学药品均不可能对钻石产生任何腐蚀作用，因此不能用酸及其他较强的清洁剂清洗的说法是没有科学根据的。

2.4.2　如何选购钻石饰品

白金（铂金）钻石首饰从 20 世纪 90 年代流入我国，现已慢慢地成为国内流行时尚。但因为对钻石的了解不够，爱美的人们在选购钻石饰品时往往很茫然。如何选购一件满意称心的钻石饰品，是一件值得旅游者研究的事情。自从 1996 年 10 月我国发布《钻石分级标准》后，各省、市都成立了监督检测站，待售的每件钻石饰品都配有钻石鉴定书或分级证书（按国际统一标准，每克等于 5 克拉，每克拉等于 100 分，10 分以下的镶嵌钻石饰品按规定不出分级证书，只出鉴定证书）。证书上对钻石的品质进行了评定，有助于钻石饰品的选购。

1. 了解钻石的品质

旅游消费者评定钻石的品质可以"4C"为标准：即重量（carat）、颜色（color）、净度（clarity）、切工（cut）。

（1）重量

旅游消费者在选购钻石时，第一眼接触的是钻石的大小，即重量，克拉（ct）是量度钻石重量的标准单位，1ct＝0.2g。克拉重量越大的钻石越是稀有和昂贵，越难以切割、加工。钻石的重量，在饰品的标签上和镶嵌金属上均有标注，旅游消费者在购买时，可注意到。对旅游消费者来说，克拉数越大的钻石越有吸引力。一般 1 克拉以上的属大钻石，25～99 分的属中钻，24 分以下的属小钻石。在国际宝石市场上，大于 1 克拉的钻石，每克拉售价 3355～7000 美元。

（2）颜色

虽然大多数钻石粗看起来都是无色的，但是，由于钻石是在地球深部、高温高压结晶而成的，所以钻石中常常含有一些其他的微量元素，从而使钻石具有不同程度、不同色调的颜色。通常见到的钻石都是近无色或略带点黄色的，称为开普系列，这类钻石的颜色是由于钻石中含有微量的氮元素，对开普系列钻石的进一步分级，按钻石颜色的变化可分为 12 个颜色级别，用英文字母分别代表不同的色级。钻石的颜色由 D 色至 N 色逐级降低，其中比 D 色更好的色级用＞D 色表示，比 N 色更差的色级用＜N 表示，除此以外，也可采用"百分制法"和"文字描述法"来表示级别。建议旅游消费者选购颜色白的钻石，因为相同重量的钻石，白色比黄色或灰色更稀少。

（3）切工

钻石的切工是指切磨的比率和修饰度的水平，是人们能控制钻石品质的唯一的一个方面。许多宝石专家认为切工在决定钻石品质方面具有很重要的作用，因为即使一颗钻石具有完美的颜色和净度，但切工不好也不能算一颗极品钻石。钻石的切割运用几何学的原理，光线从台面进入钻石后将产生折射，当进入钻石的光线经折射后全部从台面返回，此时钻石将产生耀眼的光芒，即钻石"火彩"很好。钻石的切工分为"很好""好""一般"三个档次，一般旅游消费者难以辨别，但有一个简单的识别方法：即将钻石的正面迎着强光或阳光摆动，观察是否有五颜六色的光从正面发射出来，也就是通常所说的"出火"现象，"出火"越强烈，切工相对就越好。

（4）净度

钻石的净度是指钻石内含的非本身化学元素杂质的数量。通常是在 10 倍放大镜下观察，根据杂质的多少，分为以下几个等级：

1）净，也称"无瑕"，钻石内没有丝毫杂质。如果做工精美颜色又好，可称为"完全"。这一等级在国外叫做"FL"级。

2）微微丝，即国外的"VVS"级，表示瑕疵极微，在 10 倍放大镜下很难发现瑕疵。

3）半号花，在 10 倍放大镜下可以看见极小的微瑕，相当于国外钻石级别中的"VS"级。

4）一号花，即国外钻石级别中的"VI"级，是指在 10 倍放大镜下可见而肉眼很难发现小瑕疵。稍大的定为"S2"级。

5）二号花，为肉眼可见瑕疵，相当于国外钻石级别中的"I1"级。

6）三号花，为肉眼较易看见瑕疵，相当于国外钻石级别中的"I3"级。

2. 钻石的选购

旅游消费者在了解钻石的品质评定后，就可根据自己的经济能力选购钻石了。选购时，有如下建议：

1）旅游消费者选购钻石重量如是 24 分以下，属于小钻，只要钻石"出火"就好，颜色为白，对净度不必太苛求，VI 即可，因为 VI 级钻石肉眼看不见瑕疵，相对价格也较低。如果选购的是 50 分以上的有保值、珍藏作用的大钻，则净度应选 VS 级，VVS 级更佳。

2）鉴定证书是钻石的身份证，是由各级技术监督局批准依法设置，质检机构出具的，具有法律效力，所以旅游消费者在购买时，应向商家索取由当地质检机构出具的鉴定证书。

3）注意钻饰打折，一般来说，商家折扣在 8.5 折左右属于正常范围，如果大幅度打折则应注意，因为商家一般不做亏本买卖，为了促销，可能是钻石品质不高，也可能是提价后再打折，所以旅游消费者应货比三家，切勿盲目冲动购买。

3. 常见的假钻石

钻石是高贵豪华的装饰品，镶嵌天然钻石的首饰是首饰之冠。可是，钻石由于稀少而价格昂贵，尤其是稍大粒的钻石，一般人都不敢问津。于是，用廉价宝石、人造宝石甚至玻璃来代替或冒充钻石的活动就隐秘地或公开地愈演愈烈，假钻石的生意也日益兴隆起来。据王曙先生的研究和统计，常见的形形色色的假钻石共有 13 种，下面介绍其中 7 种。

（1）玻璃

用玻璃磨成的假钻石很容易区别，因为它的折光率低，没有真钻石那种闪烁的彩色光芒，稍有经验的人一看便知。另外，可用白瓷碗盛一碗清水，冒充钻石的无色玻璃制品漫入水中会看不清轮廓，而真钻石暗黑的轮廓在水中显得十分清楚。

（2）人造尖晶石

它和钻石的区别是缺少闪烁的彩色光芒，将它浸入二碘甲烷中，也会轮廓模糊，而真钻石的轮廓则十分清楚。

（3）水晶和黄玉

这两种天然矿物的透明晶体，经琢磨后也有点像钻石，但都缺少闪烁的彩色光芒，且它们都是"非均质体"，而钻石是"均质体"，用偏光仪易于区分。

（4）人造蓝宝石

无色透明的人造蓝宝石在琢磨后也可作为钻石的代用品，但它在二碘甲烷中几乎消失不见，而真钻石的边缘暗黑，非常清楚。

（5）锆石

在人造立方氧化锆出现之前，锆石是最佳的钻石代用品。锆石具有很强的双折射，即它有两个折光率，并且两个折光率之间的差别较大。由此而产生了一种很特殊的光学现象。当用放大镜观察琢磨好的锆石棱面宝石时，由其顶面可以看出底部的面和棱线有明显的双影。而钻石因为是"均质体"，绝无双影现象。

（6）人造金红石

金红石是一种普通的天然矿物，它的成分是二氧化钛，由于它的折光率（2.61～2.90）比钻石（2.42）还要高，故琢磨后能出现明亮耀眼的闪光，且能出现彩虹般的变化，显得非常美丽。可惜的是，天然金红石几乎全是不透明的，所以 1947 年才经美国铅业公司首先制出了人造金红石。其中无色透明者用作钻石代用品或假冒品，其五彩缤纷的闪光超过了真钻石，常被称为"五彩钻"或"五色钻"。但由于金红石有强烈的折光率，故与锆石一样，能用放大镜从顶面看到底部棱线的显著双影，易与钻石区别。此外，"五彩钻"因闪光过分艳丽，并带有不清澈的乳白光，故有庸俗之感，远不如钻石闪光的高雅可爱。

（7）立方氧化锆（即"苏联钻"）

这是首先由前苏联推出的最理想的钻石代用品或冒充品，是人造化合物，非天然矿物。自从立方氧化锆问世后，其他多种人造宝石原料，都只用作中低档宝石代用品，而不再来磨制假钻石了。这是由于立方氧化锆在折光率、色散等方面与天然钻石很接近。但它的硬度较低（8.5），比重为钻石的 1.6～1.7 倍，且导热性远低于钻石，故仍可用仪器准确地将其与钻石区分开来。

4. 鉴定真假钻石的三种基本方法

在各类珠宝中，钻石被誉为"宝石之王"而深受世人的喜爱。然而，人们在选购钻石时，因不了解钻石的各种特点而易被人蒙骗，结果损失惨重。对于我们普通旅游者来讲，鉴别钻石真假简单可行的方法有如下三种。

(1) 铅笔鉴定法

将钻石用水润湿后，用铅笔在它上面刻画一下，真钻石的表面不会留下铅笔划过的痕迹。水晶、玻璃、电气石等无色透明的假钻石则会留下痕迹。

(2) 钢笔鉴定法

将一枝钢笔蘸上墨水后在钻石上画线条，真钻石在放大镜下观察，其表面会留下一条光滑而连续的墨水线条，无断痕。假钻石留下的线条则由一个个小圆点组成。

(3) 刻划鉴定法

钻石的硬度都很强，用刀片等难以在上面留下刻痕。此外，用钻石在玻璃上轻轻划一下，会留下一条较明显的白痕。假钻石则无此现象。

2.4.3　钻石饰品的保养

1. 常用的钻石保养方法

由于钻石的强亲油性，钻石表面很容易沾油，应避免用手直接接触钻石，最好不要直接戴着钻石下厨房、洗餐具。应定期对钻石进行清洗、保养。常用的钻石保养方法有如下几种。

(1) 清洁液洗净法

用一个小碗或茶杯盛装温水，在水中调好适量的中性清洁剂，将钻石浸在水中，用牙刷轻轻刷洗，再用一个网筛兜住，在水龙头下用温水冲洗，最后用一条柔软的无棉绒布拭干即可。

(2) 冷水浸法

用一个小碗或茶杯，把适量的清水与家用亚摩尼水混合，将钻石浸在水中约30 分钟，然后用一个小刷子，在钻石前后左右轻轻刷洗，再在水中挥动一会，拿出来用纸巾拭干即可。

(3) 快速清洗法

购买一瓶名牌的珠宝清洁液，连同附赠的容器，按照说明洗涤钻石。

2. 其他护理钻石的秘诀

这里还有一些秘诀可以帮助您护理钻石：

1）当您在做家务时，请不要让钻石首饰沾上含氯的漂白剂，它不会损坏钻石，但是会使镶托褪色或变色。

2）洗碗或做粗活时不要佩戴钻石，钻石虽然坚硬，但是若依其纹理方向受到重击可能会有刮损。

2.5 珍 珠 饰 品

美玉只有通过雕琢才能显示出它的魅力，而一粒珍珠，当它从贝壳里出生的时候，就将其迷人的美展现在世人眼前。千百年来，珍珠一直被当作美好的装饰品，受到女士们的喜爱，因此在珠宝世界里享有"珠宝皇后"的赞誉。

2.5.1 珍珠及其特征

1. 珍珠的成分

珍珠的主体为碳酸钙 $CaCO_3$（约占 82％～86％），矿物名称为文石（又称霰石），珍珠角质占 10％～14％，水占 2％。

2. 珍珠的色调

以白色为主的，可出现奶色、亮黄色、亮玫瑰色、杂色等；以黑色为主的，可出现灰、古铜、暗蓝、蓝绿、绿等色调。有色珍珠，是指除白色、黑色以外的珍珠，通常为蓝色的，此外，还有红、紫、淡黄、丁香紫、绿等色的。

3. 珍珠的光泽

具有变幻不定的晕色（晕彩）。天然珍珠硬度为 2.5～4.5，相对密度为 2.6～2.78；人工养殖者，相对密度为 2.72～2.78。珍珠溶解于酸，滴稀盐酸起泡。珍珠的发光和吸收光谱，在紫外线长波或短波照射下，天然珍珠发荧光（亮蓝、淡黄、淡绿、粉红等色），养殖珍珠有时发荧光（与天然珍珠相同），有时不发荧光。

4. 珍珠的分类

珍珠的品种名目繁多，为让读者更全面地了解珍珠，这里从广一点的范围来介绍这个问题。

（1）按珍珠的成因分类

1）天然珠：即由野生贝自然产出的珍珠。

2）养殖珠：通过人工培育、养殖所生产的珍珠为养殖珠，在养殖珠中又分无核珍珠（即细胞珠）和有核珠两种。

（2）按产出的水域分类

1）海水珍珠：由海洋贝类产出，如马氏贝、白蝶贝，甚至鲍鱼等。

2）淡水珍珠：由淡水河蚌产出。

（3）按品质分类

1）优质珍珠：所含珍珠质较纯、杂质很少，此类珍珠多数为霰石型结晶。

2）劣质珍珠：也可以说是一种异质珍珠，它除含有一定的珍珠质外还含有其他成分，如壳皮珠和棱柱层珠都属于劣质珠，它们的珍珠层和珠核之间多数结构不紧密，蹭往往夹杂着许多脏的有机物，珍珠层主要是一种壳角蛋白，不透明，呈褐色、陶土色或土黄色，易于破裂。

（4）按形态分类

珍珠的形状可谓千姿百态，正圆、半圆、蛋形、梨形、滴水、连体、巴洛克异形等。正圆固然是珍珠无可非议的本态，而其他形态的珍珠也不乏其价值与人们欣赏的情趣。

（5）按一般商业习惯分类

一般来说，按经商的习惯珍珠大体分为以下三大类：

1）海水珠，包括天然珠和养殖珠。由于人们的不断捕捞，以及工业的发展带来海水的污染，海底的野生贝越来越少，因而人们所得到的海水天然珍珠也寥寥无几。圆润、颗粒较大的装饰用珍珠更是罕见，目前所见到的一般只有小米那么大，且形状为异形，只能药用，这样的天然小米珠价格也十分昂贵。人工养殖海水珠的直径一般为 4～7.5mm，大者可达到 8～8.5mm，其中 6～7mm 的居多。海养珍珠的颜色很丰富，有银白、粉红、玫瑰红、金黄、铁灰等。

2）淡水珠，包括天然珠和养殖珠。淡水天然珠是指生长在江河及淡水湖里的蚌所产生的珍珠。虽比海水的天然珠产量高，但颗粒小、异形。人工养殖的淡水珠其形状有圆、长圆、半圆，但更多的是异形珠，且表面褶皱多。颜色有白、褐、紫、紫蓝、橙黄、棕灰等。在淡水珠中，天然蚌所培育的珍珠是其中的佼佼者，其特点是褶皱少，圆润柔和，光泽明艳。

3）人造珠，在世界市场上人造珠很多，饰用的人造珠大体上可分为两大类。一类是塑料珠，这是我们通常在市场上看到的一种塑料制品。看起来很漂亮，是人造首饰类的装饰品。其特点是手感特别轻，价格几元至十几元不等，商品价值很低。另一类是生物光泽珠，它是世界市场上很流行的具有天然珍珠光泽效果，手感、比重都跟海养珍珠酷似的假珍珠。

2.5.2 珍珠饰品的选购

面对五彩缤纷、真假并存的珠宝市场，我们会感到迷惘。我们每个人没有必要也不可能都成为行家，但掌握一些简易的方法和常识就可免受坑蒙之苦，旅游消费者在购买珍珠饰品时，可根据其真伪、颜色、光泽、透明度、形状、大小及加工质量来综合判定珍珠的经济价值。

1. 目前市场上的珍珠品种

目前，市场上销售的珍珠品种繁多，但归纳起来只有三类：养殖珍珠、天然珍珠和珍珠赝品。

（1）养殖珍珠

人工养殖珠（淡水珠、海水珠）透明度好，具半透明的凝胶状外表，而天然珠透明度较差，外观凝重；人工养殖珠表面常有突起和凹坑，天然珠外表光滑。

养殖珍珠又分为淡水养殖珠和海水养殖珠两种。淡水养殖珠无核，是在湖泊、池塘等水深不超过4m的环境中人工养殖的；海水养殖珠产于热带或亚热带的浅海水域中，均采用有核培植法；天然珍珠多呈圆粒状，核极小，通常肉眼看不到。确切地区别天然珍珠和淡水养殖珍珠一直是珠宝鉴定中的难题，但专家根据珍珠层的结构、珍珠的密度、荧光和透明度等特征，可准确地将二者区分开来。对于旅游消费者来说，简易的识别办法是：天然珍珠因核极小，肉眼下无核；海水养殖珠有核、核较大；淡水养殖珠无核。

（2）珍珠赝品

珍珠赝品又称仿珠，最常见的仿珠有以下三种：

1）充蜡玻璃仿制珠：在空心的圆形乳白色小球中充满石蜡，这种珠密度小重量轻，用手掂一下即可区别，用针探测珠的内部有软感。其外表光滑，用针刻不动。

2）实心玻璃仿制珠：将白色实心玻璃球浸泡在"珍珠液"中而成，用针从钻孔处拨动，其外表会成片地脱落，不见细小鳞片状粉末。

3）塑料镀层仿制珠：在乳白色塑料珠外镀一层"珍珠液"，用针挑拨钻孔处，外表亦会成片脱落，不见细小鳞片状粉末，用针刺外表可感觉出表皮下非玻璃材料。

通常，将两粒珍珠相互摩擦，表面有砂感，而仿珠之间相互摩擦，感觉很光滑，没有砂感——这是旅游者鉴别珍珠真伪的一个最简易的方法。

2. 选择珍珠的颜色

珍珠的颜色很多，其中以白色稍带玫瑰红色为最佳，以蓝黑色带金属光泽为特佳，但若见到明显的黑色、灰色珍珠，就应引起警惕，有可能是染色珠。区别染色、真色珍珠的方法是：天然黑珍珠并非纯黑色，而是略带彩虹样闪光的深蓝黑色，或带有青铜色调的黑色；染色珍珠呈灰黑色和黑色，颜色单调、光泽差，若用布蘸少许 5% 左右的稀硝酸擦洗珍珠，则布上会留有黑迹。旅游消费者在购买贵重的黑色珍珠时，要分外留意。

3. 选择珍珠的光泽

光泽主要包括珍珠表面所反射出来的光与内部折射出来的光。好的珍珠看起来就有一种夺目的珠光宝气，但绝不刺眼，也绝不晦暗，有透明感（如同露水），反射出来的光也绝不是呆板的，而是丰富多变的。变换不同的角度，可以见到虹彩。

4. 选择珍珠的表面情况

珍珠表面的情况会影响它的光泽，也会影响外观。如果表面不平整的话，光泽就会差。如果疵点过多，当然谁看了都不会舒服。一般情况下，表面的疵点如果不明显的话并不会太大地影响珍珠的质量与价格，因为完美的珍珠几乎是没有的。相反，如果有人用较低的价钱向你推销看起来完美的珍珠，那就应该当心了，因为这些珍珠很可能是人造的玻璃球。

5. 选择珍珠的形状

珍珠的形状也在很大程度上左右着人们的选择。古语说"珠圆玉润"，所以正圆的珍珠是最值钱的。珍珠的形状和它的色彩一样是千变万化的，基本形状有圆、扁、半圆、蛋形、椭圆形、米形及不规则形，业内还有很多其他的行话讲法，比如两面光、四面光等。前面讲到，珍珠是正圆的最贵，但在有些地方，也有可能是其他形状的更受欢迎，因为不同的人有不同的口味。

2.5.3　珍珠饰品的保养

别把珍珠放在你的皮夹里、宝贝盒里跟其他的首饰混放在一起，以免一些硬的东西把它的表面划伤。当然，在别的地方用其他的硬东西划也不行。

不要用化学品和研磨剂（滑石粉之类，更别说是金刚砂了）擦拭你的珍珠。自来水也会损害珍珠光泽。有些人佩戴几次珍珠以后想要清洗保养，殊不知道用自来水作短暂的清洗对珠宝的影响不大，但若用自来水泡珍珠，则万万不可。因为自来水中有着固定含量氯，会损害珍珠表面的光泽，其实泡洗珍珠以矿泉水最理想。

珍珠用不着的话就不要佩戴了，取下来放着，是最好的保护。不过保存之前要擦干净。要定期地检查一下你的珍珠，看看有什么问题。发现得早的话，当然可以早解决。

注意含酸、碱性的物质。我们日常生活或食物中接触的某些物质，含有浓度不一的酸或碱，而这些不同浓度的酸碱化学物质可能会损害宝石，尤其是珍珠。日常生活化妆品的使用，应尽量避免沾染到珠宝。平日着装时应先化妆与喷洒香水后，再佩戴珠宝，以避免较高浓度的化妆品或香水直接接触到珠宝表面，如需补充香水，也应避免将香水直接喷洒到珠宝表面。

不要经常抚摸。珠宝戴在身上能够保护干净，看来很简单其实不容易，许多人看见珠宝漂亮迷人，就禁不住用手抚摸珠宝表面，这样做其实会影响珠宝的光泽与亮度。人的体内不时在皮肤表面排泄汗水与油质，手是最容易碰触身体部位，因此皮肤上的油质经常沾染到手的表面上，用手触摸珠宝时，手上的油很容易停留在珠宝上面，而影响珠宝的光泽与亮度。但翡翠白玉属于集合体结构，常去触摸它则可使玉质更加湿润可爱。

2.6　玉石饰品

中国有几千年的玉文化，从原始社会的旧石器时代起，贯穿于中国各个朝代，无论是君主皇帝，还是臣僚大夫以及布衣百姓，都能从他们身上看到玉文化的影子，古人用玉来形容君子的"五德"，即"仁、义、智、勇、洁"，正所谓"君子比德如玉"。玉在中国作为一种特殊的、独特的文化现象，已深深地融入中国的历史长河，可见玉在中国文化中的地位是多么重要。玉石之美与钻石和彩色宝石有明显的差异，钻石之美在于它的坚硬、清澈、明亮，彩色宝石之美在于它的艳丽多姿，而玉石之美在于它的细腻、温柔、含蓄优雅。玉石之美与它的基本性质密切联系。

2.6.1　玉石的分类

1. 通常将玉石分为硬玉类和软玉类

硬玉类，硬玉即为翡翠。品质优良的翡翠相对来说较为稀有，价格昂贵，能迎合高档旅游消费者的品味，主要产于缅甸，在山上称为山石，在河底称为水石。

软玉类，即白玉、青玉、碧玉、黄玉等。软玉比较便宜，故需求量较大，产量也多于翡翠，主要产地在我国台湾和加拿大、澳大利亚、新西兰、美国等。

2. 软玉

软玉是我国最著名的玉石品种，通常所说的和田玉实际上就是软玉，这是因为我国所产软玉主要在新疆，而且以新疆和田地区所产软玉品质最好，因此古时就称软玉为和田玉。

（1）软玉的特性

软玉主要是由透闪石、阳起石等组成的矿物集合体，呈纤维交织结构，质地细腻、致密，由于是由细小的纤维交织而成，因此韧性极好，不易破碎，光津滋润，常呈油脂感的玻璃光泽或油脂光泽，正所谓软玉给人的温润之感，也用来形容君子的一种美德。软玉一般微透明，硬度为5～6，折射率为1.61～1.62，密度为$3.0g/cm^3$左右，颜色有白色、灰白色、黄色、绿色、黄绿色、灰绿色、深绿色、墨绿色、黑色等。

（2）软玉的品种

软玉的品种主要是根据颜色进行划分，按照传统的分法，主要分为白玉、青玉、碧玉、墨玉、黄玉、花玉。

1）白玉：顾名思义，白玉的颜色为白色，根据颜色及质地的不同，又分为羊脂白、梨花白、雪花白、象牙白、鱼肚白、鱼骨白、糙米白、鸡骨白等多个品种，其中以羊脂白色（状如凝脂者）为最好。中国古代很多玉器珍品，均为羊脂玉所制。羊脂玉是软玉中的上品。

2）青玉：青玉是指从青色到淡青色的软玉，青色在软玉中是一种介于灰绿之间而偏灰的一种不鲜明的颜色，青玉的质地与白玉相近，但颜色不如白玉，故其价值较白玉要低。

3）青白玉：青白玉是指介于白玉与青玉之间，呈灰白色或带有淡淡的灰绿色调的白玉，似白非白，似青非青，主体通常仍呈白色。

4）碧玉：碧玉是指绿色、深绿色或暗绿色的软玉，常见为菠菜绿色。优质的碧玉也是较好的品种，碧玉通常质地不是很均匀，常含有明显的黑斑、白筋等。这里的碧玉须与石英岩中的碧玉相区别。

5）黄玉：黄玉指呈黄色、蜜蜡黄色、米黄色、蛋黄色等的软玉。

6）黑玉：黑玉指呈纯黑色、深黑色、灰黑色、青黑色的玉。

7）糖玉：糖玉指呈血红色、红糖色、紫红色、褐红色的软玉。

8）花玉：花玉指在一块玉石上具有多种颜色，且分布得当，构成有一定形态的"花纹"的玉石。

2.6.2 翡翠饰品

翡翠，是玉石之冠，是玉中最名贵的一个品种。"翡"的原意是指一种红色羽毛的鸟，"翠"是指一种绿色羽毛的鸟，由于其颜色鲜艳美丽，且与翡翠玉石的颜色很相似，因此就用"翡翠"来代表这种玉石。翡翠主要产于缅甸，又有"缅甸玉"之称。

翡翠是一种以硬玉为主的矿物集合体，其化学组成为 $NaAlSO_4$，常伴生有一些其他矿物如长石类、辉石类、闪石类等。翡翠的硬度为 6.5，密度为 $3.33g/cm^3$，折射率为 1.66～1.68。翡翠通常为纤维状结构和粒状结构，颜色多种多样，主要取决于微量元素的种类及含量，如含 Cr 元素可呈绿色，含 Fe 元素可呈红色、紫罗兰色。翡翠解理发育，其解理面常显白色闪光，如苍蝇翅，即翠性，为翡翠所特有，这也是鉴定翡翠的一个最直观的方法，但质地细腻的翡翠很难看到。

1. 质量评价

翡翠的价值主要取决于颜色、透明度、质地、地子、种、瑕疵、裂绺、工艺等。

（1）颜色

翡翠常见的颜色为绿色、白色、红色、紫色等，其中尤以绿色为最优的品种，如果一件翡翠中既有绿色，又有红色和紫罗兰色，那也是一件非常难得的玉。由于绿色在颜色中具有最重要的商业价值，因此主要对绿色加以介绍：

商业上翡翠的绿色总体来说，讲求"浓、正、阳、和"。所谓"浓"是指绿色饱满、浓重；"正"是指绿色纯正，不含杂色；"阳"是指绿色鲜艳、明亮；"和"是指绿色均匀、柔和。

按照色调可分为以下几种：

1）祖母绿、翠绿：绿色鲜艳、纯正、饱和、不含任何偏色，分布均匀，质地细腻，其中祖母绿比翠绿饱和度更高，是翡翠中的极品。

2）苹果绿、秧苗绿：颜色浓绿中稍显一点点黄色，几乎看不出来，色饱和度略低于上者，也是翡翠中的难得的佳品。

3）黄阳绿：绿色鲜艳，略带微黄，如初春的黄杨树叶般。

4）葱心绿：绿色像娇嫩的葱心，略带黄色。

5）鹦鹉绿：绿色如同鹦鹉的绿色羽毛一样鲜艳，微透明或不透明。

6）豆绿、豆青：绿如豆色，是翡翠中常见的品种，玉质稍粗，微透明，含青色者为"豆青"。

7）蓝水绿：透明至半透明，绿色中略带蓝色，玉质细腻，也是高档翡翠。

8）菠菜绿：半透明，绿色中带蓝灰色调，如同菠菜的绿色。

9）瓜皮绿：半透明至不透明，绿色不均匀，并且绿色中含有青色调。

10）蓝绿：蓝色调明显，绿色偏暗。

11）墨绿：半透明至不透明，色浓，偏蓝黑色，质地纯净者为翡翠中的佳品。

12）油青绿：透明度较好，绿色较暗，有蓝灰色调，为中低档品种。

13）蛤蟆绿：半透明至不透明，带蓝色、灰黑色调。

14）灰绿：透明度差，绿中带灰，分布均匀。

按绿色的浓艳程度可分为以下几种：

1）艳绿：透明至半透明，绿色纯正，均匀，鲜艳，属名贵品种。

2）阳俏绿：绿色鲜艳明快，娇嫩纯正。

3）浅阳绿：微透明至半透明，绿色浅淡鲜明，纯正。

4）浅水绿：绿色淡而均匀，透明度较好。

（2）透明度

透明度是翡翠评价的重要因素，行内俗称"水头"，透明度高的即为水头足，这样的翡翠显得晶莹透亮，给人以水汪汪的感觉，而透明度差的翡翠干涩、呆板，给人以干巴巴的感觉，即为水头差，水头不足。用聚光电筒观察翡翠的透明度，并且用光线照入的深浅来衡量水头的长短，如 3mm 的深度为一分水，6mm 的深度为二分水，9mm 的深度为三分水。翡翠的透明程度可大致分为透明、较透明、半透明、微透明、不透明。翡翠越透明，则其价值越高。

（3）质地

质地指翡翠的结构，有些资料上即指底子、地子。由于翡翠是多种矿物的集合体，其结构多为纤维状结构和粒状结构，翡翠质地的细腻和粗糙程度是由晶粒的大小决定的，晶粒大，则质地粗糙，表现为半透明至不透明，晶粒小，则质地细腻，表现为透明至半透明。按照粒度大小，可将质地分为致密级、细粒级、中粒级和粗粒级，达到致密级的翡翠在放大镜下观察时几乎看不到颗粒，透明度极高。

（4）地子

翡翠中除去绿色以外的部分称为地子，也称为"底"，地子反映了翡翠的底色和结构性，也反映了翡翠的干净程度和透明度，按照其颜色、透明度和结构可分为以下几种。

1）玻璃底：明亮透明如玻璃一样，是翡翠中的极高档的品种。

2）冰底：清澈透明，晶莹如冰，给人一种冰清玉洁的感觉，也是翡翠中的高档底子。

 3）蛋清底：犹如生蛋清一样透明，玉质细腻、温润。

 4）芙蓉底：玉质较细，较透明，有颗粒感但却见不到颗粒的界限。

 5）鼻涕底：如清鼻涕一样，透明度稍差，不够明亮。

 6）青水底：较透明，微带青绿色。

 7）灰水底：较透明，略带灰色调。

 8）浑水底：半透明，浑浊不清。

 9）藕粉底：半透明，如藕粉一样，略带粉色或紫色。

 10）细白底：半透明，玉质细腻，底色洁白。

 11）白沙底：半透明，色白并具有沙性。

 12）灰沙底：半透明，色灰并具有沙性。

 13）白花底：微透明，色白而质粗，有石花。

 14）瓷底：微透明，如同白色瓷器，呈灰白色。

 15）芋头底：不透明，如煮熟的芋头，呈灰白色。

 16）干白底：不透明，光泽差。

 17）豆底：不透明，颗粒粗大，翠性明显。

 18）马牙底：不透明，如马牙一样，质地粗糙，底色发白。

 19）香灰底：不透明，色如香灰，质地粗糙。

 20）石灰底：不透明，色如石灰。

 21）干青底：不透明，石花粗大，质地粗糙。

 22）狗屎底：不透明，质地粗糙，底不干净，常见黑褐色或黄褐色，如狗屎一般。

 （5）种

 翡翠的种是指翡翠的绿色与透明度的总称，也有说法是指翡翠的结构粗细和透明度。种是评价翡翠好坏的一个重要标志，其重要性不亚于颜色，故有"外行看色，内行看种"的说法，在挑选翡翠的时候，"不怕没有色，就怕没有种"。这样的说法，并非绿色不重要，而是只有绿色的翡翠会给人一种干巴巴的感觉，缺少一种灵性，因此有种的翡翠不仅可使颜色浅的翡翠显得温润晶莹，更使绿色均匀、饱满的翡翠水淋明澈，充满灵气。

 传统上将翡翠的种分为老坑种和新坑种。所谓老坑种是指绿色纯正、分布均匀、质地细腻、透明度好的翡翠；新坑种是指透明度差、玉质粗糙的翡翠。现在的分类方法可将翡翠的种分为以下几类：

 1）老坑种：指颜色浓绿，分布均匀，质地细腻，如为玻璃底，则可称为老坑玻璃种，是翡翠中的极品。

2）冰种：晶莹剔透，冰底，无色，因此水头极好，属高档品种。

3）芙蓉种：呈清淡绿色，玉质细腻，水头好，属中高档品种。

4）金丝种：绿色不均匀，呈丝状断断续续，水头好，底也很好。

5）干青种：绿色浓且纯正，但水头差，底干，玉质较粗。

6）花青种：绿色分布不均匀，呈脉状或斑点状，属中低档品种。

7）豆种：玉质较粗糙，不透明，颗粒较粗大，带绿色者称为豆绿，属低档品种。

8）油青种：玉质细腻，透明度较好，表面具有油润感，绿色较暗，颜色不纯。

9）马牙种：质地粗糙，透明度差，呈白色粒状。

（6）瑕疵

翡翠的瑕疵是指含有的一些杂质矿物，其颜色、形状与整体产生不协调的视觉效果，常为一些斑点状的黑色、黄褐色的矿物颗粒，丝絮状、云雾状的白色的石花夹杂在整体一色的翡翠原料或成品上，这些瑕疵的存在会影响翡翠的价值，尤其对高档翡翠的影响更大。

（7）裂绺

裂绺即通常所说的裂纹，包括原生的、次生的和加工形成的，它会对翡翠的耐久性产生很大的影响，因此极大地影响翡翠的价值，购买时应特别注意。

（8）工艺

工艺也是评价翡翠价值的一个不可忽视的重要因素，特别是雕件的工艺，不仅要讲究好的寓意，更要讲究俏色。另外，还要求刀法细腻，造型优美，线条流畅。一块好的玉加上好的工艺，恰如锦上添花，其价值也会有很高的提升。

2. 翡翠的选购

对于翡翠的选购，首先应确定翡翠的真假，其次是确定翡翠是否经过处理，最后是确定翡翠的质量好坏。旅游消费者主要应遵循以下几点。

（1）翡翠的真假

与翡翠相似的玉石有很多，市场上常见的品种有澳玉、马来玉、绿色东陵玉、不倒翁、独山玉、岫玉、水钙铝榴石、玻璃等。

1）澳玉：产自澳大利亚的一种绿玉髓，为隐晶质的石英，半透明状，绿色，常做成戒面，非常像高档翡翠，根据其密度、折射率借助仪器很容易与翡翠相区别。

2）马来玉：一种染成绿色的石英岩，半透明状，绿色，由于是染色而成，因此透过光线可见绿色染料像丝状一样分布在石英岩中。

3）绿色东陵玉：是含铬云母的石英岩，在石英颗粒之间有绿色的片状铬云母，因此对着光线可见片状闪光。

4）不倒翁：一种产于缅甸的硬钠玉，鲜绿色，不透明，密度折射率均低于翡翠。

5）独山玉：产在我国河南独山的一种黝帘石化的斜长石，颜色以白、绿为主，绿色常为蓝绿色，分布很不均匀，绿色在查尔斯镜下呈红色。

6）岫玉：产于辽宁岫岩的一种蛇纹石玉，绿色以黄绿色为主，表面呈油脂光泽，硬度低，用一般的小刀即可刻动，而翡翠则不能。

7）水钙铝榴石：一种石榴石，粒状结构，颜色不均匀，常有暗绿或黑色斑点，查尔斯滤色镜下呈红色，我国青海产的称青海翠，肯尼亚产的称特萨沃玉，南非产的称南非玉。

8）玻璃：常用来模仿各种宝玉石的一种人造品，不透明至半透明，有时可见气泡，贝壳状断口，密度低于翡翠，手感轻，颜色较均匀，具假感。

（2）翡翠是否经过处理

处理翡翠常见有注胶处理（B货）和染色处理（C货）。注胶处理的翡翠由于充填物为树脂，因此光泽常呈树脂光泽、蜡状光泽、油脂光泽，由于经过酸性溶液的严重浸泡，因而表面呈桔皮构造、网状构造，整体看上去的颜色呈一种浅浅的黄色调。最准确的鉴定方法是使用一种红外检测仪。染色处理的翡翠其颜色无色根，常漂浮于表面，透过光线，常见绿色呈丝状分布，常借助于分光仪检测。

B货翡翠由于有树脂充填，时间长了，树脂老化，翡翠表面光泽会变差，透明度也有可能会变化，颜色也会有轻微的变化。

C货翡翠随着时间的变化，颜色也可能会褪去。因此购买时未经处理的A货翡翠是首选。按照国家标准，未经处理的翡翠应标以"翡翠"，注胶和染色翡翠应标以"翡翠（处理）"，其他标法均不对。

对于真假翡翠与处理翡翠，即使是专业人员有时凭肉眼也很难区别，最终都是通过仪器，因此在购买时到大的商场，价格高的可以向其索要检测站出具的证书，在小商场，特别是许多旅游景点的购物场所，以次充好，以假充真的现象特别普遍，几百元的B货翡翠手镯常标上几千元。经过处理与未处理过的翡翠的价格相差悬殊，而且经处理的翡翠看起来比未经处理的要漂亮，因此旅游者购买时要谨慎。

（3）翡翠的质量好坏

好的翡翠有如下几点作标准：颜色——越绿越好、越均匀越好；水头——越透越好；结构——越细腻越好；石花、斑点、裂纹——越少越好；工艺——越精细越好；俏色——越形象越好。

2.6.3 玛瑙饰品

玛瑙的英文名称为 Agate，源自希腊文。在古代，玛瑙是价值相当高的罕见之物，人们常用“珍珠玛瑙”表示宝物，俗语有“千种玛瑙万种玉”之说。

1. 玛瑙的成分

宝石界将具有同心层状和不规则纹带、缠丝构造的隐晶质块体石英称为玛瑙。玛瑙由硅酸胶和二氧化硅（SiO_2）凝聚而成，是一种带花纹的玉髓，为自然界石英的隐晶质变种之一，摩氏硬度 7 度，密度为 $2.65g/cm^3$。

玛瑙是二氧化硅的胶体溶液失去水分后形成于岩石的空洞中，由于形成的过程很缓慢，所以是一层一层自外而里凝结，每一层的颜色因所含微量元素的不同而不同，所以剖开来可以看到由灰、白、红、绿、淡褐、淡蓝等多种不同颜色组成的同心圆状、波纹状、层状或平行条带状条纹。组成玛瑙的细小矿物除玉髓外，有时也见少量蛋白石或隐晶质微粒状石英。严格地说，没有纹带花纹特征的，不能称为玛瑙，只能称为玉髓。现今市场上一些没有纹带花纹的玉髓也称为“玛瑙”，这同古代玛瑙的含义是不相符的。

2. 玛瑙的光泽及色调

玛瑙块体有透明、半透明和不透明的，玻璃光泽至脂肪或蜡状光泽。

玛瑙纯者为白色，因含其他金属元素（如 Fe、Ni 等）出现灰、褐、红、蓝、绿、翠绿、粉绿、黑等色，有时几种颜色相杂或相间出现。

3. 玛瑙的种类

玛瑙的种类比较多，有山玛瑙、水玛瑙，色彩也有许多种，以红色的最为珍贵。依其纹带花纹的粗细和形态分有许多品种。纹带呈“缟”状者称“缟玛瑙”，其中有红色纹带者最珍贵，称为“红缟玛瑙”。此外还有“带状玛瑙”、“城砦玛瑙”、“昙玛瑙”、“苔藓玛瑙”、“锦红玛瑙”、“合子玛瑙”、“酱斑玛瑙”、“柏枝玛瑙”、“曲蟮玛瑙”、“水胆玛瑙”等品种（见李时珍《本草纲目》）。

自然界玛瑙的形成主要有结核状、肾状、葫芦状、带状、脉状、球状、卵石状等，也有经过风蚀、沙砾、冰川、火山、水浸等大自然作用形成的外形奇特的玛瑙石，如玛瑙象形石、风砺玛瑙、葡萄玛瑙、火炬玛瑙、红色薄皮玛瑙、玛瑙响石和水胆玛瑙等。

4. 玛瑙的产地

玛瑙主要产于火山岩裂隙及空洞中,也产于沉积岩层中。世界最著名的产地有印度、巴西等地。我国玛瑙产地分布很广,几乎各省都有,主要有黑龙江、辽宁、湖北等地。南京雨花台产出的"雨花石"就是玛瑙的一种。古代传说玛瑙是由所谓"鬼血"凝结而成的,只是传说而已。

5. 玛瑙的用途

玛瑙的用途非常广泛。它可以作为药用、宝石、玉器、首饰、工艺品材料、研磨工具、仪表轴承等。中医界认为"玛瑙味辛性寒无毒,可用于眼科目生障翳者,用玛瑙研末点之,疗效很好"。药用的玛瑙碎屑,是雕琢宝石所剩下的。玛瑙是人们熟悉的首批宝石材料之一,古来就被当作人间奇珍。据说,它能给佩戴者带来愉快和信心,并被赋予上帝的仁慈,还可以确保他们胜利。埃及美索不达米亚地区的最早居民沙美里亚人,似乎是最早使用玛瑙来做信物、戒指、串珠、图章和其他宝石艺术品的,他们用玛瑙制作的斧头等工艺品,现在存放在纽约的美国国家历史博物馆中。最异乎寻常的玛瑙制品是有两个把手的酒杯,容量多于一品脱,杯子的外表错综复杂地雕刻着酒神巴库斯的图案。据历史记载,这个杯子是为罗马尼禄皇帝制作的,后经过许多人拥有和保藏,最后成为法国国王加冕酒会上用的杯子,法国人认为这个酒杯是历史上最有价值的纪念品之一。

6. 真假玛瑙的识别

假玛瑙有的是用玛瑙石粉和其他材料在高温高压下聚合而成的人工制品。人造玛瑙的内部密度小于天然玛瑙,故同等大小的玛瑙,前者轻而后者重。同时,人造玛瑙颜色纯净,没有天然玛瑙的花纹。另一种假玛瑙是将原来颜色浅、不美观的玛瑙原石经特殊的染色法,染成了嫩绿色或其他颜色的玛瑙,这种玛瑙佩戴时间长了,便会褪色。染色玛瑙通体颜色均匀,无色形、花纹等自然标记。此外,有孔的染色玛瑙制品在充足的光线下观其孔眼,内部色淡,外部色深,而天然玛瑙内外颜色一致。玛瑙是常用于镶嵌首饰和雕刻工艺品的一种宝石,真假鉴选方法如下。

（1）颜色

真玛瑙色泽鲜明光亮,假玛瑙的色和光均差一些,二者对比较为明显。天然红玛瑙颜色分明,条带十分明显,仔细观察,在红色条带处可见密集排列的细小红色斑点。用石料仿制的假玛瑙烟壶,多数在底部呈花瓣形花纹,络成"菊花底";而染色蓝玛瑙颜色艳丽,均匀,给人一种假的感觉。

（2）质地

假玛瑙多为石料仿制，较真玛瑙质地软，用玉在假玛瑙上可划出痕迹，而真品则划不出。从表面上看，真玛瑙少有瑕疵，假玛瑙则较多。

（3）工艺质量

优质玛瑙的生产工艺严格且先进，故表面光亮度好，镶嵌牢固、周正，无划痕、裂纹。

（4）级别

水胆玛瑙是玛瑙中最为珍贵的品种，特征是玛瑙中有封闭的空洞且其中含水。

各种级别的玛瑙，都以红、蓝、紫、粉红为最好，并且要求透明、无杂质、无沙心、无裂纹。其中，块重 4.5kg 以上者为特级，1.5kg 以上者为一级，0.5～1.5kg 为二级。

本 章 小 结

本章主要介绍了黄金、白金、白银、钻石、珍珠、玉石（翡翠、玛瑙）等几种人们生活中常见的珍贵饰品，并且比较详细地叙述了它们的成分和鉴别、选购及保养的知识。

思 考 与 讨 论

1. 如何识别黄金饰品的成色？
2. 白金饰品如何保养？如何识别白银饰品？
3. 鉴定真假钻石有哪几种基本的方法？
4. 如何选购珍珠饰品？
5. 玉石是怎样分类的？

第 3 章 纺 织 品

【本章要点】

1. 南京的云锦、四川的蜀锦、苏州的宋锦和广西的壮锦并称为我国四大名锦；

2. 丝绸是我国最古老的旅游商品，柞蚕丝绸是我国独具特色的丝织品，桑蚕丝织品主要有绫、罗、绸、缎、绢、绉；

3. 蜡染是我国古朴的民族工艺，扎染是我国民间独特的传统工艺，挂毯是我国传统的民族工艺品。

旅游商品中最具民族特色的一类是纺织制作品。我国是世界上最早饲养家蚕和缫丝织绸的国家，丝绸约有 5000 年可考的历史。中华民族的祖先不但发明了丝绸，而且昌明丝绸、利用丝绸，使其在服饰上、经济上、艺术上及文化上均散发出灿烂光芒，进而使丝绸衣被天下。被称为我国四大名锦的蜀锦、宋锦、云锦、壮锦是丝织品中的优秀代表，至今在世界上仍享有很高声誉。因此，从某种意义上说，丝绸代表了我国悠久灿烂的文化。

3.1 四 大 名 锦

南京云锦、四川蜀锦、苏州宋锦和广西壮锦并称为我国四大名锦。云锦是我国优秀传统文化的杰出代表，历史悠久，绚丽华美，技艺精湛，是中华民族和全人类最珍贵的历史文化遗产之一；蜀锦是历史悠久的传统丝织品，在四大名锦中历史最为悠久；宋锦是指具有宋代织锦风格的锦缎；壮锦是壮族的传统工艺品，具有浓厚的民族特色。

3.1.1 云锦的特点

云锦，产于江苏南京，"始于唐，而盛于明清"，距今已有 1000 多年的历史。南京云锦集历代织锦之大成，在元、明、清三朝均为皇家御用品。

关于南京云锦的名称由来，有这样一个美丽的传说：相传玉皇大帝为了装饰天宫，便命令织女们日夜织锦，朝为锦云，暮为绮霞，不得停歇。当人们仰望那满天的霞光异彩时，无不为织女们的心灵手巧而赞叹不已。于是，织女们开始向人们传授织云铺霞的神奇技艺。后来，世人便称这种富丽堂皇、瑰丽华美、如彩云般绚烂多姿的织锦为云锦。

1. 云锦的艺术特征

（1）云锦的图案纹样

无论是哪种形态的艺术都有其历史渊源，继承之并受其影响。而云锦图案也毫无例外地吸取了我国古代传统图案的精华，不断进行再创造并逐渐成熟起来。从表 3-1 中可以看出南京云锦图案的取材内容大体上与我国传统图案是一致的。

表 3-1 南京云锦图案题材分类

具象类	花	牡丹、莲花、梅花、菊花、兰花、桃花、芙蓉、玉兰等
	果	石榴、桃子、佛手、柿子、葡萄、南瓜、葫芦等
	兽	狮子、老虎、鹿、象、麒麟等
	虫鱼	鲤鱼、蜜蜂、蝴蝶等
	鸟	大雁、喜鹊、凤凰、鹦鹉等
	人物	寿叟、仙女、仙童、婴孩等
	山石河川	海水、江崖、流水等
抽象类	谐音	瓶——（平）安纳福，蝠——五（福）临门，鱼——年年有（余）等
	取形	福字、禄字、寿字、喜字、四纹、盔甲线、祥云等
	寓意	牡丹——富贵，石榴——多子多孙，鸳鸯——爱情等

在云锦图案中，大量富于浪漫主义色彩的抽象纹样和描绘自然景物的具象纹样常常结合使用，成为浑然一体的装饰纹样，并蕴寓着特别的含义。由于云锦作为贡品的特殊属性，其图案多与"龙"、"凤"有关，如"龙凤呈祥"、"凤戏牡丹"等。又如在云锦妆花织物中，有一种气魄雄浑、色彩浓丽的彻幅"大云龙"、"大凤莲"的整匹缎料，既显示出宫廷装饰的豪华气派，又渲染了专制制度不可侵犯的威严气氛。

此外，云锦艺人或谐音或取义，把一些素材组合起来，赋予一定的祥瑞主题，以表达吉祥、喜庆、吉利、顺遂的美好愿望。这些吉祥图案或直接表达，或间接含蓄地反映封建统治者的心理和思想感情，同时也寄托了云锦艺人对美好生活的向往，如"年年有余"、"事事如意"等。

佛教和道教对我国古代美术创作和装饰产生的影响，在云锦图案中表现为大量采用宝相花、暗八仙、八吉祥、八宝、八音等纹样。南京云锦一直都被蒙、藏等兄弟民族所喜爱，用南京云锦来装饰宫殿神堂，制作祭垫、神袍、伞盖等物件。

云锦图案的布局十分严谨,注重章法,这与民间织锦自由活泼的布局风格很不同。无论是哪一品种云锦,都紧密结合实用要求、物质材料、制作条件和织成效果等因素。云锦常用的图案格式有"团花"、"散花"、"满花"、"缠枝"、"串枝"、"折枝"、"锦群"等八种。每一种图案格式又有不同的组合方法。例如,"团花"的组合方法主要有"车转法"、"二合法"、"四合法"。这些组合方法的基本原理都能在现代图案设计中找到与之相对应的基本法则。

云锦图案纹样的变化概括性强,在设计上十分注重花纹造型和布局的处理。在一幅纹样中无论包含多少素材,艺人们都能将其设计变化得繁而不乱、疏而不凋、层次分明、主体突出。

总之,南京云锦产生于封建社会,长期为皇族宫廷所享用,因而其图案纹样设计的方方面面都受到了影响。这对于南京云锦来说,既是利又是弊。虽然云锦艺人们在长期的实践中总结流传下来大量的口诀,努力拉近自然、艺术、现实三者之间的关系,使得南京云锦看起来不至于那么不亲近,但无论如何,南京云锦的品质属性决定了它不可能成为俗品,在新的历史条件下,更需有很高的发展定位。

(2)云锦的配色及装饰方法

构成南京云锦华贵的重要因素,除了优美的图案纹样外,还有瑰丽华美的色彩装饰。我国在色彩装饰方面以红、黑、蓝、黄、绿、金、银、紫、白等为大宗,向来喜好温暖、明快、鲜艳和强烈的颜色,对弱色和间色运用较少。南京云锦也不例外。在配色方面,则依各历史时期崇尚的艺术风格不同而各有千秋。无论是明代配色的雄浑壮丽,还是清代配色的清雅秀丽,都与宫殿建筑的彩绘装饰艺术一脉相承,以协调宫廷里辉煌豪华、庄严肃穆的气氛(见表3-2)。

表3-2 南京云锦在各个历史阶段的配色风格

朝代	南京云锦的配色风格
唐	配色浓艳而典雅,明朗而健康的气息
宋	配色淡雅文静,秀美清新
元	注重配色,崇尚用金作主体表现
明	配色沉着,有一种壮丽的美感,同时又考究用金,形成金彩并重的装饰新风貌
清	华美秀丽,配色充满柔和的情趣

其实,云锦配色之所以富丽明快、秀美和谐,浓而不重、重而不艳,还与它所运用的配色方法密不可分。常见的装饰方法和处理技巧有"色晕"、"片金绞

边"和"大白相间"。"色晕"就是色彩的浓淡、层次和节奏的表现。主要运用在图案主体花纹的装饰上，既减弱了色彩对比产生的刺激，又突出了主题花纹的生动性，增加了色彩的韵律感。"片金绞边"，指花纹的轮廓用扁金线织出，这样做也是为了突出花形。"大白相间"，"大白"是指白色的运用，如主体花纹的"外晕"，多用白色的块面表现。在实际中，上述三种方法经常综合应用于一块锦缎的设计装饰中。

2. 云锦的独特艺术风格

就南京云锦在我国历史上所处的特殊地位来看，无论从图案布局、色彩搭配还是材料选择上都与一般民间织物大不相同。最根本的原因是云锦的政府、官营织造的结果，它的根本属性是官方艺术或皇家艺术。虽然在各个历史阶段，皇家装饰风格大相径庭，但云锦雄浑大气、壮丽富贵、金碧辉煌的艺术风格却继承了下来。

一方面，南京云锦有着普通民间织造不可比拟的独特气质。和一般民间织锦所流露的脉脉温情不一样，南京云锦所显示的是王者气派，它所营造的是肃穆威严的气氛。就反映的生活题材来看，南京云锦更多的是突出尊贵祥瑞的主题，而民间织锦则更多地歌颂爱情、友情和亲情。例如，土家族的织锦——西兰卡普所反映的题材都是与土家族人的生活习俗密切相关的，土家族人生活方式的方方面面几乎都成了西兰卡普的题材。

另一方面，南京云锦的独特气质也造成了其发展的局限性。南京云锦若放弃大花大朵的特色，转而走"低俗路线"，则会弄巧成拙，显得不伦不类。当今人们的审美情趣丰富多样，变化很快，而高雅一直都是高端商品的标志性名词，南京云锦如何赢得高品位消费者的青睐，又不丧失其原有的风格，确实不是件简单的事情。

（1）寸锦寸金——云锦所运用的独特材料

南京云锦最大的特点就是大量用金。从元代起，南京云锦就开始大量使用金、银线作材料来装饰锦面。一件彩锦中，花纹或全部织金，或部分加金，或大面积地应用各种金（捻金、缕金；捻金又有紫赤圆金和淡圆金之分）、银（捻银、缕银线）交织。南京云锦的特有品种——"金宝地"，用圆金线织地，并在金地上织上五彩状花，整个织品看起来光彩夺目、极显富贵。用圆金线织的"满金地"，色泽含蓄、沉着，扁金的绞边和用扁金银线装饰的花纹，光泽明亮，形成了不同的金色色调和不同的光泽效果。这种织金被大量运用在五彩斑斓的彩花中，起着调和统一全局色彩的作用，使得整个织品金彩交辉，显示出一种华丽高贵、辉煌典雅的气派。

为了使云锦看起来富丽堂皇而又不乏变化，云锦艺人们创造了"三色金"的材料。"三色金"是用含金 98% 的赤金线、88% 的青金线，以及纯银线来构成纹样。云锦艺人们巧妙地运用它们色泽上的差异，使纹样层次分明，富于变化。特别是根据银线氧化变黑的特性，云锦艺人们用它来代替黑色勾勒纹样的边缘，使纹理更加清晰，同时又不失金属的光泽，显现出云锦织金的超然魅力。也正是因为云锦大量用金的特点，加之其制造工序烦琐，一个云锦艺人一两天仅能织出几寸的锦缎，故而南京云锦一直都有"寸锦寸金"的说法。

此外，云锦艺人们还尝试使用某些特殊的材料，如孔雀羽绒。孔雀羽绒是用孔雀尾羽上的翠绒精心加工而成的，如妆花纱团龙袍料。熟读《红楼梦》的人一定记得"晴雯补裘"的一段，那时晴雯用的就是漂亮的孔雀羽绒。孔雀羽绒和织金配合使用，可以使云锦金翠交辉、闪烁出宝石般的七彩色泽。当变换位置时，孔雀羽绒还能显现棕、紫、蓝、绿、黑等不同色彩，因为孔雀羽毛在加工时，羽毛上的翠绒经过搓捻，会呈螺旋状竖立起来，形成具有浮雕效果的立体立绒，所以这种立绒在不同光线下看，会产生神奇的"转眼看花花不定"的色彩变幻效果。

（2）逐花异色——南京云锦生产制作的独特工艺

南京云锦的又一独特之处在于其生产设备——大花楼提花织机。大花楼提花织机机型庞大，长 5.6m，宽 1.4m，高 4m。每台织机由两个人操作，楼上一人负责按程序提起经线，以形成花纹开口。楼下一人负责织花抛梭，即把各种彩色花纬线织进去，这就要求织工把已经被合并简化了的提花程序重新演绎出来，并按色彩搭配的规律，进行新的组合，自由变化下色。配色是一种艺术创作的过程，织工要运用对比调和的配色法则，"荤素搭配"、"冷暖相间"，从而达到"逐花异色"的效果。因而配色工艺有"千人千面"的说法——同一织工织造的两块相同纹样的锦缎，配色绝对不可能是一模一样的。

3.1.2 蜀锦的特点

蜀锦，因产于四川成都而得名，成都也因蜀锦而有"锦城"之美誉。早在西汉时期，蜀锦品种花色就已经很丰富，产量也很大，行销全国。至唐代，蜀锦业更加兴旺，通过丝绸之路远销西方各国，向东流传到日本，被日本称为"蜀江锦"。

1. 蜀锦的工艺特色

蜀锦的一个特点是工艺繁杂，一匹蜀锦的新鲜出炉前后至少需要半年时间。四川成都地区所产的多彩提花丝织品，经向彩条和彩条添花是最大特色。蜀锦早期以多重经丝起花（经锦）为主，唐代以后品种日趋丰富，图案大多是团花、龟甲、格子、莲花、对禽、对兽、翔凤等。清代以后，蜀锦受江南织锦影响，又产生了月华锦、雨丝锦、方方锦、浣花锦等品种，其中尤以色晕彩条的雨丝、月华最具特色。雨丝锦是利用经线彩条宽窄的相对变化来表现特殊的艺术效果；月华锦则是以经线彩条的深浅层次变化为特点。月华锦牵经时要根据彩条配色以及经线配色的编号，按彩条的次序、宽窄、色经的深浅变化规律来排列篗子，每牵完一柳头，必须调换一部分篗子，称为"手换手"，此为蜀锦独有的牵经方法。蜀锦的织造在汉唐时期以多综多蹑织机为主，唐宋以来使用束综提花的花楼织机。现代蜀锦采用的是分条整经的方式，适宜于牵彩条经。

蜀锦的另一大特点就是色彩鲜艳丰富，采用纯天然染色工艺。2000多年前，蜀锦色彩就已高达上百种。颜色繁而不乱，色调丹碧玄黄，五光十色，呈现出庄严雄浑的气派。日本染织史专家称绚丽豪华的蜀锦是"中华锦的代表"。四川成都有一种植物叫红花，蜀红就是通过它才染成纯正的红色。蜀锦染色完全采用纯天然植物色染织，如从苏木中提取棕红，从槐米中汲取黄色等，再在这个基础上，加以不同的工艺方法将锦缎染成各种鲜艳色彩。

2. 蜀锦的格调特色

蜀锦经过2000多年的发展，锦样已达数百种之多。蜀锦的锦样不仅流行全国，成为其他锦绫花样的重要模本，而且还广泛应用到其他工艺品上。现在生产的蜀锦锦样格调主要有以下几种。

（1）方方锦

方方锦是在织物单一的底色上，以彩色经纬线配成若干个不同色彩的等边形方格，以水波纹、万字文作暗地花纹。

（2）月华锦

月华锦有数组彩色经纬线排列成由浅入深、逐步过渡的色彩带，然后加上装饰花纹，在工艺上充分体现了蜀锦牵经技艺的高超。

（3）浣花锦

浣花锦又叫落花流水锦，以梅花、桃花或其他单朵花为素材，组合成旋涡宛转，落花漂浮的锦样，古朴、典雅、大方。

（4）铺地锦

铺地锦又称锦上添花，主要工艺方法是用几何图形或其他细小花方作地纹组织，再饰以大朵花卉，显得色彩富丽、层次分明。

蜀锦式样中还有以满地花排列的"散花锦"，作对称式排列的"对花锦"，以及供部分少数民族作衣料的"民族缎"。

蜀锦传统图案的构图大体可分八类：流霞锦（月华三门锦）、雨丝锦、方方锦、条花锦、铺地锦、散花锦、浣花锦、民族锦，其质地坚韧，色泽鲜艳。

3.1.3 宋锦的特点

宋锦，产于江苏苏州，因为始产于南宋高宗年间得名。相传宋高宗南逃临安后，由于迁都造成大量装备和装饰物品的丢失，因此急需一些华丽秀美的丝织品制作宫廷服装和书画装饰，因而开始在与成都同是丝绸之府的苏州大量生产宋锦。苏州宋锦有"锦绣之冠"的美称，与南京云锦、成都蜀锦齐名。

所谓宋锦，即是宋式锦。朱启钤《丝绣笔记》引褚人获《坚瓠集》："秘锦向以宋织为上。泰兴季先生，家藏淳化阁帖十帙，每帖悉以宋锦装其前后，锦之花纹二十种，各不相犯。先生殁后，家渐中落，欲货此帖，索价颇昂，遂无受者。独有一人以厚货得之，则揭取其锦二十片，货于吴中机坊为样，竟获重利……今锦纹愈奇，可谓青出于蓝而胜于蓝矣。"一般把泰兴宋褙织锦作为宋锦之源，在春秋战国时期即以吴绫名闻遐迩，汉代已有彩色织锦，至宋渐趋兴旺；既生产供缝制官服的锦缎，又生产供装裱名贵字画、高级礼盒用的织锦，后世即称之为"宋锦"。该工艺至明末渐渐失传，清初又恢复。清代，宋锦在汲取宋代花纹图案的基础上，采用清式组织，有了较大创新，并成为苏州织锦的统称。

1. 宋锦的种类特色

宋锦最大的特色是图案精美、色彩典雅、平整挺括、古色古香，常用于装裱名贵字画、高级礼品盒，也可制作特种服饰和花边。

苏州宋锦最初是专供装裱书画之用的，而且种类繁多。从宋代流传下来的锦褙书画轴子来看，宋锦在当时已有"青楼台锦"、"纳锦"、"紫百花龙锦"等40多个品种。后来随着我国织锦艺术的不断发展，宋锦也逐渐形成了用途不同、风格各异的三个大类，即大锦、合锦、小锦。大锦又称"重锦"，属高级丝织物，包括全真丝宋锦、交织宋锦、真丝古锦、仿古宋锦等品种，常用于装裱名贵书画和装潢高级礼品盒。合锦用真丝与少量棉纱混合织成，常用于装裱一般书画的立轴、屏条等。小锦，又称"盒锦"，包括月华锦、万字锦和水浪锦三个品种，多用于装潢小件工艺品的包装盒。

2. 宋锦的工艺特色

宋锦纹样繁复，配色淳朴，质地坚柔，平伏挺括。宋锦的特色是彩纬显色，属于纬锦（蜀锦为经锦）。其织造工艺考究，多采用"三枚斜纹组织"，两经三纬，经线用底经和面经，底经为有色熟丝，作地纹组织；面经用本色生丝，作纬线的结接经。三种纬丝：一纬纹与地兼用，二纬专作纹纬，分段换色织造。其纹样多为几何纹骨架型，有八达晕、连环、飞字、龟背等，其间饰的团花或折枝小花，规整工致。色彩多用调和色，不用对比色。盛产于我国宋代的三重起花重纬织锦，是唐代纬起花锦的发展，因其花纹图案主要继承唐与唐以前的传统纹样，又称仿古宋锦，主要产于以苏州、湖州、杭州为中心的江南一带。如今苏州还生产花双绉、塔夫绸等许多新的丝织物，这些产品曾多次在国内外评比中获得大奖，英国皇室曾特地派人订购，用以制作王妃的结婚礼服。

3. 宋锦的色彩特色

宋锦色彩丰富华丽，层次分明，格调文雅。在织造中采用分段调换色纬的方法，使得宋锦绸面色彩丰富，纹样色彩循环增大，有别于云锦和蜀锦。宋锦的纹样具有特定的风格，一般为格子藻井等几何框架中加入折枝小花，配色典雅和谐，主要品种有八达晕、水藻戏鱼、倒仙牡丹等，后世主要用于书画装饰。以前许多精装本的图书和礼品盒、文砚盒以及装裱字画的底绸用的都是宋锦。

3.1.4 壮锦的特点

壮锦是壮族妇女编织工艺中的一朵奇葩，是壮族工艺品中的瑰宝。

1. 壮锦的历史特色

传说在宋代一名叫达尼妹的壮族姑娘，看到蜘蛛网上的露珠在阳光照耀下闪烁着异彩，从中得到启示，她用五光十色的丝线为纬，原色细纱为经，精心纺织，从此就产生出瑰丽的壮锦。据南宋范成大的《桂海虞衡志》记载，壮锦当时出产于广西左、右江，其质"如我国线罗，上有遍地小方胜纹"。

瑰丽的壮锦，承载着壮族妇女千年的聪明才智、希望和梦想。壮锦源于唐末战乱年间，京都的画家、艺工逃亡岭南，当时统治岭南的南汉各帝王便组织他们织锦来消遣作乐。贵港罗泊湾汉墓出土的黑地橘红回纹锦残片，可看做是它的特色。宋代"白质方纹，佳丽厚重"的布，是早期的壮锦。壮锦是用棉线作经，五彩色线作纬，采用通经断纬编织而成。它经历了从单色到五彩斑斓，图案花纹从简单到繁缛的发展变化。据元代《蜀锦谱》记载，北宋元丰元年（1083 年），吕大防在四川设蜀锦院，四种织锦之中，即有广西锦（即壮锦），为供上的锦帛之一，可见壮锦之名贵。到了明代，壮锦越来越流行，工艺也越来越精湛。明清时期，壮锦已用多种色彩的绒线编织，虽仍为皇室贡品，但平民百姓亦可享用。清初，织锦成为壮族妇女必学的一种手艺，壮锦也成了壮族人民日常生活中的装饰品。历经 1000 多年的发展，以壮锦艺术为典型代表的广西民族织锦艺术已成为我国传统民间艺术的重要组成部分。编织壮锦已成为壮族妇女必不可少的"女红"，壮锦更是嫁妆中的不可或缺之物。壮锦含有较高艺术水准，体现了广西各族人民民族大团结，向往多彩生活的乐观精神，是广西不可多得的宝贵民族文化艺术资源。

2. 壮锦的工艺特色

壮锦分为织锦和绣锦两类。织锦图案生动，色彩夺目，而且结实耐用，可作被面、床罩、壁挂、围巾、挂包、坐垫等。绣锦是在土布或织锦上，刺绣出别具特色的花色图案。其工艺手法多变，图案灵活，色彩迷人，富有文化魅力。

壮锦色泽鲜艳，坚固耐用。以棉、麻线作地经、地纬平纹交织，用粗而无拈的真丝作彩纬织入起花，在织物正反面形成对称花纹，并将地组织完全覆盖，增加织物厚度。其色彩对比强烈，纹样多为菱形几何图案，结构严谨而富于变化，具有浓艳粗犷的艺术风格。

3. 壮锦的图案特色

壮锦花色品种多样，传统的壮锦既有几何图案，又有各种描绘花纹，常见的有水波纹、云纹以及各种花草和动物图纹。在蝶恋花、凤穿牡丹、双龙戏珠、狮子滚球、跃马向前等二十多种图像中，凤的图案在壮锦中独占鳌头，"十件壮锦九件凤，活似凤从锦中出"。这是由于壮族喜爱凤凰，视之为吉祥象征的缘故。

壮锦图案构成的式样大致有以下三种：

1）平纹上织二方连续和四方连续的几何纹，组成连绵的几何图案，显得朴素而明快。

2）以各种几何纹为底，上饰动植物图案，形成多层次的复合图形，图案清晰而有浮雕感。

3）用多种几何纹大小结合，方圆穿插，编织成繁密而富于韵律感的复合几何图案，有严谨和谐之美。

壮锦以其花纹图案别致，色泽鲜丽，坚固耐用，有浓厚的民族特色而驰名中外。政府为了促进壮锦编织技术的发展，在忻城、宾阳、靖西、德保等地成立壮锦厂。而壮族民间织锦之声也从未间断，品种愈来愈多。今天，壮锦不仅被我国人民所喜爱，而且已经走出了国门，深受外国朋友的喜爱。

3.2 柞蚕丝绸

我国是养蚕的发祥地，已有5000余年的养蚕历史。柞蚕，起源于我国，是我国的重要特产。柞蚕丝绸也是我国的传统贸易物资，在国际市场上一直享有很高的声誉。我国的柞蚕茧生产占全世界产量的 90% 以上（其中辽宁省占我国产量的 60% 以上）。

3.2.1 柞蚕丝绸产品的特性

我国是世界上养蚕历史最悠久的国家，早在公元前 2 世纪，我国就以"丝国"而闻名于世，后来丝织品通过"丝绸之路"向世界各地传播。

1. 柞蚕

家蚕的饲料是用桑叶，但也有不用桑叶而以柞树等树叶作饲料的，这种蚕叫柞蚕。柞蚕这一名称的最早记载，见于晋人郭义恭撰《广志》，该书记有"柞蚕，食柞叶，可以作绵"。可见柞蚕是因以柞树叶为饲料而得名的。

柞蚕又称山蚕，属鳞翅目，大蚕蛾科。柞蚕原产我国，是古代栖息在山坡柞树上的一种野蚕，经长期驯化饲养而来。

柞蚕与桑蚕相比，不管从形态、习性还是产品用途都有很大的差异。首先从放养形式上，桑蚕是家养，因而桑蚕缺乏大自然的美，而柞蚕是野外露天放养，该优势比较突出；从形态上，桑蚕体形小，最长不超过 8cm，胸径不超过 1.5cm，颜色为银灰色，较暗淡，如果不了解桑蚕的人，突然见到会误认是虫子。柞蚕体形大，是桑蚕的 3～4 倍，体长平均 8cm，最长可达 10cm，最大胸径可达 2.5cm，颜色金黄色，光泽透亮，是人们向往的吉祥物。

柞蚕以壳斗科栎属植物的叶片为饲料，如栎树、椆树、蒿柳和柞树等树的树叶。当柞蚕卵发育成小蚕的时候，人们便把它放到这些树上，让它自己吃树叶，自己生长、蜕皮、结茧，到一定时候收回蚕茧就行了。因此，它不需要蚕具，也节省了大量人工。柞蚕丝的质量很好，并不比家蚕丝差，具有光泽、拉力强、耐酸、耐碱、耐高温和绝缘性好等特点，是纺织、化工、电力、军工等行业部门的重要原料，也可做衣服、窗帘、桌布和渔网等。我国饲养柞蚕至少有 3 500 年的历史，是世界上最早饲养柞蚕的国家。

柞蚕有 1 化（即 1 年完成 1 个世代）和 2 化（1 年完成 2 个世代）的区别。东北地区和山东一带的柞蚕都属 2 化性，山东以南则为 1 化性。1 化性蚕区每年只放养 1 次春柞蚕，放养期间常受风、霜、低温、干旱等自然灾害影响，产量不稳，茧质也差。柞蚕丝绸是一种中高档商品，制成衣饰华丽，在军工、化工、交电等方面也有广泛用途，是我国传统的重要出口物资之一。柞蚕业是我国东三省和山东、河南、贵州、四川等省的特有产业。

2. 柞蚕丝绸

鲁山县在河南省平顶山市西部山区，素有"柞蚕之乡"的美称。鲁山丝绸源始于山东，后来逐渐传入河南省的豫西、豫南地区。据有关史料记载，鲁山绸在唐代已成为宫中珍宝，县令元德秀常以鲁山绸进贡，备受玄宗和贵妃的赞赏，于是鲁山绸闻名天下，成为唐代"丝绸之路"的主要商品货源。柞蚕茧不仅个头大，丝层厚，颜色鲜，出丝率高，而且蚕丝含胶量少，丝束匀松，解舒良好，富有光泽。鲁山丝绸是用当地柞蚕丝纺织而成。过去多采用手工缫丝，手工绸要经过选丝、络丝、整经、打纬、织绸等多道工序。这种手工纺织出的柞绸，手感爽滑，柔而有骨。染色后，色泽鲜艳柔和，光彩夺目。

辽宁柞蚕丝绸是利用本省特产的柞蚕茧加工纺织而成的一种名贵织料，丹东市是柞蚕丝绸缎的主要产地。

3. 柞蚕丝绸的特性

柞蚕丝绸的名贵在很大程度上是借助出类拔萃的柞蚕纤维品质，柞蚕丝织品做成的服装，盛夏可吸水并迅速蒸发，隆冬能贴肤保暖，柔软舒适，有冬暖夏凉之说。相传，英国女王伊丽莎白每逢加冕或举行盛大宴会，总爱穿上鲁山绸做的礼服，以示高雅。1914 年，在美国旧金山举行的万国商品赛会上，鲁山丝绸被称为"仙女织"。

家蚕丝绸由于本身光泽柔和，对各类色彩的得色量和艳丽程度都胜过柞丝绸，既可追求浓艳色，又可印制柔和、淡雅色花样。柞蚕丝绸因本身带有天然淡黄色，对黄、橙、咖啡一类色彩表现效果较好，而对红、蓝、绿等艳色则表现效果差，不宜过于追求家蚕丝绸那样的浓艳，而应以柔和、含蓄、幽雅，并要求以同类色为主，强烈对比色为辅的色彩搭配。家蚕丝绸易做到黑白分明，柞蚕丝绸却很难，因此，设计时宜避免选用黑白花样。

柞蚕丝绸一般纤维较粗，质地较厚，不宜像家蚕丝绸那样追求高精效果。

家蚕丝绸印花用染料选择范围较广，而柞蚕丝绸印花以含金属的中性染料为主，必要时辅之以个别艳色。

随着化纤织品的问世，尤其是仿真织品的上市，以其效果逼真、价格低廉等优势，使柞蚕丝绸一度受到极大的冲击，多年来一直处于低迷状态。但由于柞蚕蛾、柞蚕蛹营养价值高，独具风味，又是纯天然的绿色保健食品，近几年很自然地被人们带进特色风味食品这一新的开发领域，并且将放养柞蚕作为观光项目加以充分利用，成为新的旅游开发点。

3.2.2 柞蚕丝绸的保养

柞蚕丝绸虽然有其天然保健的优良性能，但在使用中也会碰到一些问题，如真丝绸易褪色，洗后易起毛、发白，日晒牢度差，易缩水，易发脆等。因此要保养好柞蚕丝绸制品，真的要像对待婴儿那样地小心呵护。

1. 穿着

丝绸服装属于高档服装，穿用时，注意不要与粗糙、锋利物品接触，防止钩丝起毛，也不要与碱、酸等物质接触，防止纤维受损。柞蚕丝绸服装还应避免沾染污渍，否则较难去除。

2. 洗涤

丝绸印染加工的染料主要是弱酸性染料、中性染料及部分直接染料，本身的染色坚牢度较差，因此不宜在高温下洗涤。另外，丝绸不耐碱，清洗时也不宜使用碱性洗涤剂或碱性肥皂，用中性皂或专门用于丝毛的洗涤剂洗涤即可，洗后用清水过净。在国外，丝绸服装皆采用干洗方式，比较安全可靠。

丝绸的沾色牢度很差，因而在洗涤深色服装时，不宜与白色或浅色服装放在一起。由于蚕丝纤维很细，每根纤维又由许多根微细丝组成，所以丝线十分娇嫩，极易起毛、发白，洗时只能轻轻翻动，不宜用力搓洗、刷洗，更不宜放入洗衣机内清洗。白色或浅色的丝绸服装经过几次水洗之后，可放入洗衣机内清洗，但要设置在温和档洗涤。

染色的丝绸服装日晒牢度差，在阳光下曝晒，或长时间暴露在光线下，就会褪色。如衣物在折叠状态下暴露，则容易局部褪色。白色的丝织物会泛黄，浅色的丝织物则会因丝质泛黄而引起色泽变暗、变旧。蚕丝泛黄属其本性，是吸收紫外线光线所致，但部分也是由于采用还原漂白工艺，受空气氧化导致的结果。若将丝织物放于暗处，其泛黄或变色的程度将大大减轻。因此，丝织物或服装宜放置于阴凉干燥、光线不直射处为佳，如此还能有效防止其发脆变质，从而延长真丝绸的寿命。

柞蚕丝比桑蚕丝粗，耐晒力稍强，但由于天然色素的存在，柞蚕丝难以漂白、染色，日晒后容易返黄、褪色。

丝绸服装由于湿弹性较差，洗后易起皱，因而不宜用力绞干。洗净后应轻轻提出水面，放于阴凉处，让水沥干，然后再挂在衣架上放于阴凉处晾干，在晾干途中可用手将衣领、袖口等处轻轻拉直。

3. 熨烫

必须中温（130~140℃），隔着薄布轻熨，如果水蒸气落在衣服上，必须马上熨干。

4. 收藏

1）丝绸服装吸湿性高，穿着后含有湿气，外出回归后需用衣架挂好，避免挂在强烈的荧光灯下或窗际，以免变色。

2）丝绸服装收藏之前，需要彻底洗净晾干，用白布或塑料袋包装好收藏，这样可以防止风印，避免白色丝绸服装泛黄，还能起到防潮、防尘作用。但是丝绸服装和毛料服装一样，晾晒后须凉透再收藏。

3）丝绸服装应与容易虫蛀的裘皮、毛料服装分别收藏，如受条件限制，不能分藏，也一定要用布或塑料布包好，使其隔开。

4）丝绸服装一般比较轻薄，容易被挤压出皱褶。所以这类服装最好单独存放，或放置在衣箱的上层。

5）丝绸是一种天然纤维，它需要"通风"，因此收藏时不宜长期放在塑料袋中。

6）带颜色的丝绸服装，特别是色彩鲜艳的服装，不宜和白色丝绸服装存放在一起，柞蚕丝绸服装也不要和桑蚕丝绸服装存放在一起，以免串色。

7）柞蚕丝衣物不宜与真丝衣服放置在一起，因柞蚕丝衣物的原料大都经过硫磺熏蒸，会使真丝衣物变色。

8）丝绸质地的服装收藏时不应与樟脑丸放在一起，以免使浅色衣服变色发黄。

3.3 绫、罗、绸、缎、绢、绉

丝绸根据其组织规格不同可分为：绫、罗、绸、缎、绡、纱等。按品种可分为如下十五大类：绫、罗、绸、缎、纱、绢、绡、纺、绨、绉、葛、呢、绒、锦、绣。其中，纱、罗、绢、纺、绸、绨、葛等为平纹织物，锦与缎比较肥亮，呢和绒比较丰厚，纱及绡比较轻薄。

3.3.1 绫制品的特性及保养

绫是斜纹组织的提花织物，以斜纹或斜纹变化组织为基本组织，外表具有明显斜向纹路的花、素织物，生绸大多需精炼、染色及整理。其原料主要是桑丝、柞丝、粘胶丝、涤纶丝，有花绫、条子绫、涤弹绫等。绫最早源于战国时期。到了三国时期，已有"吴绫蜀锦"之称。轻而薄是绫绢的特点，这便要求其制造工艺更加精细，在染炼工艺上更有特殊要求。

绫的主要用途是装裱书画。湖州一带的绫在唐代已很有名，有纸绫、线绫等名称，轻软柔滑，光彩炫人。绫的图案主要有双凤、云鹤、锦龙、圆龙、回凤等。绫的特点是光亮而软，故旧时有"惯织乌绫软如锦"的说法。

3.3.2 罗制品的特性及保养

采用纱罗组织，绞经每隔三纬或三根以上奇数绞转的丝织物称为罗，外观呈直条（直罗）或横条（横罗）状，如杭罗、七丝罗等。

3.3.3 绸制品的特性及保养

绸是织物的通称。是以桑蚕丝为原料，用基本组织或混用变化组织（纱、罗、绒组织除外），或无其他类丝织物特征的、质地紧密的中厚型织物。经纬丝一般不加捻，熟织物则略加捻（绉、缎除外）。这类织物绸面光滑、手感柔软，能充分显示出丝织品精巧细腻的特点，如素软缎、金玉缎等。

3.3.4 缎制品的特性及保养

采用缎纹组织为底的花素织物，称为缎，其质地紧密厚实。

缎类品种发展至今，已有许多各种不同风格和特点的品种，如素缎、暗花缎、织金缎、锦缎、妆花缎等，同时也有体现各地不同风格的名牌产品，如南京的宁缎、杭州的杭缎、广东的粤缎、苏州的摹本缎、四川的浣花缎等。

妆花是用各种不同彩色的纤子，在织物上用通经断纬的挖梭技术来显示绸面花纹而得。纹样的上下左右各单元的花样相同，但色彩不同，主体花颜色深浅不同，一个织物上配色二三十种。

织锦缎是一组经丝（生丝）与三组纬丝（熟丝）交织的三重纹织物，地组织为八枚经面缎纹，花组织为三组纬丝分别起纬花。织物表面呈现三色花纹。织锦缎地部细洁紧密，绸面平挺厚实，纬花瑰丽多彩，纹样精细，以我国传统的民族纹样见多，也有采用变形花卉和波斯纹样。以清地纹样为宜，但根据市场流行趋势也可用满地、漏地纹样。根据所用原料不同，织锦缎有真丝织锦缎、交织织锦缎、人造丝织锦缎和金线织锦缎等数十种。

3.3.5 绢制品的特性及保养

绢是平纹织物，以平纹或平纹变化组织为地组织，平整挺阔的色织或色织再套染的丝织物，可用做衣料。典型的品种有天香绢、丛花绢、荷萍绢等。在南北朝时期，大批的绫绢经广州等地出口 10 多个国家，至唐代起，双林绫绢被列为贡品。

绢的种类不少，有生熟、粗细、冬夏之分。用粗细丝织成的未经炼漂的绢为杜生绢，其中又分为夏生绢和冬生绢两种；又有灯绢、镶绢，都用小织机织成，此外还有烧灰绢、绫粉绢等，这些都是素织的绢。双林最有名的绢、是包头绢，因妇女用为首饰而得名。

绫绢除了用来做衣料之外，在造纸术发明之前，还是取代竹简的书、画用品之一。在绢上作画，轻巧挺阔，墨迹久存不消。因此，即便是在蔡伦造纸以后，文人墨客还是喜欢在绢上走笔挥毫。我国历代的大量艺术珍品，都是在绢上保留下来的。

3.3.6 绸制品的特性及保养

绸是运用工艺手段（如将经纬加捻、增加张力大小或加强原料强伸强缩的特征等）或组织结构的作用，使织物成品表面呈明显绸效应且富有弹性的丝织物。绸是极好的服装面料，如双绸、香岛绸、双乔绸等。

绸缎的经丝为平丝，纬丝为强捻丝，二左二右排列，采用缎纹组织交织而成丝织品。绸缎有花、素两种。素绸缎一般采用五枚缎纹组织，织物表面一面为绸效应，另一面为光亮缎纹效应。花绸缎的花地组织为正反五枚缎纹或八枚缎纹组织，在绸地上有起光亮的缎花。绸缎织物手感柔软，抗绉性好，宜作衬衣、裙料。绸缎的原料一般为桑蚕丝，经丝大多为桑蚕丝两根合并，纬丝为桑蚕丝两根、三根合并强捻丝。随着纺织工业的发展，除真丝绸缎外，还有真丝与人造丝交织的绸缎、全化纤的仿真丝绸缎等。

双绸是经丝为平丝，纬丝为强捻丝的一种丝织物。纬丝捻度一般为 22～28cm。织造时采用二根 S 捻和二根 Z 捻间隔排列，按平纹组织交织。织后经炼染，绸面光泽柔和，手感柔软，有绸效应。双绸原料以桑蚕丝为主，现在市场上也有很多用化纤原料制织的仿双绸。双绸除染色和印花的绸以外，还有提花双绸。

3.4 蜡染、扎染、挂毯

蜡染，是一种古老的纺染工艺，与绞缬、夹结一起被称为我国古代染缬工艺的三种基本类型。蜡染工艺品的魅力除了图案精美外，还在于蜡冷却后在织物上产生龟裂，色料渗入裂缝，产生变化多样的色纹，俗称"冰纹"。同一图案设计，做成蜡染后可得到不同的"冰纹"。

扎染，古称"绞缬"，俗称扎花布，是我国民间独特的传统工艺。

挂毯也称壁毯，是用于悬挂的织有图案和人物画的大型手工工艺美术织品。挂毯花色品种齐全，图案新颖，色泽美观大方，时代气息强，质优价廉，是装饰装修、美化家庭居室、会客厅、会议室及馈赠亲朋的理想佳品。

3.4.1 蜡染工艺及产地

蜡染是古朴的少数民族艺术，每一种有"指纹"的画都是独一无二的。

1. 蜡染和蜡染艺术

（1）蜡染

蜡染又称蜡防染，古称"蜡缬"。据考证，蜡染起源于我国古代，最迟在秦汉时期，在我国西南少数民族聚居的地方就已熟练地掌握了利用蜂蜡和虫蜡作为防染的原料可以防染的特点。在东汉时期，蜡染技术已相当成熟。到了西晋，已可染出十余种彩色的蜡染产品。唐代蜡染开始盛行。南宋时，蜡染花布称为"徭斑布"，系采用镂有细花的木板两块夹住布帛，然后将熔化的蜡液灌入镂空的部位，蜡在常温下很快固化，此时"释板取布"并投入到蓝靛染液中，待布染成蓝色后，"则煮布以去其蜡"，就可得到"极细斑花，炳然可观"的徭斑布。

（2）蜡染的种类

不同地区的蜡染艺术有不同的风格，有的爱以花、鸟、虫、鱼作蜡染图案，形象生动；有的以结构严谨、线条细腻为特点；有的取材于龙爪花和茨藜花，色调粗犷明快……蜡染艺术不仅美化了人们的生活，也丰富了中外妇女的衣着。

目前的蜡染，大体可以分三大类：一类是西南少数民族地区，民间艺人和农村妇女自给自绘自用的蜡染制品，这一类产品属于民间工艺品；另一类是工厂、作坊面向市场生产的蜡染产品，这一类产品属于工艺美术品；第三类是艺术家制作的纯观赏型的艺术品，也就是"蜡染画"。这三大类蜡染同时并存，互相影响，争奇斗艳。

（3）蜡染的制作过程

1）画蜡前的处理。先将自产的布用草灰漂白洗净，然后用煮熟的芋捏成糊状涂抹于布的反面，待晒干后用牛角在石板上磨平、磨光。

2）点蜡：把白布平贴在木板或桌面上，把蜂蜡放在陶瓷碗或金属罐里，用火盆里的木炭灰或糠壳火使蜡熔化，便可以用铜刀蘸蜡。作画的第一步是经营位置，有的地区是照着纸剪的花样确定大轮廓，然后画出各种图案花纹。另外一些地区则不用花样，只用指甲在白布上勾画出大轮廓，便可以得心应手地画出各种美丽的图案。

3）染色。浸染的方法，是把画好的蜡片放在蓝靛染缸里，一般每一件需浸泡五、六天。第一次浸泡后取出晾干，便得浅蓝色。再放入浸泡数次，便得深蓝色。如果需要在同一织物上出现深浅两色的图案，便在第一次浸泡后，在浅蓝色上再点绘蜡花浸染，染成以后即现出深浅两种花纹。当蜡片放进染缸浸染时，有些"蜡封"因折叠而损裂，于是便产生天然的裂纹，一般称为"冰纹"，有时也根据需要做出"冰纹"。这种"冰纹"往往会使蜡染图案更加层次丰富，具有自然别致的风味。

4）去蜡。经过冲洗，然后用清水煮沸，煮去蜡质，经过漂洗后，布上就会显出蓝白分明花纹来。

蜡染是我国古老的民间传统纺织印染手工艺品。用蜡刀蘸熔蜡绘花于布，以蓝靛浸染，染后即去蜡，布面就呈现出蓝底白花或白底蓝花的多种图案，同时，在浸染中，作为防染剂的蜡自然龟裂，使布面呈现特殊的波纹，尤具魅力。由于蜡染图案丰富，色调素雅，风格独特，用于制作服装服饰和各种生活日用品，显得朴实大方，清新悦目，富有特色。

蜡染生产绝大多数工序是手工操作，到目前为止，仍然无法用机械化、自动化来代替。蜡染工厂在生产大批量的蜡染花布上，具有优势。而作为民间工艺品和艺术品的蜡染，往往一张画稿只制作几张壁挂，甚至于只做一张壁挂。在世界范围内，"蜡染艺术热"正在兴起，国内国际艺术市场的需求量都很大。

2. 蜡染的主要产地

蜡染艺术在西南少数民族地区世代相传，形成了独特的民族艺术风格，是我国极富特色的民族艺术之花。

（1）贵州蜡染

传统的蜡染工艺在我国西南少数民族地区尤其是贵州少数民族地区，得到了继承和发扬，而且流行很广，已成为少数民族妇女生活中不可缺少的一种艺术。这里的少数民族以蜡染作主要装饰的有黄平、重安江一带和丹寨县的苗族妇女，蜡花是妇女们不可缺少的装饰品，并且妇女都是点制蜡花的能手，她们的头巾、围腰、衣服、裙子、绑腿都是蜡染制成，其他如伞套、枕巾、饭篮盖帕、包袱、书包、背带等也都使用蜡染；安顺、普定一带的苗族妇女把蜡染花纹装饰在衣袖、衣襟和衣服前后摆的边缘，她们背孩子的蜡染背带，点染得精巧细致，除蓝白二色外，有的还加染上红、黄、绿等色，成为明快富丽的多色蜡染。贵州各少数民族的蜡染各有特色。例如，苗族的蜡染图案有的还沿用古代铜鼓的花纹和民间传说中的题材，有的是日常生活中接触的花、鸟、虫、鱼；而布依族则喜用几何图案。

贵州蜡染一般都是蓝白两色，制作彩色蜡染有两种方法：一种是先在白布上画出彩色图案，然后把它"蜡封"起来，浸后后便现出彩色图案；另一种方法是按一般蜡染的方法漂净晾干以后，再在白色的地方填上色彩。民间蜡染所用的彩色染料，是用杨梅汁染红色，黄栀子染黄色。

贵州蜡染的图案，一是古老纹样，如与贵州铜鼓有关的光纹、锯齿纹、图纹、瓜米纹、云纹、雪纹、线纹、花纹、花瓣纹、鸟纹、鱼纹等；二是与汉族文化交融形成的纹样，如蝙蝠纹、石榴纹等；三是取自大自然的美好景物，如花草、树木、鸟兽、鱼虫等纹样。

古老的蜡染工艺在贵州少数民族地区被保存下来，一直流传到现在，形成了丰富多彩的蜡染图案。

贵州蜡染制作的材料：绘制蜡染的织品一般都是用民间自织的白色土布，但也有采用机织白布、绵绸、府绸的。防染剂主要是黄蜡（即蜂蜡），有时也掺和白蜡使用。蜂蜡是蜜蜂腹部蜡腺的分泌物，它不溶于水，但加温后可以熔化，少数民族就是利用它的这一特点作为蜡染的防腐剂。所用的染料是贵州生产的蓝靛，贵州盛产蓝草，这是一种蓼科植物，茎高约二三尺，七月开花，八月收割，把蓝草叶放在坑里发酵便成为蓝靛。贵州乡村市集上都有以蓝靛为染料的染坊，但也有把蓝靛买回家，自己用染缸浸染的。

蜡染布是在布匹上涂蜡、绘图、染色、脱蜡、漂洗而成。因为在染制的过程中，蜡白布的表面会产生自然龟裂，从而往白色坯布渗入染料而着色，出现许多或粗或细无规则的色纹，也叫龟纹，这些龟纹就是区别真、仿蜡染布的标准，因为任何仿蜡染布设计进去的龟纹都是有规律可循的，而在真正的蜡染布中往往难以寻找，也找不出完全相同的龟纹来。

绘制蜡花的工具不是毛笔，而是一种自制的刀，因为用毛笔蘸蜡容易冷却凝固，而钢制的画刀便于保温。这种钢刀是用两片或多片形状相同的薄铜片组成，一端缚在木柄上，刀口微开而中间略空，以易于蘸蓄蜂蜡。根据绘画各种线条的需要，有不同规格的铜刀，一般有半圆形、三角形、斧形等。

布依族的蜡染久负盛名。早在宋代，就有贵州惠水特产蜡染布的记载。清代史书上所说的"青龙布"，就是蜡染布，布依族姑娘从十二三岁起，便开始学习蜡染技术。先把蜜蜡加热熔为蜡汁，然后用三角形的铜制蜡刀轻蘸蜡汁，在自织的白布上精心描绘各种漂亮生动的图案，再放入蓝靛缸中渍染成蓝色或浅蓝色，最后将布入锅煮掉蜜蜡，捞出后到河水中反复荡涤晾干，就成了独具特色的蜡染工艺品。

布依族姑娘从小就有制作蜡染的灵气，她们所穿的服装大都是亲手缝制，合身得体，古朴典雅。做成的蜡染布料，图案丰厚朴实，绘画活泼豪放，并呈出独有的龟纹（亦称小波纹），具有机器所不能代替的艺术效果。

近年来贵州还建了些蜡染厂，有专门的美工设计师创作绘制出新的图案。各种人物、动物的形象更为丰富，而且色彩也趋于多样化。

蜡染的冰纹就是它让人们为之赞美不绝的性格特征。冰纹是蜡画胚布在不断的翻卷浸染中，蜡迹破裂，染液随着裂缝浸透在白布上，留下了人工难以摹绘的天然花纹，像冰花，像龟纹，真是妙不可言，同样图案的蜡画布料，浸染之后，冰纹就似人的指纹一样绝不相同，韵味也不一样，这时，美就越发显出了它不可捉摸的深邃。

贵州蜡染，以安顺、镇宁、黄平、丹寨所产独具特色，被誉为"正宗"，这些地区也被称为"蜡染之乡"，今北京故宫博物院就陈列有清代皇家宫廷珍藏的一幅安顺市郊苗族蜡染背扇扇面。安顺蜡染实际上分为蜡画和蜡染两种形式。蜡画是用铜刀（蜡画工具）蘸上高温加熔的蜂蜡，在白布上信手画出，花鸟鱼虫，江河湖泊，惟妙惟肖，栩栩如生，然后绘画者可根据自己的喜好，填以各种颜色即成。蜡染是将画好的作品通过防染、煮沸、去蜡、漂洗、花现，加之神秘莫测的冰纹，使蜡染更具抽象画派的韵味。蜡染在安顺苗族布依族妇女中，颇为盛行。苗族图案带有史书性质，似铠甲，像文字，或写意，或抽象，任随驰骋；布依族大多是图腾图案，有太阳纹，有云雷纹，有回纹，有铜鼓纹，连续对称，古朴典雅。蜡染布料常用作衣裙、围腰、床单、背扇、帐檐、挎包、帽子、时装。有些工艺水平较高、图案非常新奇精美的也被当作艺术壁挂来装饰居室客厅及宾馆饭店。布依族妇女还在蜡染衣裙上刺绣使蜡染更加风采迷人。目前安顺蜡染已成为中外游客追求的时尚。

（2）云南蜡染

蜡染工艺在云南，主要盛行于苗族、白族群众中。苗族有世代相传的精巧纺织工艺，所织之布纤美、柔软、缜密，质量优异，经久耐用，历史上曾被称为"铁笛布"。

云南蜡染以当地的山川风物作为创作的素材，孔雀、大象、茶花、杜鹃等一一化作图案纹样，别具一格。

云南蜡染作为民族民间工艺品、旅游纪念品和出口商品，已展示出了诱人的发展前景。

蜡染是云南苗族古老民间艺术，历史悠久，很多地方流行有《蜡染歌》，叙述蜡染的起源。宋代已有"点蜡幔"（蜡染）。明、清时代，许多地方苗族多用蜡染自织的布料。民国年间，蜡染在部分苗族中盛行，将蜡染成品作衣饰、床单、帐檐、枕巾等。

云南苗族蜡染的制作方法是将白布平铺于案上，置蜡于小锅中，加温熔解为汁，用蜡刀蘸蜡汁，点画于布上。一般不打样，只凭构思绘画，也不用直尺和圆规，所画的平行线、直线和方圆图形，折叠起来能吻合不差，所绘花鸟虫鱼，惟妙惟肖，栩栩如生。绘成后，投入染缸渍，染好捞出用水煮沸，蜡熔化后即现出白色花纹，经久不变，美观大方。绘制蜡染，首先要掌握蜡刀技术，还要掌握熔蜡水的温度，掌握蜡刀角度的变化，才能绘出光滑圆润、均匀饱满、极富弹性的直曲线条，和圆、半圆齿纹等各种图案的花样。因此，蜡染的绘图工艺也像我国书法那样讲究墨趣，也能自成一体，有其独特的丰富表现力。它通过直线与曲线的变化对比，粗与细的结合，长与短的间隔来创造具有虚实感、运动感和空间感的艺术效果。

云南苗族蜡染的图案形象，题材多种多样，这是苗族历史文化以及苗族妇女心理艺术的产物，它积淀了历史的、民族的、传统的、风俗的丰富内容，表现着每个时代的风貌。苗族妇女自幼喜欢蜡染，虽然她们没有什么绘画理论和基础知识，但却通过夸张和想象的技巧，概括出具有高度艺术价值的蜡染"作品"，其中很多还具有现代艺术潮流所追求的那种抽象性、多面性、综合性的特征。苗族蜡染图案多种多样，背带图案多由麦穗、水浮花、桐花等组合而成，花裙子是用猪蹄式相称的花纹图案构成，花提袋多用钱币在中间，花朵、花叶环绕周围的图案结构，还有花色用"寿"字形图案的，有的也用鱼和鸟的形象作图案。这些图案的意思是：猪蹄式的图案表示六畜兴旺；钱币式图案表示富贵；花朵、少女表示美丽；麦穗、水浮花、桐花表示五谷丰登；寿字形图案表示健康长寿、自由、快乐的意思。

蜡染，作为一种独特的手工艺，已深深扎根在苗族人民的生活中。自古以来，节日聚会、赶圩场、走亲访友都要穿上自制的蜡染花裙，将自己妆扮一番，尤其是女青年更是用自制的蜡染花裙、手提蜡染花袋妆扮自己，显示自己心灵手巧，以此吸引男青年。男青年又往往通过姑娘的穿着来衡量她的品质。首先从她们衣物上的图案来判断她的人品，聪明与否，然后才决定是否与她交往、谈情。所以，尽管节日的盛装使姑娘们行动起来极为不便，可是她们仍喜欢把自己包裹在一套九层的衣服和花裙中，决不放过展现自己的大好良机，盛装成了竞技的一种方式。在苗族村寨里，女性自幼学习绘蜡、点蜡手艺。学会制作蜡染裙子、花袋、背带、腰带等，成了一种具有丰富社会内涵的创造活动和显示其能力的象征，充当女性走向婚姻生活的桥梁。

（3）重庆蜡染

蜡染是我国少数民族古老而独特的手工绘染艺术，是蜡画和染色的合称，与绞染、扎染一起被誉为我国古代三大纺染技术。重庆黔江区在蜡染工艺方面虽达不到那种卓然而立、独领风骚的地步，但是已从单一的蓝白世界走向五彩缤纷的画廊，形成色调典雅、格调高贵、粗犷豪放、细腻严密的风格，集实用性和艺术性于一体，区内有数家蜡染厂、工艺作坊，涌现出一批工艺美术家，各系列产品以不可抗拒的艺术魅力迅速扩张。

川黔滇地区的苗族妇女，以蜡染为衣裙装饰的最为普遍。其中大多数同时以蜡染、挑花、刺绣为饰，在每套衣、裙中，三者常固定于衣裙的某个部位，不能擅自挪动位置。蜡染，是以蜜蜡（黄蜡）熔汁绘花于白布上，染色后取出煮于水中，蜡去则花现的一种技艺。蜡绘是先将蜜蜡置于小锅中，略加温，锅中温度升到 60～70℃之间时，蜡熔为浓汁，即以小铜刀蘸蜡汁于布上。画后，蜡温很快下降而凝固。蜜蜡温度如超过 70℃时绘于布上，蜡汁便立即渗浸四周而使花纹模糊不清。有经验者完全凭自己的观察以定温度；而初学蜡绘者，不易凭观察以定温度，只好将画布置于膝上，凭皮肤的感觉以判断温度是否适宜。

3.4.2 扎染工艺及产地

扎染工艺始于秦汉，兴于后唐，盛于魏晋，已作为民族文化保留至今。

1. 扎染及扎染工艺

（1）扎染艺术

扎染是用针和线在织物上捆扎后再经过手工染色形成各种图案的工艺，色彩丰富、纹样变幻莫测和不可重复性使得每件作品绝不相同，满足了现代人返璞归真、追求个性的时尚心理，越来越受到人们的青睐和欢迎。扎染服饰融古朴自然与现代风格为一体，在滚滚时装潮流中独树一帜。

扎染利用防染工艺，采用传统染料，在创作手法上追求明暗、色相、纯度、补色、冷暖、面积对比，产生光影、纹理和色彩的变化，创作手法变幻无穷，历经千年而不衰。

（2）扎染的种类及其制作工艺

扎染是指对织物在染前进行缝、绑、扎、绞、结等一系列防染处理，以便在渲染过程中，使织物在防染部分不能上染而出现纹样。扎染的魅力在于其在扎、缝、绞、结染色后所出现的其特有的机理独特的偶然性、不可复制性、强烈的视觉冲击力和生命力。

1）针扎。针扎是采用独特的手工技巧，先在布面上勾绘出艺术图案，然后精心用针引线扎成拟留的花纹，严密缝合后，再进入染缸浸染，待干，将线拆去，紧扎的地方不上色，呈现出白色花纹。这种方法能扎比较细腻的图案。每染一次，色深一层，经过反复浸染后，即成精美的手工艺品。针扎主要有扎花与扎线两项工艺。扎花中最常见的一种俗称"狗脚花"（六瓣，呈尖形），还有菊花

（八瓣，呈尖形）、蝴蝶花（六瓣，呈圆形）、双蝴蝶花（圆八瓣、呈双花芯）、海棠花（十瓣，呈尖形）等十余种，其扎法各有讲究。扎线有绞扎和包扎等不同方法，绞扎因布的折法和针的绞法不同，能产生线的粗、细、强、弱效果，如粗蜈蚣线和单蜈蚣线等；包扎则在布中夹一根稻草，入染后能产生灰线条效果。

2）捆扎。捆扎是将白布有规则或任意折叠，然后用麻线捆扎，入染后晾干拆线，由于在染色过程中被捆扎的织物受到轻重、松紧不同的压力，被色浆浸渗的程度也不同，因此产生深浅虚实、变化多端的色晕，染成的图案纹样神奇多变、色泽鲜艳明快，图案简洁质朴。这种方法适合扎成段的布料。

3）工艺程序。扎染的工艺程序为染前处理—捆扎布料—浸水—染色—冲洗晾干—熨平。

① 染前处理。为保证扎染制作过程中染色均匀，需对织物进行染前处理，因为织物上常带有浆料、助剂及一定成份的天然杂质。

② 退浆。其目的是除去浆料，可用碱液、氧化剂或淀粉酶等药剂加水沸煮布料，退浆。用量：药剂为布重的 3％，水为布重的 30 倍左右。

③ 精炼。其目的是除去纤维上的天然杂质及残留浆料，用烧碱加水沸煮。用量：烧碱为布重的 3％，水为布重的 30 倍左右。

④ 漂白。其目的是除去色素及残留杂质，常用次氯酸钠或过氧化氢加水沸煮。用量：漂白剂为布重的 3％，水为布重的 30 倍左右。另外，丝绸的染前处理是用皂液加碳酸钠加水煮精炼。

⑤ 熨平待用。用电熨斗将漂洗过的布熨平，以备描绘图案及捆扎用。

⑥ 捆扎染色。将已设计好的图案纹样用画粉在布上做记号或用绘稿液描上，然后捆扎或缝结布料。完成后浸入水中湿透，取出稍晾，待不滴水后放入已备好的染液中或浸染或煮染一定时间，然后用清水冲洗、晾干。

⑦ 染后处理。晾后的捆扎物可在不完全干透时解开扎结处，并用熨斗趁潮湿熨平整，完成。

扎染的方法千变万化，不同的方法能产生不同的效果，民间还创造出一些新的扎法，如凤凰县沱江镇刘大炮在捆扎方面摸索出新的方法，其中有一种抓扎，即用双手抓着白布入染，即兴发挥，操作自如，有时能达到意想不到的特殊效果；在针扎方面，凤凰县的两名艺人刘桂梅和向云芳，各人均有一些独到的扎法，仅狗脚花一类，她们都能扎出五六种以上。

2. 扎染的主要产地

扎染是一种古老的手工印染工艺。扎染在制作过程中倾注了制作者的艺术匠心，因此好的扎染制品便是一件极好的美术作品。

（1）云南扎染

在"白族之乡"的云南大理，色彩斑斓的扎染制品，已成为民俗旅游中不可缺少的一部分，是颇具白族风情的手工印染艺术。目前主要在大理周城、巍山大仓和庙街等地制作。其原料为纯棉白布，染料为植物蓝靛。工艺过程分设计、上稿、扎缝、浸染、折线、漂洗、整检等工序。内地扎染的图案多以圆点、不规则圆形以及其他简单几何图形组成，而大理扎染则取材常见的动植物形象，如蜜蜂、蝴蝶、梅花、鸟虫等。

在云南这块素以"植物王国"著称的地方，采用板蓝根等天然染色剂制作的各种扎染制品，对皮肤无任何伤害，颜色朴素、自然、优雅大方，图案简洁明快，集艺术欣赏与实用价值为一体。

大理白族扎染是白族人民的传统民间工艺产品，其花形图案用规则的几何纹样组成，布局严谨饱满，多取材于动植物形象和历代王公贵族的服饰图案，充满生活气息。其扎染分为扎花和浸染两个环节。扎花是以缝为主、缝扎结合的手工扎花方法，具有表现范围广泛、刻画细腻、变幻无穷的特点。浸染采用手工反复浸染工艺，形成以花形为中心，变幻玄妙的多层次晕纹，凝重素雅，古朴雅致。大理白族扎染以纯棉布、丝绵绸、麻纱、金丝绒、灯芯绒等为面料，目前除保留传统的土靛染蓝底白花品种外，又开发出彩色扎染的新品种，产品有匹色布、桌巾、门帘、服装、民族包、帽子、手巾、围巾、枕巾、床单等上百个品种。

近年来，大理喜洲白族妇女在图案艺术、古代结扎技法和现代印染工艺相结合的基础上，推陈出新，开发出彩色扎染这种新的手工印染技术。彩色扎染突破了传统单色扎染色调的局限，强调多色的配合和色彩的统一。利用扎缝时宽、窄、松、紧、疏、密的差异，造成染色的深浅不一，形成不同纹样的艺术效果。特别值得一提的是，在一些白族地区，一种称为"反朴法仿扎染"的工艺制品正应运而生。反朴法仿扎染是在古代扎染基础上发展起来的像扎染而非扎染，像泼画而非泼画，图案花纹兼有扎染与泼画风格的新工艺。其特点是在扎染工艺上省去了扎结这一工序，图案花纹色晕层次更为丰富，呈现出错杂融浑、斑斓厚重的色彩效果。彩色扎染和反朴法仿扎染具有异曲同工之妙，能产生朦胧流动的风格和回归自然的美，更好地表现物像，增添艺术魅力。

巍山彝族扎染采用天然植物染料，发挥传统民间扎花工艺特色，做工精致、图案新颖多变，具有古朴、典雅、自然、大方的特点，既有较高明的艺术欣赏价值，又有较强的实用性。彝族扎染有蓝染、彩染、贴花等系列产品。制成品有台布、壁挂、门帘、衣服、裙、帽、包、地毯及各种面料。用户可根据各种图案花布，用来制作衣裙、围腰、被面、床单、门窗、窗帘、桌椅帽等。用扎染制作的衣裙、床单、门帘、窗帘等穿在身上，挂在室内，别有一番古朴、典雅的风味。

2003年又被国家文化部命名为"我国民间巍山扎染艺术乡"。

巍山民族扎染工艺独特,每件扎染工艺完成要经过选料—印花—扎花—脱浆—染色—拆线—漂洗—质检包装等过程,其中绝大部分环节都必须由精巧的手工完成。其中"扎花"一道工序,需要一针一线、细致无误地完成。巍山民族扎染以天然植物为原料,采用独特的草染和蓝染加工方法精制而成。植物染料不对环境造成污染,染出的布料透气、柔软,对皮肤有很好的药用作用。

(2) 三峡扎染

扎染是三峡民间传统印染工艺之一。扎染材料为白土布、麻线和颜色染料,工具有小剪刀和线针。染色过程也很简单,先在白布上绘好图案,将布的一部分折叠起来,随后用麻线针沿图形线条穿扎,在麻线两头挽上结子,采用缝、扎、牵、系等方法,将白布扎成若干小团,使这部分布料在染色过程中不被染色。待染料干后,用剪刀剪开麻线结,抽去麻线,这些未染的部分即显露出白花图案,有的呈现自由纹样,有的则组合成各式图案。扎染物品有祥带、抱裙、包单、床单、被面、枕巾、手巾等,图案以"龙凤呈祥"、"喜鹊闹梅"、"喜鹊闹莲"、"鹦鹉戏石榴"等最为常见。秭归郭家坝镇七战垭村农民杨德秀的扎染祥带《喜鹊闹莲》,为现存扎染作品的佳品。

从古代的扎缬到近代的扎染,其制作过程都是凭借手工完成的,近代机器印染兴起后,古老的扎染之所以能够保留至今,一则是因为极为简单的生产手段可以创造出扎染制品千姿百态的花纹图案,再则是因为扎染制品丰富的色彩在互相渗透的过程中可以达到深浅自然、边沿柔美、具有多层次的过渡色的艺术效果。

(3) 自贡扎染

自贡扎染是古称"蜀缬"的扎染艺术,是天府之国的工艺奇葩,自贡为主要的产地。自贡扎染工艺性强,以针代笔,色彩斑斓,款式多样,扎痕耐久。近年研制的棉、麻、丝绸、绒等质地的多色套染,隽永秀雅、韵味天成,图案设计富于情趣,特色浓郁。

早在秦汉时期就问世的民间工艺美术扎染,是自贡市享誉中外的蓝印花布品种之一。这些年来,用扎染工艺生产的手巾、头巾、台布、窗帘、床单、桌布等日常用品已经畅销国内外市场。

近年来,自贡扎染不断改进工艺,创新品种,"一浴多彩扎染"、"皮革扎染"、"夹染"等工艺的应用,使自贡扎染的质量跃上了新台阶。

在1986年的自贡灯会上,这项具有浓郁民间特色的工艺第一次步入灯展,在灯会上显示了独特的魅力。在这届灯会上,别开生面地出现了几十个扎染灯,有以表现"恐龙之乡"为特色的剑龙、蛇颈龙等"龙"为题材的灯,有表现民间传统题材的银锭灯、连环灯、阿福灯、葫芦灯、双鱼灯、松鼠灯、月亮灯、象灯、方胜灯等。扎染采用国画中浓墨重彩的手法，既有工笔画的细腻，又有写意画的潇洒，光感强，远看活像实体，近看耐人寻味。它的色泽浓淡分明，毫不含混，艳丽多彩，有的灯上用了七八种颜色，而且色调和谐自如，给人以美的享受。把扎染作为灯面这还是首创，这些扎染灯透过灯光看上去层次分明、远近有别、深浅各异、流金溢彩，毫无遮光、阻光等缺陷，给人以清新之感。

3.4.3　挂毯的分类

挂毯是我国传统的民族工艺品，按照工艺技术可分为工艺挂毯、枪刺挂毯、油画挂毯、粘花挂毯等；按照原料可分为羊毛挂毯、真丝挂毯、草编挂毯等；按照产地主要有东巴挂毯、西藏挂毯、涿州挂毯、内蒙古挂毯、新疆挂毯等。

1. 东巴挂毯

采用当地优质的细羊毛，精编细织而成，大多采用黄白色羊毛为底色，图案以黑色羊毛绘制，以纳西族古老的东巴字画和富有吉祥美好寓意的图案构成多种样式。

2. 西藏的羊毛挂毯

纯羊毛挂毯向来都以美观、高档扬名西藏，随着西藏旅游业的不断升温，它也开始走向全国，成为馈赠佳品。有不少的外国游客也爱不释手，不惜花费重金携之回乡。

拉萨市场经销的挂毯大多虽不是本地产的，但都来自藏区，如青海的玉树、果洛藏族自治州，甘肃的夏河拉卜楞州等。挂毯由西宁纯羊毛编成，用机纺成纱后，手工制成，按羊毛的粗细分成一、二、三等。图案有藏族传统纹样、热贡绘画及风光名胜等，如雄伟壮丽的布达拉宫，以及抽象派的风景人物画，内容丰富，风格独特，制作精细，层次分明，立体感强，其中有富于东方情调的京式毯、活泼典雅的西式毯，也有五彩斑斓的彩毯、清新一色的仿古毯。纯羊毛挂毯硬挺、耐磨、光亮、销声，以历史悠久、品质优良、毛色纯正、图案别致而驰名欧美等地。

3. 河北涿州金丝挂毯

河北涿州金丝挂毯，古称红绣毯或红线毯，是皇帝的御用品。2000 多年前，我国劳动人民就掌握了织毯工艺。古代丝毯采用纯蚕丝和金银丝线编织而成，毛头长，色泽艳丽，主要有红、黄、蓝、绿四种颜色。

涿州当代艺人继承和发扬古老的传统工艺，创造了我国独具一格的丝绒片和丝盘金挂毯。织成的图案有"龙凤呈祥"、"海市蜃楼"、"九龙"、"八仙"、"观音"等 500 多种。涿州金丝挂毯以其古朴典雅的风格、新颖多姿的图案、精巧娴熟的技法而驰名中外。金丝挂毯的道数有 120 道、200 道、260 道、300 道和 350 道、400 道等。其中 400 道丝绒挂毯被列为国家八件珍品之一，被誉为"稀世国宝"。

涿州市织毯技术有悠久的历史。古往今来，涿州人民把自己的聪明才智，融进千丝万缕的丝线中，他们以新颖的立意、严密的构图、典雅的彩绘编织出许多绚丽多彩、富丽典雅、精细名贵的丝毯，是会堂、客厅的华贵装饰品。其中，具有浓郁民族特色的"龙凤呈祥"、"二龙戏珠"、"哪吒闹海"等丝毯图案，成为丝毯百花园里的奇花异草。近年来，涿州丝毯艺人又创作编织出一批古朴高雅的丝毯珍品，如"五神图"、"少林寺"、"郑和下西洋"、"嫦娥奔月"等。"五神图"挂毯取材于我国民间神话故事，丝毯画面群峰兀立，轻云缭绕，鹊桥高架，宫殿缥缈，人物形态逼真，栩栩如生。整个图案构思巧妙，色彩明快，堪称佳作珍品。涿州市是丝毯的主要产地，全市城乡能工巧匠六七千人。生产规模最大、技术力量最雄厚的涿州市金丝挂毯厂生产的挂毯，目前在产品的数量和质量上，在全国都占第一位，曾荣获 1982 年全国工艺美术"百花奖"和国家"金杯奖"。

涿州市生产的金丝挂毯，可以与世界上有名的丝毯王国伊朗的丝毯相媲美，在国际市场上，享有很高的声誉，在世界五大洲的 20 多个国家和地区，都可以看到涿州生产的精细、典雅的金丝挂毯。

4. 内蒙古挂毯

内蒙古挂毯主要以羊毛为原料，也可以用其他动物的毛编织挂毯，制作一块上好的挂毯需要十几道工序。内蒙古挂毯质地纯正，做工精细，图案优美，是我国独有的挂毯精品。

5. 艺术挂毯

艺术挂毯，以传统的纯手工制作技艺，将大自然的美景融入其中，图案丰富、色彩明快、艺术表现力强。适用于大厅、会议室、客厅、居室之中悬挂，雅俗共赏，风格独特，花色丰富。

3.4.4　挂毯的工艺

挂毯多以羊毛编制，编织方法与地毯相同，既可以做成单张，也可以根据总体悬挂装饰的需要设计成套的壁毯。挂毯是地毯、卡垫高度工艺化的精工产品，虽然在织作工艺上与地毯、卡垫没有什么差别，但是，由于这种产品织做的图案复杂，每节织扣都要精工细作，画面要精细逼真无差错，等于是把复杂的图画、照片搬到地毯上，因此对织造工人的技术要求也很高。一般的卡垫熟练工，不一定都能生产挂毯产品，同时由于画面图案的复杂不仅要用多种颜色的毛纱，而且不能用平常织做地毯、卡垫的粗毛纱，必须是细毛纱，这样必然要增加产品的道数。所以，挂毯产品的成本也比地毯、卡垫高很多。

针织挂毯织做技术精良，采用先进的投片和片剪工艺，增加了图案的层次，突出了图案的立体感和艺术感染力，图案更加逼真，产生使人如临其境的艺术效果。

手工挂毯的开发生产，是西藏"仲丝"业的创新，目前这种产品的图案不仅有山水古画等传统纹样图案，也有以国画形式编织的各种图案。如珠穆朗玛峰、万里长城、南京长江大桥、布达拉宫、扎什伦布寺、江孜抗英城堡、白居寺、万佛塔佛像、神女、野牛头、草原风貌等。

手工挂毯已不再是西藏"仲丝"传统习惯上的生活用品，而是变成了一种具有很高的欣赏价值和收藏价值的工艺美术产品、高档赠送礼品和旅游纪念品，深受广大消费者的好评，并在区内和国内多次被评为优质产品。

高密度手工栽绒艺术挂毯，采用传统的纯手工工艺制作，材质全部为纯天然材料（羊毛、羊绒、蚕丝等），其工艺精致、效果独特、文化内涵深刻。

青海编制壁毯的历史悠久，其工艺精湛，图案具有我国民族特色，驰名中外。

用美观大方、民族文化感强、田园风味浓重的各式壁毯装点客厅已成为都市居民的时尚选择。随着物质文化生活水平的提高，人们对壁毯的要求也不断更新，前些年草编工艺壁毯刚刚打开局面，纱编、真丝、簇绒编织的挂毯又迅速占领市场。时下，一种用料考究、质地柔软的羊毛挂毯悄然走俏，精湛的工艺，不仅使居室满堂生辉，还帮助主人寻回了昔日的旧梦。

本 章 小 结

本章向大家展示了我们的民族特色工艺品——四大名锦、丝绸及蜡染、扎染和挂毯。通过对这些民族工艺品的描绘，将燃起我们的民族自豪感，使旅游者在旅行游览过程中对民族传统工艺品产生浓厚的兴趣，使我国的传统民族工艺品发扬光大。

思考与讨论

1. 我国的四大名锦是什么？各有什么特色？
2. 什么是柞蚕丝绸？柞蚕丝绸有什么特性？
3. 我国的丝绸按照种类分主要有哪些？举例说明其特性。
4. 我国的扎染工艺有什么特色？主要产地有哪些？
5. 我国的蜡染工艺有什么特色？主要产地有哪些？
6. 简述挂毯的主要种类及其特色。

第 4 章　画及文房四宝

【本章要点】

1. 中国画的历史和种类;
2. 具有中国民俗特色的中国画——年画、门神以及中国五大年画;
3. 文房四宝的鉴别及其名品。

旅游商品中最有韵味、最富有诗情画意的一类,当属中国画和中国的文房四宝。中国绘画历史源远流长,见于史料记载的以伏羲氏画八卦、黄帝画制服、舜妹嫘氏绘影像为最早。文房四宝在我国有着悠久的历史。

4.1　中　国　画

中国画是一门历史悠久的民族艺术。在古代中国画并无确定名称,一般称之为"丹青",主要是指画在绢、纸上并加以装裱的卷轴画。近现代以来,为了区别于西方输入的油画(亦称西洋画)等外国绘画而称之为"中国画",简称"国画"。

4.1.1　中国画的历史沿革

中国画是用中国所独有的毛笔、水墨和颜料,依照长期形成的表现形式和艺术法则创作的绘画。如果从发现最早的独立性绘画——战国楚墓帛画算起,中国画至今已有 2000 多年的历史了。它产生于民间工匠之手,六朝时趋于成熟,宋元时期文人画兴起,逐渐占据了重要地位,清代以来,中国画较多地汲取西洋画的有利因素,形成了独具风格的民族特色,在世界艺术史上自成体系。

1. 中国画的起源

有关中国画的起源问题,如同中国历史的起源一样,令人不可捉摸。究竟中国画始于何时? 何地? 是何人所创造? 这一谜团千年以来一直萦绕在历代美术史研究者的思绪中。唐代的张彦远在他的开创性著作《历代名画记》中,将中国绘画的起源追溯到传说时代,指出那时的象形文字便是书写与绘画的统一。在他看来,图形与文字的脱离,才使得绘画成为一门专门的艺术;探讨绘画技巧的工作则晚至秦汉才开始；魏晋时名家的出现，才标志着绘画臻于成熟。这 1000 多年前提出的有关早期中国画发展的理论至今仍基本成立。

(1) 史前中国绘画

石器时代是中国绘画的萌芽时期，伴随着石器制作方法的改进，原始的工艺美术有了发展。但在若干年以前，我们所掌握的中国绘画实例还只是那些描画在陶瓷器皿上的新石器时代的纹饰。近年来，在我国的许多省份发现的岩画，使史学家们将中国绘画艺术的起源推前至旧石器时代。我们从出土的彩陶及遍布全国的岩画遗存中了解了史前绘画。今天，我们有理由相信，史前绘画的创作大多出于宗教和巫术的目的，并不是出于审美和欣赏的需要。

(2) 先秦绘画

在整个先秦时代中，统治阶级的需要带动了美术各门类的发展，绘画也不例外，有了长足的发展。先秦时期寓有兴废之戒的庙堂壁画及人物肖像画，受到了先秦统治者的普遍重视。据推测，大部分的绘画绘制在易于腐烂的木质或者布帛上面。在商代的多处墓葬中发现了残存的彩绘布帛，在商代王室的墓葬中更是发现了很多的木质品上的漆画残留。可见，用漆作为颜料绘制器物在当时已很普遍了。常用的黑、红两种基本色的并置形成了强烈的对比。据说，那时的漆绘制品经常与锃亮的青铜器以及白色的陶器摆在一起的，极富观赏性。

2. 中国画的发展

(1) 秦汉中国画

秦汉时期是中华民族艺术风格确立与发展极为重要的时期。公元前 221 年，秦始皇的一系列改革促进了绘画的发展。西汉统治者也同样重视可以为其政治宣传和道德说教服务的绘画。在西汉的武帝、昭帝、宣帝时期，绘画变成了褒奖功臣的有效方式，宫殿壁画建树非凡。东汉的皇帝们同样为了巩固天下、控制人心，鼓吹"天人感应"论及"符瑞"说，祥瑞图像及标榜忠、孝、节、义的历史故事成为画家的普遍创作题材。秦汉时代的绘画艺术，大致包括宫殿寺观壁画、墓室壁画、帛画等门类。

(2) 三国两晋南北朝隋唐时期的中国画

三国两晋南北朝发展得最为突出的是人物画（包括佛教人物画）和走兽画，而中国画中的其他各科还远未成熟，东晋顾恺之的传世作品《洛神赋图》中出现的山水只是作为人物故事画的衬景，山水画的逐步独立直到南北朝后期才趋于完成。

隋代的绘画风格，承前启后，有"细密精致而臻丽"的特点。来自各地，集中于京畿的画家，大多擅长宗教题材，也善于描写贵族生活。山水画由于重视了比例，较好地表现出"远近山川，咫尺千里"的空间效果，从而开始独立发展。

唐代的绘画在隋的基础上有了全面的发展，人物鞍马画取得了非凡的成就，青绿山水与水墨山水先后成熟，花鸟与走兽也作为独立的画科引起了人们的注意，可谓异彩纷呈。初唐时的人物画发展最快，山水画则沿袭隋代的细密作风，花鸟画已经出现个别名家，宗教绘画的世俗化倾向逐渐明显和增多。

（3）五代两宋元的中国画

五代十国的书画，在唐代和宋代之间起到了一个承前启后的作用。中原地区的寺庙壁画，并没有因为战乱陷入停顿，但是风格都依托于吴道子的风范之下。在山水画的创作中则将唐人的水墨法大大发展，出现了荆浩开创的北方山水画派和江南山水画派。人物肖像画、宗教画和仕女画也都有名手出现，皆从前代的吴道子和周昉等处脱胎。

北宋画家们继承前代传统，在深入自然、观察体验生活的过程中，创造了以不同的笔法去表现不同的山石树木的方法，花鸟画在北宋时期的宫廷绘画中占据了主要地位，风格是黄筌的富贵之风，直到崔白等画家的出现才改变这个局面。北宋人物画的主要成就是宗教绘画和人物肖像画及人物故事画、风俗画。武宗元、张择端都是人物画家中的卓越人物。北宋时，出现了一支业余的画家队伍，当时被称为"士人画"，后来被叫做"文人画"。

南宋山水画的代表人物主要是号称"南宋四家"的李唐、刘松年、马远、夏圭，他们各自在继承前代的基础上有所创造。文人画在理论上进一步展开讨论，在实践中也有令人瞩目的成就。米友仁的"云山墨戏"，杨补之的墨梅，赵孟坚的水仙、兰花被称为"四君子"。今天仍被画家看重的梅、兰、竹、菊，在南宋时已基本成为文人画的固定题材。

（4）明清的中国画

明代的中国画流派纷繁，各成体系，有以戴进为代表的浙派，以沈周、文徵明为首的吴门派，董其昌、赵左等人的松江派、华亭派、苏松派，蓝瑛则另称为武林派，等等，各个画科全面发展，题材广泛，山水、花鸟的成就最为显著，表现手法有所创新。

在清代，文人画日益占据画坛主流，山水画的创作以及水墨写意画盛行。在文人画思想的影响下，更多的画家把精力花在追求笔墨情趣方面。在董其昌"南北宗论"的影响下，清代画坛流派之多，竞争之烈，是前所未有的。清代国画的发展，早期"四王"画派占据画坛的主体地位，江南则有以"四僧"和"金陵八家"为代表的创新派；中期宫廷绘画由于社会经济的繁盛和皇帝对于书画的爱好而得到很好的发展，而在扬州，则出现了以扬州八怪为代表的文人画派，力主创新；晚期上海的海派和广州的岭南画派逐渐成为影响最大的画派，涌现出大批的画家和作品，影响了近现代的绘画创作。

（5）近代国画

清末民初的中国画坛的景象几乎可以用"萧条"两个字来概括，大部分的著名画家在辛亥革命前已经去世了，只有吴昌硕为代表的海派画家和后起者以及岭南派的"二高一陈"的出现，才使得中国画坛有了生气。身居北京的画家大多恪守"四王"的衣钵，没有大的突破。1949年，中华人民共和国的成立标志着中国又进入了一个新的历史时期。由于处于半封闭的状态，近代的中国画创作是在一种相对狭小的空间中进行的。中国画的正统地位是由延安革命美术传统、前苏联的社会现实主义和徐悲鸿所倡导的写实主义相结合而成的一种新中国模式的现实主义形式，许多已有成就的老画家的艺术更加臻于成熟，一批新人也开始登上画坛。

4.1.2　中国画的种类

中国画的画派、风格、艺术、表现技法等，可以说是洋洋大观。从流派上说，有院体、文人、民间画三大流派；从题材上说，有人物、山水、界画、花卉、禽鸟、走兽、虫鱼等画科；从表现形式上说，有工笔、写意、勾勒、没骨、设色、水墨等技法形式；表现手法上以勾皴点染，干湿浓淡，阴阳向背，虚实疏密和留白等描绘物象与经营构图；取景布局视野宽大，不拘泥于焦点透视；从画幅形式上看，有壁画、屏障、卷轴、册页、扇面等，并以特有的装裱工艺装潢画幅。在工具材料上为中国特制的笔、墨、纸、砚和绢。中国画创作以"六法"和"六要"为基本准则，强调"立意"和"传神"。

中国画按其使用材料和表现方法，可细分为水墨画、重彩、浅绛；从绘画技法上可分为工笔、写意、白描等；从绘画内容分类大体可分为人物画、山水画、花鸟画等。中国画的画幅形式较为多样，横向展开的有长卷（又称手卷）、横披；纵向展开的有条幅、中堂；盈尺大小的有册页、斗方，画在扇面上面的有折扇、团扇等。

1. 人物画

人物画是以表现人物形象和事迹为主要题材的中国画，因题材类别不同，又可分为道士画、仕女画、肖像画、风俗画以及历史故事画。由于表现方法、样式的区别，又分若干类别。刻画工细，勾勒着色者称工笔人物；纯用线描或稍加墨染者称白描人物画；在以线描勾勒的基础上施以浓重的颜色，称为工笔重彩人物；另外以墨为主，略施淡色者称为工笔淡彩。写意人物画是以简练、概括的笔墨，着重描绘人物意态神韵。如以简笔人物著称的宋代人物画家梁楷，变细笔白描为水墨逸笔,力求单纯简括,"遗貌取神",其难度大于工笔。

我国人物画发源最早,据《孔子家语》记载,在周代即有劝善戒恶的历史人物壁画,战国楚墓出土的《人物龙凤》帛画是已知最早的独幅人物画作品。魏晋、隋唐是人物画重要的发展时期,如曹不兴、顾恺之、陆探微、张僧繇、阎立本、吴道子、张萱、周昉、孙位等都是在中国美术史上对人物画做出卓越贡献的重要画家。五代两宋时期,由于皇室贵族及文人士大夫积极参加绘画的实践和理论研究,开始形成了文人画的体系。元代的绘画,由于主流转入山水和花鸟,人物画走向衰微。明清人物画中既有擅长白描人物的陈洪绶,又有华岩、黄慎、罗聘等善画写意人物的画家。晚清"海上三任"(任熊、任薰、任颐)对写意人物画的风格和技法又有所创新。

2. 山水画

山水画是以描绘自然风景为主体的中国画。但凡名山大川、田野村居、城市园林、历史名胜、宫殿楼台、舟船车马,均可入山水画。若再细分还可分为水墨、青绿、金碧、浅绛等。界画在十三科中列为"界画楼台"一科,也有把界画划入山水画支科的。

(1)水墨山水

水墨山水即只用水墨而不着色所画的山水画。水墨山水传说起源于唐代诗人画家王维。传说他写的《山水诀》中说:"夫画道之中,水墨为最上,肇自然之性,成造化之功。或咫尺之图写百千里之景,东西南北,宛尔目前,春夏秋冬,生于笔下。"即以水墨画表现自然,最能得心应手,最能小中见大,超越时空,作者可以充分挥洒,收到多姿多彩的笔情墨趣,其层次之多和意外之变化,都是任何色彩所难以比拟的。

(2)青绿山水

青绿山水又可分为大青绿与小青绿两种。隋代展子虔的《游春图》被认为是中国最早的青绿山水。唐代李思训、李昭道父子把青绿山水的格式固定下来。青绿着色重在渲晕得法,薄中见厚,浓中见雅。大青绿所使用的颜料种类比较多,从主要的基调看,以石青、石绿为主色,看去辉煌庄重,有欣欣向荣、草木华滋之感。小青绿主要区别于用墨与青绿敷染的比例大小,小青绿也有在浅绛设色的基础上,部分施染青绿的。大青绿要求工整典丽,小青绿可用兼工带写,手法轻松活泼。小青绿比较灵活,表现方法渐趋多样,现在多数山水画家喜欢采用小青绿画法。

(3)金碧山水

金碧山水是青绿山水的另一种着色形式,即以石青、石绿为基础,最后在轮廓处勾金，通过这道金线，像彩绘藻井一样，把山水画装饰得更为绚丽辉煌。可描绘浓艳的夕照晚景，体现出山岩边际的一层金光，增强日照之气氛。在突出的山石表面薄罩一层金粉，或用胭脂、白粉烘托艳阳秋色，使青绿与金碧相映生辉。

（4）浅绛山水

浅绛山水是在水墨勾勒皴染的基础上，敷设以赭石为主色的淡彩山水画。早在五代时的董源的画迹中已经可见浅绛山水的发端，到了元代，黄子久又继承了董源之法，才使浅绛设色的格式全面形成。明代沈石田、清代王原祁，都专用这一格调高雅的形式作画。

3. 界画

界画是以表现建筑物为其主要内容的画科，用又长又直又均匀的线条，表现亭台楼阁之类的古典建筑。只用手勾线，很难画直、画平，必须借助于界尺，故名为"界画"。如宋代的郭忠恕，元代的王振鹏、李容瑾，明代的仇英，清代的袁江、袁耀，都是界画名手。

4. 花鸟画

花鸟画是以动植物为主要描绘对象，并具有鲜明的民族特点的中国画的传统画科。再进一步细分，还可分为花卉、翎毛、蔬果、畜兽、草虫、鳞介等支科。通过对自然生物的描绘抒发作者的思想感情，体现时代精神，间接反映社会生活，具有较强的抒情性和寓意深刻的内涵。花鸟画根据描绘方法的精细或奔放分为工笔花鸟画和写意花鸟画；根据使用水墨与色彩上的差别，还可分为白描花鸟、水墨花鸟、浓墨花鸟、设色花鸟以及设骨花鸟等。

我国花鸟画有悠久的历史，原来花鸟画依附于装饰绘画。早在六七千年以前，新石器时代的彩陶器皿上就常见有花卉、飞鸟、奔鹿、跳蛙、草木枝叶等各种图案纹样，但尚未成为独立的艺术作品。战国、秦汉的墓室壁画、画像石刻，虽以描绘人物活动为主，仍离不开花木禽鸟作陪衬，如长沙出土的2000多年前的战国帛画《人物夔凤图》就有龙凤形象出现。两汉六朝时，花鸟画初具规模，美国纳尔逊·艾京斯艺术博物馆所藏东汉陶仓楼上的壁画《双鸦栖树图》是已知最早的独幅花鸟画。

花鸟画正式成为一门独立的画科，始于初唐，成熟于五代和两宋，曾出现以西蜀黄筌为代表的宫廷画家，为适应宫廷的需要，画风工整细致，富丽堂皇，善作珍禽异卉；在画院外，南唐徐熙擅长汀花野鸟，用水墨淡彩，富有野趣，为设骨花卉的开山鼻祖。因黄、徐二人境遇不同，画风迥异，故有"黄家富贵、徐家野逸"之说。

5. 写意画

写意画是中国画传统的画法之一，相对工笔画而言，用豪放、简练、洒落的笔墨描绘物象的形神，抒发作者的感情。写意画在表现对象上是运用概括、夸张的手法，丰富的联想，用笔虽简但意境繁邃，具有一定的表现力。写意画要有高度概括的能力，要有以少胜多的含蓄意境，落笔要准确，运笔要熟练，要能得心应手，意到笔随。

6. 工笔画

工笔画也是中国画的传统画法之一。画法比较工整严谨，以描绘被画对象的准确形象为准则，是相对于"写意画"而言的。总的来讲，工笔画用笔工整细致，敷色层层渲染，细节刚彻入微，要用极细腻的笔触描绘物象，故称"工笔"。

4.1.3 文人画

文人画出现在北宋，当时被称为"士人画"，后来被叫做"文人画"。南宋时文人画在理论上进一步展开讨论，在实践中也有令人瞩目的成就。

1. 文人画的出现

北宋熙宁、元丰年间出现的众多文人学士认为绘画是一种高雅的事情。他们不以作画为业，而以画自娱，或以赠人。但是在绘画的创作实践和理论探讨方面，有显著的特点和突出的成就，并且自成系统，这就是"文人画"。以官僚贵族和文人身份参与绘画的创作活动，古已有之，但是那些人的作品和职业画家的作品没有分别，也没有自己的理论体系。但北宋中期以后，苏轼、文同、黄庭坚、李公麟、米芾等人在画坛上活跃起来，文人画声势渐起。苏轼明确提出了"士人画"的概念，并且认为士人画高出画工的创作。他们还为士人画寻找到了一条发展脉络。唐朝的王维以及东晋的顾恺之都是这一体系的创始人，强调绘画要追求"萧散简淡"的诗境，即所谓"诗中有画，画中有诗"；主张即兴创作，不拘泥于物象的外形刻画，要求达到"得意忘形"的境界；采用的手法主要是水墨，内容从山水扩展为花鸟。这一时期文人贵戚出身的山水花鸟画家增多也与此有关。这股潮流的兴起，是中国绘画史上的一件大事，不但对后代的中国绘画发展产生了深远的影响，甚至在一个时期内，左右了中国画坛。

2. 主要的文人画家

著名的文人画家中有苏轼（1036～1101 年，诗人、书法家、画家）、文同

（字与可，1018～1079 年，墨竹家）、米芾（字元章，1051～1107 年，"米点山水"的创始人）、米友仁（1086～1165 年，"米点山水"的代表画家）；王晋卿（1036～1093 年，山水画家）、李公麟（1049～1106 年，善画人物、鞍马、山水等）。他们都认为诗、书、画同为艺术，应该结合起来。

苏轼说："诗不能尽，溢而为工，变而为画。"苏轼在《书鄢陵王主簿所画折枝二首》中说："诗画本一律，天工与清新。"在《书摩诘蓝田烟雨图》中说"味摩诘之诗，诗中有画；观摩诘之画，画中有诗"，这已成千古名言。他自己和文与可论画竹，认为"故画竹必先成竹于胸中"，然后"急起从之，振笔直遂，以追其所见，如兔起鹘落，少纵则逝矣。"他讲体验生活，讲构思，讲灵感，讲魄力。

米南宫，即米芾，初名黻，字元章，号襄阳漫士、海岳外史等。世居太原（今山西），后迁襄阳（今湖北），定居润州（今江苏镇江），初仕校书郎，徽宗召为书画学博士，曾官礼部员外郎，人称米南宫，因举止颠狂，又称"米颠"，能诗文，擅书画。经鉴别，米芾的行、草书得力于王献之，用笔俊迈，有"风樯阵马，沉着痛快"之评，与蔡襄、苏轼、黄庭坚，合称"宋四家"。他既是诗人、书法家，又是画家。米芾的画作，如其所著《画史》中自言的那样："枯木松石，时出新意"，"又是山水古今相师，少出尘格，因信笔为之，多以烟云掩映"，可见其题材是很广泛的。其子米友仁，字元晖，一名尹仁，自称懒拙老人，小名寅哥、鳌儿，黄庭坚戏称"虎儿"，人称"小米"，早年即以书画知名，徽宗（赵佶）宣和四年（1122 年）应选入掌书记，南渡后，官至兵部侍郎、敷文直阁学士。作品传世不多，故宫博物院所收藏的米友仁真迹仅有三件，一为《潇湘奇观图卷》，一为《云山墨戏图卷》，一为《云山得意图卷》（在台湾）。上海博物馆还藏有一件《潇湘白云图》。

4.2　年　　画

年画，是传统的中国画的形式之一，新年时张贴。年画一般采用工笔画形式，也有兼工带写意，当然也不乏大写意的传统中国画法。

年画的内容，一般都是寓意健康、吉祥，歌颂升平的，像"鲤鱼跳龙门"、"年年有余（鱼）"、"招财进宝"、"喜得贵子"、"岁寒三友"等。年画的内容是随着时代的变迁，社会的发展进步而不断演变的。过去，财神、福禄寿三星、仙女、大胖小子、戏曲人物是年画的主要内容；如今，在传统的基础上推陈出新，丰富多彩，为人民群众所喜爱。

年画，是我国的一种民间艺术，早在东汉、六朝时就已存在了，宋代时，年画已很兴盛，清代康熙、乾隆年间，年画的作坊日益发展。早期年画多手绘，或墨线印刷人工着色，工本较高，影响了它的普及。明代后期雕版印刷技术开始成熟，最先运用于文人的笺纸和画谱印刷，随之立刻为民间年画所利用。雕版套色的年画大大降低了印刷的工本，增加了年画的艺术效果，受到了社会的欢迎，促进了年画艺术的发展和繁荣。当代的年画，是在继承历代传统年画的基础上发展起来的。如今，版画也加入了年画的行列中。

总体来讲，年画取材广泛，生活气息浓厚，色彩鲜明，创作手法多种多样，具有浓郁的民间浪漫色彩。每逢春节，农村家家户户购买年画，张贴年画。如今，年画又向前发展了一步，逐步发展成为挂历，使年画的实用性大大增强。

4.2.1 门神

门神是最具有中国传统民俗色彩的年画，它历史悠久，流传广泛，种类繁多，生活气息浓厚，每逢春节，家家户户都会贴上门神，以保佑家宅平安。

1. 门神的由来

门神，是传说中能捉鬼的神荼郁垒。东汉应劭的《风俗通》中引《黄帝书》说：上古的时候，有神荼、郁垒两兄弟，他们住在度朔山上，山上有一棵桃树，树阴如盖。每天早上，他们便在这棵树下检阅百鬼。如果有恶鬼为害人间，便将其绑了喂老虎。后来，人们便在桃木板上画上神荼、郁垒的画像，挂在门的两边用来驱鬼避邪。南朝梁宗懔《荆楚岁时记》中记载：正月一日，"造桃板着户，谓之仙木，绘二神贴户左右，左神荼，右郁垒，俗谓门神。"

然而，史书记载的门神，却不是神荼、郁垒，而是古代一个叫成庆的勇士。在班固的《汉书·广川王传》中记载：广川王（去疾）的殿门上曾画有古勇士成庆的画像，短衣大裤长剑。

到了唐代，门神的位置便被秦叔宝和尉迟敬德所取代。《西游记》中有详细叙述：泾河龙王为了和一个算卜先生打赌，结果犯下天条，罪该问斩。玉帝任命魏征为监斩官。泾河龙王为求活命，向唐太宗求情。太宗答应了，到了斩龙的那个时辰，便宣召魏征与之对弈。没想到魏征下着下着，打了一个盹儿，就魂灵升天，将龙王斩了。龙王抱怨唐太宗言而无信，日夜在宫外呼号讨命。太宗告知群臣，大将秦叔宝道："愿同尉迟敬德戎装立门外以待。"太宗应允。那一夜果然无事。太宗因不忍二将辛苦，遂命妙手丹青，画二将真容，贴于门上。后代人相沿下来，于是，这两员大将便成为千家万户的守门神了。今天在一些旧式门楼的两扇大门上，我们还可以见到神荼、郁垒或者两员雄赳赳的战将，形象似乎一样，但是仔细观察，其中一位手执钢鞭，另一位手执铁锏。执鞭者是尉迟敬德，执锏者是秦叔宝。

2．门神的种类

门神是我国民俗中信仰最多的神祇之一，其历史之久、流传之广、种类之多，在民间诸神中是最为突出的。

（1）捉鬼门神

捉鬼门神多为神荼和郁垒，金鸡和老虎。传说桃郁都山有大桃树，盘屈3 000里。上有金鸡，下有二神，一名神荼，一名郁垒，并执苇索，伺不祥之鬼，禽奇之属。乃将旦，日照金鸡，鸡则大鸣。于是天下众鸡悉从而鸣，金鸡飞下，食诸恶鬼，鬼畏惧金鸡，皆走之，天下遂安。更有说者，神荼郁垒二神捉到鬼后，缚以苇索，执以饲虎。北京人旧时在腊月二十三日后，便贴门神、饰桃人、垂苇索、画虎于门上，门左右置二灯，象征虎眼，以祛不祥、镇邪驱鬼。

（2）祈福门神

祈福门神并非门户的保护者，专为祈福而用，中心人物为赐福天官。也有刘海戏金蟾，招财童子小财神。供奉、张贴的家庭多为商界人物，希望从祈福门神那儿得到功名利禄、爵鹿蝠喜、宝马瓶鞍等。

（3）道界门神

道界门神民宅多不张贴，但在京道观中有。山门两大神，左为青龙孟章神君，右为白虎监兵神君。

（4）武将门神

武将门神通常贴在临街的大门上，为了镇住恶魔或灾星从大门外进入，故所供的门神多手持兵器，如刀枪剑戟、斧钺钩叉、鞭铜锤爪、锏棍槊棒、拐子、流星等。武将门神多为唐代名将秦琼与尉迟恭。秦琼又名秦叔宝，山东历城人，武艺高强，人称赛专诸，似孟尝，神拳太保，双铜大将，铜打山东六府，马踏黄河两岸。尉迟恭，隋唐大将，武艺高强，日占三城，夜夺八寨，以功累封鄂国公。秦、尉二将帮助李世民打下天下建立大唐后，被封为开国元勋。

秦琼与尉迟恭二门神的神像样式最多，有坐式、有立式、有披袍式、有贯甲式，有步战、有骑马、有舞单鞭双铜、有执金爪，但绝无手持弓箭之像。持弓箭的门神只有大唐开国元勋神箭手谢映登和金兰之友温侯后裔王伯当二神像。

今天，我们贴门神已不带有旧时的迷信色彩了，但这些门神在几千年的中华文化中保佑着中华民族的子子孙孙。人们喜欢这种五颜六色的吉祥年画，贴上门神会让人们在欢度佳节的喜庆气氛中得到一种让他人难以想象的精神满足。

4.2.2 杨柳青木版年画

杨柳青木版年画是中国北方流传于民间的木版年画,因在天津市西南杨柳青镇生产而得名。

1. 杨柳青年画特色

杨柳青年画(木刻年画)创始于明朝崇祯年间,盛于清朝雍正、乾隆至光绪初年。不仅历史悠久,而且具有鲜明的地方特色,深为广大人民群众所喜爱。其取材内容极为广泛,诸如历史故事、神话传奇、戏曲人物、世俗风情以及山水花鸟等。特别是那些与人民生活密切关联的题材,如《庄稼忙》、《庆赏元宵》、《秋江晚渡》、《携壹南村访旧识》、《新年多吉庆,合家乐安然》、《渔妇》,以及带有时事新闻性质的《女子求学》、《文明娶亲》、《抢当铺》等,不仅富有艺术欣赏性,而且具有珍贵的史料研究价值。以这些优秀作品为代表的现实主义和浪漫主义相结合的优良传统,形成杨柳青年画艺术的主流,一直延续发展至今。

杨柳青木版彩绘年画,集勾描、木刻、套印、彩绘、装裱工艺于一体,手法细腻,线条流畅,做工精细,彩绘逼真,用色大胆,色泽鲜艳,尤其人物面部彩绘精细透亮,惟妙惟肖,栩栩如生。杨柳青年画的艺术特点是多方面的。其中较为突出的特点表现在制作上。杨柳青年画的制作程序大致是:创稿、分版、刻版、套印、彩绘、装裱。前期工序与其他木版年画大致相同,都是依据画稿刻版套印。而杨柳青年画的后期制作,却花费较多的工序,把版画的刀法版味与绘画的笔触色调巧妙地融为一体,使两种艺术相得益彰。而且还由于彩绘艺人的表现手法不同,同样一幅杨柳青年画坯子(未经彩绘处理的墨线或套版的半成品),可以分别画成精描细绘的"细活"和豪放粗犷的"粗活",艺术风格迥然不同,各具独特的艺术价值。

2. 制作过程

一幅杨柳青年画,要经过勾、刻、印、画、裱五大工序。勾,即勾勒轮廓;刻,即将勾成的轮廓刻成版样;印,即将版样印在纸上;画,即将纸上的轮廓描绘涂彩;裱,即将成形的图画装裱起来。每一幅画都要画师艺人亲自动手,画每一幅画都是一次独立的创作。奇特的是,通常人们画画都是坐在凳子、伏在桌子上,但杨柳青年画却是要站立在地上往"门板"上画,画室里安了一排可以随意开合的门板,人们叫它"画门子",印上了轮廓的宣纸贴在上面,作画的人就站在画门子前面一边画一边端详,一边端详一边画,等到端详的感觉完美了,才肯收笔。一幅画下来,少则三天五天,多则十天半月,这叫一个工夫,杨柳青人心性细腻有耐力，不怕反复推敲，也不怕推倒重来，敬艺术如敬神，一丝不苟虔诚有佳，这也是杨柳青年画活儿绝的原因。

3. 杨柳青年画历史

元顺帝时，战乱四起，一个善于雕刻的民间艺人避难来到杨柳青，他一眼就看到了那成片的枣树林，想起了他的看家本领——雕刻。因为枣树是最好的刻版印刷材料。于是，他逢年过节就刻印些门神、灶王、钟馗来卖，以此来维持生活，杨柳青的人们也争相模仿。到了明永乐十三年，即 1415 年，大运河重新疏通，南方精致的纸张、水彩运到了杨柳青，绘画艺术因此得到发展。到清代中叶，全镇已有近百家画庄作坊，从事年画创作的民间艺人达 3000 多人，以致享有"家家会点染，户户善丹青"的年画之乡的美誉。杨柳青年画在清朝中叶时出现了两大派系，即以表现历史故事为主的齐家和以表现小说戏曲为主的戴家。到清末，又出现了集两者之长的霍家。至此，杨柳青年画三大派鼎足之势形成。第二次鸦片战争以后杨柳青年画开始走向衰落。1926 年，霍派五世传人霍玉堂创建了杨柳青镇规模最大的玉成号画庄。1958 年，霍玉堂又与民间艺人韩春荣、张兴泽等联合成立了天津杨柳青画社，杨柳青年画又渐渐走向复苏。

4.2.3　苏州桃花坞年画

明末清初在全国各地相继出现了许多年画产地，北方首推天津杨柳青，苏州桃花坞则成为江南最大的年画刻印中心。桃花坞木刻年画，因曾集中在苏州城内桃花坞一带生产而得名。

1. 桃花坞年画的特色

门画、中堂和屏条是桃花坞木刻年画的几种主要形式。年画内容分为神像、戏文、吉祥喜庆、民间故事、风俗世事等类型。

据文献记载，苏州阊门外的虎丘山塘街到城内桃花坞一带是旧日画店集中的区域，但售画的档次互有差别。这些印版年画由于工省价廉、大量印刷而流传广泛，在中国年画和版画发展史上占有重要地位。

2. 桃花坞年画的历史

桃花坞木刻年画起源于明初，盛行于清代雍正、乾隆年间。由于贴近民间生活，富于装饰性，又价廉物美。因此桃花坞木刻年画不仅广泛流传于江南一带和全国许多地方，而且远渡重洋流传到日本、英国和德国，特别是对日本的"浮世绘"有相当影响。

由于年画都是供年节贴用，加之对民间美术的偏见而无人收藏，致使早期作品鲜有流传。但苏州商贸发达，与海外亦有贸易交流，当地的土产年画也随着商船漂洋过海传到日本，有些早期作品在海外有幸保存下来，内容都是民间熟知的故事，如李白斗酒、吴王姑苏台、曹植七步成诗、掷果潘安等；也有戏曲小说传说，如昭君出塞、杨贵妃游园、孙悟空大闹五庄观、盘丝洞等；还有人物仕女、花卉、翎毛、鞍马、博古等，如《腊转春回》。更值得注意的是一对门神和一幅钟馗。这批彩色年画印制相当考究，套色技术较接近明清之际的十竹斋、芥子园画谱，色调典雅明净。关于这些作品的收藏，大英博物馆有完整的档案材料，可知是英国人卡姆培夫尔于1693年（清康熙三十一年）从日本江户搜集带回英国，其印制年代至少在康熙中期以前，这是现知最早的一批苏州木版套色年画。目前在日本还收藏有一些风格和尺寸都与此类近似的苏州年画，如《美人童子图》、《美人调鸟图》、《友弟重天伦》等，应也属于康熙时所刻印。有的画边刻有"姑苏吕云台子君翰发行"、"姑苏季长吉发行"等字样，亦是现知最早的画庄店名。

雍正至乾隆时期的作品在日本有相当数量的收藏，这些作品的共同特点是画幅加大，多数为3尺左右的立幅，描绘江南的名山胜景（如西湖、金陵），人物故事和风俗画也展现在广阔的山水之中。表现手法丰富多样，既有传统绘画全景鸟瞰式章法，又吸收西洋透视法表现远近空间，还有采用铜版画的排线用来表现阴阳明暗，以及施以晕染突出立体效果。其中如描绘苏州本地景物的《姑苏阊门图》、《姑苏万年桥》、《虎丘图》等作品，都真实而生动地反映了苏州商肆的繁荣面貌。

咸丰以后的桃花坞年画流传较多，上海、南京等地的博物馆和私人都有收藏。这一时期在风格上变化较大，西洋铜版画风基本消失，代之以明快的单线平涂，色彩趋向强烈鲜艳，刻印没有前期那样细致，民间气息却更加鲜明，除少数大幅的门神和三星、天官外，绝大多数画幅都缩为四开大小，这样更能符合群众的购买能力和欣赏趣味。这时的年画内容更为丰富多彩，吉祥图画占有相当大的比例，如八仙祝寿组成的寿字图、三星财神组成的福字图及百子图等。尤为突出的是小说戏曲题材明显增多，多是风行于苏沪一带舞台、书场中的戏曲和评弹剧目。至清朝末年，一些反映时事和现实生活的作品相继出现，如《法人求和图》、《苏州火车站通车图》、《豫园马戏图》等。这时著名的画店有柳双合、王振兴、王荣兴、鸿云阁等。但此时现代印刷画片已在上海等地兴起，严重威胁到木版年画的生存和发展。鸦片战争后，城乡经济受到破坏，影响到年画的销路，从事年画者纷纷改业，至20世纪三四十年代已陷于人亡艺绝的境地。由于年画生动活泼的艺术形式和吉祥喜庆的内容，始终深受海内外对中国民俗文化有兴趣的人们喜爱。现保存于国内外的不同时期的桃花坞年画是我国民间艺术的瑰宝，极为珍贵。

4.2.4　朱仙镇木版年画

河南开封朱仙镇木版年画历史悠久,堪称中国民间艺术宝库中的一颗明珠。与天津杨柳青、山东潍坊、江苏桃花坞年画并称为中国四大年画。天津杨柳青、山东潍坊年画起源于明末清初,比朱仙镇年画诞生得晚,并且不同程度地受到朱仙镇木版年画的影响。朱仙镇木版年画距今已有 1000 余年的历史,诞生于唐,兴于宋,鼎盛于明,历史悠久,源远流长,是中国最早的木版年画之一,被誉为中国木版年画之鼻祖。朱仙镇木版年画的内容多取材于佛、道、儒三教的人物、七十二行业所供奉的诸神,以及英雄人物、吉祥物等。

朱仙镇在河南省开封市城南 10 公里处,相传这里是战国时朱亥旧居,镇内有仙人街、仙人桥,故名朱仙镇。明至清朝中叶为中原商坞要冲,商业发达,经济繁荣。它与湖北汉口镇、江西景德镇、广东佛山镇合称中国四大名镇。特别是北宋末年岳飞曾率军在这里大破兀术的金兵,朱仙镇更为国人所知。为纪念岳家军的功绩,在朱仙镇建有一座规模不小的岳王庙,而今朱仙镇木版年画社就设在这座古庙之中。

1. 朱仙镇木版年画的特色

朱仙镇木版年画采用水色套印,造型简括而稚拙,线条粗犷而富有力度,色彩单纯而浓烈,呈现出黄河流域民间艺术特有的古朴而淳厚的气质,与上述三大年画相比,洋溢着中原文化赋予的阳刚之美。

朱仙镇木版年画用色很是考究,色泽艳丽,纯度又高,且久不褪色,是年画神奇之处。制作方法是将设计好的图案,按颜色区分,刻制在木板上,一色一版,几种颜色,就刻几个版,然后分色套印,印制过程烦琐且全部手工完成,技术难度很大。九种颜料全部采用矿、植物配以多种辅料,由民间艺人手工土法炮制而成。例如,青色从葵花籽中提取;红色是将苏木刨成刨花,掺明矾、白灰等熬制而成;黑色是用松烟调水发酵后磨成;绿色则取自于青铜;黄色由槐花籽熬制而成;石青则使用石青粉熬制,堪称一绝。

朱仙镇木版年画有以下五大特点。

(1) 色彩艳丽

朱仙镇门神用色,非常讲究,是以民族传统的技法,用中花材作原料,运用传统工艺,精炼配制而成。用此种颜料印制出的年画色彩鲜艳,日久不脱色,呈现出对比强烈、色彩浑厚的风格。

(2) 形象夸张

朱仙镇门神,从版面上看,表现正面人物英雄形象的画面较多,以夸张的手法表现英雄人物的正气。

（3）人物神态

朱仙镇年画多为人物画，表达的是英雄人物一身正气、纯正无私的精神，给人以正义的感染。

（4）线条粗犷

版面的图案、线条雕刻有阴、有阳、较粗、豪放，粗细对比性强。尤其在衣纹等方面，表现最为突出。线条粗实纯厚，富有野味，具有北方民族独有的醇朴、厚实、健壮风度。

（5）构图饱满

朱仙镇门神年画继承了传统技法，整个画面饱满、紧凑、严密、上空下实，空白地方较少，有主有次，对象明显，情景人物安排巧妙，不烦琐，表现出匀实、对称的图案，美感极强。

2. 朱仙镇年画的种类

朱仙镇年画可分为两大类：一类是神祇画，如灶君神、天地神等；另一类是门神类。朱仙镇木版年画中最多的就是门神，门神中以秦琼、尉迟敬德两位武将为主。那些大大小小的门神画中，两位武将或衣着不同，或形态各异，如步下鞭、马上鞭、回头马鞭、抱鞭、竖刀、披袍等，不下 20 种样式。除此之外，还有各种文武门神。文门神有五子、九莲灯、福禄寿等；武门神常是戏曲中的忠臣义士和各类英雄好汉。不同人的房门常贴不同内容的门神，已婚子女辈房门贴"天仙送子"、"连生贵子"、"三娘教子"；中年人房门贴"加官进禄"、"步步莲生"；老年人房门贴"松鹤延年"和"寿星"之类；少年儿童居室房门贴"五子夺魁"、"刘海戏金蟾"等。

4.2.5 潍坊木版年画

山东潍坊年画产地集中于寒亭的杨家埠和仓上几个村镇。其中以寒亭（今潍坊市的一县级区）杨家埠的产品最为有名。

1. 潍坊木版年画的历史

杨家埠木版年画始于明朝末年，繁荣于清代，迄今已有 400 多年的历史，是我国著名的四大民间年画之一。清代乾隆年间是杨家埠年画的鼎盛时期。当时的杨家埠村已有"画店百家，画种上千，画版数万"之说，年画销售量每年高达数千万张，除满足当地民间需要外，还远销江苏、安徽、山西、河南、河北、东北三省和内蒙古等地。曾以品种多、规模大销售范围广而与天津杨柳青、苏州桃花坞年画三足鼎立，成为名噪一时的中国民间三大画市之一。

明代是木版年画成熟阶段。明代年画绘刻工丽缜密，古朴雅拙，那时的杨家埠村就"家家印年画，户户扎风筝"。起初，杨家埠民间木版年画题材比较狭窄，为迎合民间迷信信仰的要求，以刻印神像年画为主。主要绘制《灶王》、《门神》、《菩萨》、《玉皇》等。在绘刻方面，一部分取法于宗教木刻画，如《三代宗亲》、《神荼郁垒门神》等；一部分取法于小说、戏曲、科技书籍插图，如《民子山》、《男十忙》、《二月二》等。从明代到清初，依靠年画业发展的画店有同顺堂、吉兴、太和、公茂、恒顺等。明末，因战乱遂遭破坏。

清代前期，年画又得以恢复和发展。年画品种增加，绘刻技术更加精熟，产生了如《张仙射狗》、《年年有鱼》、《刘海戏金蟾》、《博古四条屏》等绘刻稳健、具有节奏感的大量优秀作品。清代乾隆年间，是木版年画商品化高度发展的繁荣昌盛时期。在此后一个半世纪里，杨家埠成为全国三大画市之一，年画的题材空前扩大，祈福迎祥、消灾除祸的神像画更加齐全完备。又有万顺、公兴、公义、公泰、永盛等30余家画店大量进行年画生产。仅西杨家埠由杨氏一家开设的就有82家。清末，制作精细的杨柳青年画传入之后，给杨家埠年画一个很大的冲击，有些艺人不再沿例其本，开始创新。新出的年画开始多以戏曲故事与公案小说为题材，如《打樱桃》、《空城计》、《打渔杀家》等；其次是"发福生财"的吉庆画，如《五路进财，发财还家》、《摇钱树》、《大春牛》、《三大家》等。这些作品给深受列强入侵、盗贼蜂起之苦的人们一种精神上的寄托和安慰，代表作品有《鹿鹤同春》、《榴开百子》、《五福捧寿》等。

清末民初，木版年画开始"以变图存"，进行革新。大顺画店的杨九经代表革新者的要求，创立了东大顺画店。他支持刘明杰、杨毓珂、杨万东等具有创新精神的画师突破杨家埠年画的陈规，吸收其他绘画的特点，新绘画样，如《四季花鸟》、《八仙条屏》等。他们还吸收了国画的笔墨情趣，用单一的墨色，分为几层次印刷，印刷成"墨货"，如《山水四条屏》，一年四季均能销售。应该说，这是杨家埠年画"随欲而进"、"以变图存"的改革创新时期，它适合人们已经改变的欣赏习惯，取得了很好的经济效益。

2. 潍坊木版年画的特色

杨家埠木版年画作为中国黄河流域地道的农民画，植根于民间，土生土长，集中了劳动人民的艺术才能和勤劳智慧，凝结了广大劳动人民淳朴的思想感情和对美好生活的强烈愿望。具有鲜明的艺术特色，即在表现手法上通过概括、象征、寓意和浪漫主义手法来体现主题。构图完整、饱满、匀称，造型夸张、粗壮、朴实；线条简练、挺拔、流畅；色彩艳丽、火爆、对比强烈，富有装饰性和浓郁的生活气息，充分体现了我国北方农民粗犷、奔放、豪爽、勤劳、幽默、爱憎分明的性格和高尚的道德情操。

杨家埠木版年画题材广泛，表现内容丰富多彩。杨家埠年画主要内容包括6大类，即过新年、结婚、农忙等风俗类；年年发财、金玉满堂等大吉大利类；门神、财神、寿星、灶王等招福避邪类；包公上任、三顾茅庐、八仙过海等传说典故类；打拳卖艺、升官图等娱乐讽刺类；三阳开泰、开市大吉、四季花鸟等瑞兽祥禽花卉风景类。但喜庆吉祥是杨家埠年画的主题，诸如吉祥如意、欢乐新年、恭喜发财、富贵荣华、年年有余、安乐升平等，像亲人的祝福，似好友的问候，构成了农民新春祥和欢乐，祈盼富贵平安的特点。"巧画士农工商，描绘财神菩萨，尽收天下大事，兼图里巷所闻，不分南北风情，也画古今轶事。"

杨家埠年画的制作工艺也别具特色。艺人首先用柳枝木炭条、香灰作画，名为"朽稿"，在朽稿基础上再完成正稿，描出线稿，反贴在梨木版上供雕刻，分别雕出线版和色版。再经过调色、夹纸、兑版、处理跑色等，手工印刷。年画印出来后，还要再手工补上各种颜色进行简单描绘，以使年画显得自然生动。

4.2.6 凤翔木版年画

独具风格的陕西凤翔木版年画，是中国民间画派的一大流派，始于唐宋，盛于明清，有400多年历史。它吸取了传统壁画的套印手法和特点，格调豪放、刀法简练概括、线条刚劲有力，是我国五大民间木版年画之一，被国外收藏家赞誉为"东方智慧的结晶"。

1. 凤翔木版年画的特色

凤翔是我国的古文化名城之一。凤翔木版年画是位于凤翔县东南北肖里和县西南陈村所生产的一种民间雕版水印画，内容多数是过旧历年（春节）贴的门画、墙画、灶码、仓神之灯，所以也就称为凤翔木版年画。

（1）工艺

凤翔木版年画在刻法上多注重传统的刻板技法，对于后来清代的各种线描吸收不多，所以非常古拙质朴，没有哗众取宠之意，"甚少市侩习气，倒有幽静清雅之风。"凤翔木版年画印墨线后，上色主要有大红、桃红、米黄、金黄（又叫橘黄）、深绿、赭石、蓝（有鲜蓝、深蓝）、淡墨（叫二墨）、浓墨、紫（也叫品浆）、黄绿等色套印，套色多达十版以上。着色方法有填、染、刷、套印，也有套色加手工染色的。有刷天地景、山景、染胭脂外还刷水景，染发际、胡须皮肤、烟云、雾气等色。后来有些对人物面部也"上相粉"（分桃红、杏黄、紫黑等）、"染胭脂"（分色别和浓淡）、"开红光"（一般采用赭石色，分浓淡）。对有些墙画有套银描金，造成锦上添花、灿烂富丽的效果，这称为"金三裁"，如"双美人"、"胖娃娃"，这在凤翔木版年画中水平较高。有一些画只有黑白加紫、蓝色印制，称为"青素画"，如"小人图"、"探寒窑"等。从总体上看，凤翔木版年画多用大红大绿等色块以造成对比强烈、鲜艳夺目的效果，给人以红火热闹、粗犷厚实的印象，使人感到热情的活力，产生一种振奋的情感。明快简洁的格调同时又给人安静而和谐的感觉，确是一种大胆施色的手法。凤翔木版年画在印制用纸上，原多用四川产的竹黄纸（用白土粉刷白正面），后改用手工连史纸，凤翔纸坊手工防风纸、机制白纸，以至用白报纸、宣纸等印制。

（2）内容

从内容上看，凤翔木版年画多以寓意和象征的手法反映生活中的欢乐及一些神话传说，表达了人们对生活的美好追求。他们歌颂兴旺，歌颂生命，这些具有现实主义倾向、优美的民间传统艺术，正是中国人民坚毅淳朴的民族性格和风格特征的有力表现。

凤翔木版年画特别重视内容与形式的吻合，所以富有活力和生命力，用鲁迅先生的话说，即"刚健清新"是它的独到之处。它不仅具有一般年画古朴、严谨、洗练的特点，而且在构图和处理手法上特别讲求整体，轮廓简劲，造型拙实。形式处理灵活，大胆创造，以装饰性的变形夸张动态以求趣味性的完整。这些作品总是以单纯性的造型结构和色彩去表现，似乎是一种经过理性过滤的总汇，实际是一种迫于直觉的感性形式的概括。例如，门神秦琼、尉迟敬德就是周围空白一片，独以二将军的形象占据要位，庄重大方，富态突出，使人感觉丰满而有气魄。凤翔木版年画构图多以布满填充的摆法来安排，没有受外来焦点透视的影响，重视对中国民间传统布局的继承，强调民间欣赏习惯，只要好看、顺眼、合情合理，符合均衡、对称、疏密、聚散等审美规律即可，并不讲究透视。例如"十女忙"一画就把十个纺纱织布的女子安排得相当合理，构成了一幅有趣的装饰画。一些戏剧故事画，则基本上按戏的场面构图，一般很少变动，有些在背景上加些田野风光或花草作衬托，占的比重也很少，只寥寥几笔。有些戏剧故事人物的动作、脸谱都和舞台上的一模一样，如"李逵夺鱼"等都属于这一类，往往表现得直率、自然，没有有意雕琢和做作之感，给人一种质朴、天真而亲切的感觉。

（3）画中有字、字中有画

"画中有字、字中有画"也是凤翔木版年画的一个特点，如"猫王捕鼠"就把一首通俗的打油诗刻在画面的主要地位上，这样就可以使人一面看画，一面读诗，增强理解。有些画还加说明或对白在画面上，这些通俗文字的兴起，是推广白话文时因袭下来的一股遗风。这些诗文不是士流吐属，而是农民口吻，讽刺画

"小人图"就属这一类。这些风格都是为了迎合广大农民的品味和文化水平的需要。有些年画为了边看边讲故事甚至就把画中人物的名字印在一旁，这是采用了两汉以来传统的构图和榜书形式（榜书即在画中人物旁边，书题画中人姓名），使人看了一目了然。还有一些"善"字画、"福"字画等，都是群众易于接受和喜爱的形式。凤翔木版年画和其他年画一样也用谐音吉意，如"五福（蝠）捧寿"等，通过这样一种艺术形式向往美好生活以求精神上的满足。这类作品以"三多"（多福、多寿、多子）、"双全"、"双喜"最为常见。所以说繁华、富足、热闹是凤翔木版年画的表现特色，寓意吉祥的抽象化是它装饰形式的普遍风格。

2. 凤翔木版年画的内容题材

（1）历史故事

历史故事取材于历史传闻和《三国志》、《东周列国志》、《水浒传》等书，以及为群众稔知熟爱的富有情节的戏文，如"回荆州"、"李逵夺鱼"、"铁弓缘"、"通天河"、"蝴蝶杯"、"藏舟"、"献杯"、"苏湖退姐"、"四郎探母"、"精忠报国"以及方弼、方相（商代）、魏征、盖苏文（唐代）、包拯（宋代）等。那些多智多谋、英勇善战的人物，曲折生动的故事加上壮观的场面，"有看头有说头"，深受农民喜爱。

（2）神话传说

这部分年画有"白蛇传"、"天仙配"、"嫦娥奔月"、"八仙过海"、"天仙送子"、"西游记"里的"六月亮经"、"三盗芭蕉扇"、"蝎子洞"、"龙宫借宝"、"三打白骨精"、"三藏收徒"，以及"二十四孝图"等。

（3）吉祥喜庆和驱凶辟邪

这类年画多用谐音和吉意以及流传的驱鬼传说进行创作设计，如"吉庆有余"（戟、金鱼、小孩）、"莲生贵子"（莲花、笙、小孩）、"吉祥如意"、"猫蝶富贵"、"得财进宝"、"福寿双全"、"进宝状元"、"天官赐福"、"福禄寿"、"八仙上寿"、"四时报喜"、"四季平安"、"风调雨顺"、"国泰民安"、钟馗、"刘海戏蝉"等都是求吉祝福向往美好生活的。这是年画中的一大宗，占的比重较大，也很有特色。人们过年贴这类年画，不仅为了点缀年景，增加欢乐愉快的气氛，同时也是为了满足美的享受，以追求生活的美好，取得精神上的安慰，借以鼓舞人们的勇气。

（4）反映现实生活（包括讽刺画）

这类有"十女忙"、"倩女寻梅"、"爱菊姊妹"、"行围采猎"、"各显其能"、"牛二姐打母"、"猫王捕鼠"、"白狼过潼关"，以及新的创作题材，如"男女都一样，娃娃少而康"等都紧密地结合了现实生活和政策、潮流。像"男女都一样，娃娃少而康"一画就很适时宜地宣传了国家关于节育、少育和提高人口素质的号召，很有现实意义。其实"小人图"也是对社会上的不良现象，进行鞭笞和讽刺，借以提高人们的道德修养。

（5）诸神图

门神（有四十余种，多印秦琼、敬德）、天神、土地、龙王、灶爷（即灶马），有"单灶"、"四季花灶"（上边有春牡丹、夏荷花、秋菊、冬梅的花卉图案，象征四季平安，多为农家张贴）、"九龙珠灶"、"平顶冠灶"、"青袍灶"、"红袍灶"（依据神像冠带服色而分，多供宦绅富户张贴）、"双灶"（分有单印架、双印架、花瓷、灯笼等样式，以适应不同地区、不同阶层的需要）、仓谷神、财神、槽神（牛马神）以及龙凤天（钱）马（门旗）等，这些都是传统的过年装饰品。

（6）其他

窗花、灯纸，都有相当大的数量。窗花有 40 多种，常见有"四子得福"、"春夏秋冬"。灯纸多印"芥子园画谱"范画，其次还有《双鸡》、《春牛》、《二十四节气》等，这些多在谷雨时节销售，另外还有一些花卉、果品之类，多以博古状出现，受我国明清以来花鸟画的影响较大，在构图和款式上都类似明清以来的中堂或四扇屏，如"雄鹰"（俗称"英雄富贵"）、"凤凰牡丹"、"丹凤朝阳"、"锦上添花"等。

4.3 文 房 四 宝

我国的书法工具和材料——笔、墨、纸、砚是世界文化史上重要的创造发明，人们通常把它们称为"文房四宝"，大致是说它们是文人书房中必备的四件"宝物"。

4.3.1 笔的名品及鉴别

毛笔是中国独有的品类。传统的毛笔不但是古人必备的文房用具，而且在表达中华书法、绘画的特殊韵味上具有与众不同的魅力。

1. 毛笔的名品

（1）湖州双羊牌湖笔

湖州双羊牌湖笔内优外美，具有尖、齐、圆、健四大特色。其锋颖尖挺如锥，笔锋修削齐整，笔头圆而直，书写劲健有力。

湖笔为历代书法艺术家所珍视。湖笔向来以选料精细纯净、工艺精美考究、毫性刚柔相济、挥洒舒敛称意而著称。善琏为湖笔的发源地及主要产地,有"蒙公祠"古迹,为纪念"笔祖"蒙恬而建。该地依山面水,气候温和,雨量充沛,所产羊毛质量特佳,加之历代文化名人辈出,对技艺水平的提高也有一定促进作用。

湖笔按使用原料不同,分为羊毫、紫毫、狼毫、兼毫四大类。因所用毛料不同,其性能各异,每一大类中又有众多不同品种,目前有二三百种,使用者可按需择选。

羊毫用上等山羊毛制成,性柔软,有长锋、中锋和短锋之别,传统品种有"玉笋"、"玉兰蕊"、"兰亭散卓"等。

紫毫选用山兔脊背上小撮灰褐硬毛制成,其性于笔中最硬,有"紫毫笔尖利如刀"之说,传统品种有"铁画银钩"、"纯紫毫"、"宜书宜画"等。

狼毫选用上等黄鼠狼尾毛制成,性锐而健,弹性强,最宜书写小楷。

兼毫以山羊、山兔毛按比例配制而成,具有软硬兼备、刚柔相济的特点,有"五紫五羊"、"七紫三羊"、"二紫八羊"、"四紫六羊"等传统产品。

笔盒采用高级宋锦、上等彩绸精制,幽雅别致,古色古香。产品全部制作过程需经水盆梳毛、结笔头、装套、择笔、刻字等70多道工序,每道工序均有严格检验。

(2) 北京毛笔

北京毛笔是北京地区制作的各种毛笔的总称,包括"李福寿"书画笔、写字笔及大、中、小红毛笔类产品等。北京历来为文人荟萃、书画家云集之地,对书画工具的要求既多又高,从而促进了北京制笔业的发展,成为我国毛笔的主要产地之一。

北京毛笔原为写字、绘画兼用,无专门画笔,且狼毫笔均用荨麻衬垫,不易满开使用,会影响绘画技艺的发挥。1925年,琉璃厂制笔艺人李福寿开始研制画笔,根据画家对画笔的造型、功能以及不同流派画法用笔的要求,反复试验,改进笔胎衬垫方法与配料,设计出了不同用途的画笔,如画人物的衣纹画笔,画花卉的中书画笔、小书画笔,以及含墨量大,供书画家写意、画云铺底及写字用的大白云、中白云、小白云画笔等。

新中国成立后,北京所产国画笔仍多沿用李福寿的制笔工艺,并有所发展,使北京毛笔独具风格。书画笔中的狼毫笔,宜书宜画,原料选用东北地区优质黄狼尾毛,在吸收"湖笔"选毫、拔锋、对锋等传统优秀工艺基础上,采用"多层梯形垫笔"方法制作笔头,从笔锋到制底,分层分节,各层呈梯形上下交错,衬托连贯,使笔身平顺,挺拔有力,使用时不仅可满开,且起落折叠,拥抱不散。制作须经选料、刀毛、拉材子等72道工序。产品具有称之为毛笔"四德"的尖、齐、圆、健四大特点，提起不散，铺下不软，笔头含墨量大，更在笔性处理上，根据黄狼尾特性采用热工理材与弱性脱脂，使毛腔直顺，笔毛贴实，在笔头黏结上采用特殊工艺，不易脱头掉毛，经久耐用。

（3）宣笔

泾县旧属宣州，故称宣笔。已有千余年生产历史。历来以选料考究、制作精良著称。例如，选兔毫，则秋毫取健，冬毫取坚，春夏毫不取；选羊毫，仅用上等山羊毛。其制作经浸、拔、并、梳等百余道工序，按扁圆曲直、长短粗细加以组合，达到圆、健、尖、齐"四德"齐全的标准。该笔更以锋长取胜，所书字形，开锋可大，收锋可小，同幅之内，小大由之可不换笔。运笔刚柔兼得，挥洒自如。且造型新颖，装潢雅致。

宣笔品种繁多，性能各异，达300余种。刚者有石獾，柔者有胎毫，刚柔相济者有各种紫毫、羊毫、狼毫。各类中，笔头大小、长短、粗细均皆齐全。其中莲蓬斗笔形如莲子，中间为主笔头，周列小头12，一次能书写五六十字；墨海腾波笔头直径3寸[①]，长1尺[②]2寸，重达1.5公斤，可作一两米的榜书或1丈[③]6尺宽的巨型画幅。

（4）莱州毛笔

莱州毛笔用料讲究，设计合理，造型典雅，做工精湛。笔头选用优质东北黄狼尾毛为主料，根据不同使用要求，分别辅以适量的香狸尾毛、兔须、山羊毛、石獾毛、豹毛、鸡毛等，经筛选、配料、铺垫、梳理及圆、修、拊等120多道工序精制而成。笔杆采用湖南湘妃竹、福建凤眼竹等名贵竹材。笔斗用广东、广西出产的黑水牛角镶嵌而成。

该笔品种繁多，规格齐全，长短兼备，有狼毫、紫毫、羊毫、豹毫、鸡毫、兼毫及特大抓笔、乌鬃提笔、特制石獾毛笔等290余个品种，500余种规格，可广泛适应各方面需要。

（5）杨振华狼毫书画笔

杨振华是吴州笔工，1935年到上海，建制笔厂，自产自销，吸取国外画笔的长处，并听取书画家意见，专攻狼毫书画笔制作，产品质量优越，与北京著名的李福寿国画笔齐名，并称"南杨北李"。其原料选用东北产一级大狼尾（俗称辽尾），须为冬季捕获的黄狼尾，其毛长、锋深、细嫩而有光泽。豹狼毫则为其中珍品，对毫锋长度、直度及色泽等要求更为严格。为增强笔头弹性，于狼毫中加以适量石獾枪毛，其混合比例视不同品种而异。笔杆一般采用福建凤眼斑竹与

---

①1 寸＝3.33 厘米；②1 尺＝10 寸；③1 丈＝10 尺。

湖南香妃斑竹，于每年立冬后清明前开剥，以免遭受虫蛀。高档书画笔尚嵌有用牛角车制的"笔斗"、"挂头"，不仅增添毛笔美观，加固笔头牢度，且用毕洗净便于上挂，有利于笔头保养。其制作经水盆、结头、装套、择笔及刻字五大流程及洗、浸、拔、并、梳、连等70余道工序。成品笔锋饱满，弹性适度，刚劲有力，走笔圆健，品种繁多，规格齐全，笔头长度以7厘米起至不足1厘米，共五六十种。

2. 毛笔的鉴别

在选择毛笔时，主要从尖、齐、圆、健四个方面考虑。

（1）尖

尖指的是当笔毫聚拢时，末端要尖。笔尖则写字锋棱易出，较易传神。笔不尖则成秃笔，书法神采顿失。

选购新笔时，毫毛有胶聚合，很容易分辨。在检查旧笔时，先将笔润湿，毫毛聚拢，便可以分辨尖秃。

（2）齐

齐指的是笔尖润开压平后，毫尖平齐。毫若齐则压平时长短相等，中无空隙，运笔时"万毫齐力"。因为需把笔完全润开，选购时不太容易检查这一点。

（3）圆

圆指的是笔毫圆满如枣核的形状，也就是说毫毛充足。毫毛充足则书写时笔力完足，反之则身瘦，缺乏笔力。笔锋圆满，运笔自能圆转如意。选购时，毫毛有胶聚拢，是不是圆满，仔细看看就知道了。

（4）健

健指的是笔腰的弹力。将笔毫重压后提起，随即恢复原状。笔有弹力，则能运用自如。一般而言，兔毫、狼毫弹力较羊毫强，书写坚挺峻拔。关于这点，在选购时也不太容易检查，在使用后，将润开笔重按再提起，锋直则健。

这四个方面是笔自身的功能，选购时也要顾及所写字的风格。风格健劲的，选用健毫；姿媚丰腴的，选用柔毫；刚柔难分的，则选用兼毫。还有一点是字体大小方面，写大字用大笔，写小字用小笔。小笔写大字易损笔且不能使转自如，大笔写小字则杀鸡焉用牛刀了。

4.3.2 墨的名品及鉴别

1. 墨品名品

（1）北京特制中华牌墨汁

北京特制中华牌墨汁为1865年"一得阁"墨汁店所创制，距今已有140多年生产历史，精选精制骨胶、高色素炭黑、蓝烟、麝香、冰片、甲酚、纯碱等材料，经原料加工、溶胶、搅拌、研磨、检验墨膏细度、搅拌加水、入池净墨沉淀等工艺制成，然后输墨、灌瓶、装箱出厂。具有书写流利、墨迹光亮、写后易干、耐水性强、适宜拓裱、不易变色、沉淀性小、不致洇纸、香味浓厚、四季适用等十大特点。用于书画可分焦、淡、浓、轻、重五色，焦墨不死，浓墨有神，淡墨不灰。运笔过程中，浓破淡立得住，淡破浓不走形，颇为书画家所喜爱。

（2）千氏牌油烟 101 高级书画墨

为清代徽墨名家曹素功所创制，以桐油、麻油等 5 种原料生成的油烟制成，故得名。因曹氏的六世孙尧千氏所制墨品达"曹氏之冠"，遂以"尧千氏"为商标，并缀入店号。曹素功墨在清同治三年（公元 1864 年）迁入上海。其主要原料为油烟及牛皮胶，辅料为金箔和天然麝香、冰片及其他各类中药香料。

曹素功墨庄在 400 年前初设于安徽歙县岩寺镇，清时列于"徽墨四大家（曹素功、汪近圣、汪节庵、胡开文）"之首，当时有"天下之墨推歙州，歙州之墨推曹氏"之说。1864 年迁至上海后，其成品除继续严格保持传统徽墨特色外，又受到新兴商业都市的文化影响。海外人士每来稿要求镌模定制。其造型、色彩处理上逐步蜕换原有的民间工艺风格，而趋向清淡雅致的文人气息。近年来推行科学管理，进一步整理传统工艺，在全行业中首先引用现代科学仪器代替千百年眼看手摸评定质量的习惯，从而保证产品质量稳定及传统特色不断发扬。产品深受中外书画家及爱好者所称颂。尤以"铁斋翁书画宝墨"，在我国和日本均有广泛影响，系 20 世纪初日本著名画家富冈铁斋以亲笔书画付曹素功墨庄镌模的定制墨，至今仍被中外使用者推为首选品种。

（3）婺源墨

婺源墨历来以清香四溢，入纸不晕，书写流利，浓黑发亮，防腐防蛀，经久不变等特点著称。据《婺源县志》载，早在南唐时期，奚超、奚廷圭父子由河北来江南歙州（今安徽屯溪与江西婺源一带，北宋末年改歙州为徽州），用易水法制墨，具有"丰肌腻理、光泽如漆"的优点，后主李煜赐以国姓，故有"李廷圭墨"之称，并有"天下之墨推歙州"之说。北宋后期婺源黄岗山为造墨中心，黄岗山盛产油松及油桐，高大古松含松油量多。当时造墨大师吴滋、戴彦衡就是在黄岗山的严田、甲路等村，设庄伐树，取松汁、桐膏、冰麝等优质原料造墨。至南宋时，该墨不仅选料优良，且讲究墨样造型优美，戴彦衡给"复古殿"所制的《双角龙》墨，就是出自大书画家米友仁设计与构图。至明、清两代，选料更为考究，工艺更为精制，造墨名家辈出，作坊增至百余家，仅詹氏一姓就有 80 余家，尤推玉映堂詹成圭制墨"隽雅大方，烟细胶清"，时人誉为"光清而不浮，湛湛然如小儿晴"。乾隆庚申年（公元 1740 年），为皇宫制作的御墨模制精细，造型新奇，款式别致，为清墨中罕见珍品。清雍正年间日本商人松井元泰曾来婺源学习，将制墨技艺传入日本。该墨制作工序繁多，工艺复杂，须经选料、配料、蒸坯、捶打、印模、晾干、整边、洗水、描金、包装等十几道工序加工而成。先以松枝、松兜烧炼而成松烟，以桐油、猪油烧炼而成油烟，再配以炭黑、骨胶、皮胶，高档墨并配以麝香、梅片、冰片等贵重中药材，按一定比例放入锅中蒸软，搅拌均匀，制成墨坯。墨坯经高温蒸软，反复捶打。按墨模大小开条印制、滚压成型、晾干、整边。要求墨锭平直，无翘裂，边光滑。低档墨的洗水工序并非放水中清洗，仅以湿布擦拭墨锭一遍，四周吸水后细腻而富美感，涂蜡一层即成。描金则对墨锭彩绘，以金粉、银粉、色料配制，人工描绘。包装有纸包、锦布包、玻璃盒装 3 种。本品按原料配比不同，有油烟墨、炭黑墨、松烟墨、仿古珍赏墨、彩色墨、药墨等；按重量规格有 10g 至 500g 不等；其造型以圆柱形、长方体形、六棱柱形、椭圆柱形居多，亦有多种异形。品名也极多，如法龙墨中，按重量分吉兆图、玉堂宝翰、朱子家训、龙门等 8 种；珍赏墨中，有 10 支一盒的珍赏古墨、古钱套墨等，并有金龟墨、寿桃墨、蝉墨、刀墨、剑墨等。墨面彩绘题材丰富，多以龙、凤、山水风景为主，亦有民间传说，如八仙之类。其中"吟啸"、"古瓶"、"龟竹"、"黄鹤楼"、"西湖"、"庐山美景"、"八骏图"、"龙翔凤舞"等墨，具有较高的艺术欣赏价值与实用价值；药墨则具有消炎除毒、止血祛瘀、接骨生肌的显著药用价值。

（4）苏州姜思序堂国画颜料

苏州姜思序堂国画颜料创制于明代一姜姓画家之手。古时作画均为自己制色，故制色成为画者的专门技艺。姜氏擅长作画兼精制色，后者尤胜于前，一时艺林传誉，远近争求。久之，不得不改赠为售。其子孙承受衣钵，世袭家庭作坊式制作。至乾隆年间始于阊门内都享桥设立铺面，因宅中有堂号"思序"，遂借为店名，沿用至今。

其制作工艺精细，工序繁复，用料严密。采用金、银、天然矿物、化工合成材料、植物及动物性原料，经筛选、研磨、淘洗、调胶、煮炼、出胶等 6 道工序精密制成。积数百年实践经验，总结出制色"十大要诀"。

颜料分膏状、粉状两大类，21 个品种。膏状颜料有花青、赭石、朱砂、胭脂、牡丹红、洋红、藤黄、深红、天蓝、大红、霜青等；粉状颜料有石青、石绿、泥金、泥银、铝粉等。其中红又分头、二、三、四各等。青、绿有深、淡多种及特级、顶上、天字之分。膏状颜料又有特级、轻膏之别。绘画中的墨骨、金碧、浅绛，均借重于色彩的表现。甚至水墨作品也往往借助浅色的烘托。近代任伯年、吴昌硕、徐悲鸿、齐白石等名画家多喜欢使用本品。

2. 墨的鉴别

在鉴别墨时，主要从以下几个方面考虑。

（1）质细

选墨首先应该选择质地细致，则所谓制煤时所得煤灰粗细得中，无白灰夹杂其间，胶亦要均匀，两者完全融合，质地精纯，上砚自然无声。这点只须磨了自然知晓，只看并不能完全明白。

（2）胶轻

墨含胶不宜过重，过重则黏性多而滞笔，过轻则质地薄而无光彩。"凡煤一斤，古法用胶二斤。"这是煤、胶的"黄金比"，即所谓"对胶"。胶过轻或太重都不好，但选择的方法，须待书写后才能知道，如果墨虽浓而不黏稠，又容易施笔，就是好的了。也有另一种以轻重判别的方法，胶多则轻，胶含量适中的话就不会有畸轻畸重的感觉。

（3）质坚

墨的质地坚硬，浸水不易化。李延圭墨的"能削木"就是如此。如果制墨的胶与煤比例适当，捣的次数也足以使之充分融合到不可分离的程度，质地自然细而坚硬了。

（4）色亮而轻

墨的黑是因为煤，过多就会黑而无光；亮则因为胶，过多则光而不黑。制墨之难，难在煤与胶之调配，所谓"对胶法"，两者各半，则乌黑有光泽。

（5）味香而轻

墨是用有恶臭的煤、易腐的动物胶作为主要原料的，所以需要加点香料，如龙麝等，一来可以散发宜人清香，二来可以防腐，但是含量也需适中，太多会降低煤与胶的成分，太少又不能达到功效。

4.3.3 纸的名品及鉴别

1. 纸的名品

（1）宣纸

宣纸因安徽宣城而得名，但宣城本身实际上并不产纸，而是周围诸地产的纸，皆以宣城为散集地的原因。宣纸始于东晋，闻名于盛唐，传扬于明代。迄今已有千余年生产历史。当唐代全国盛产优质纸张之际，宣州纸即以其薄、轻、韧、细、白更胜一筹而著称。南唐后主监制的"澄心堂"纸（今宣纸），为当时纸中之魁，后世历朝列为"贡纸"。其质地绵韧，纹理美观，白而不俗，光而不滑，搓折无损，不蛀不腐，久不变色。北京故宫博物馆所藏唐、宋字画及其他大量古籍珍本得以保存至今，且完好如新，大多归功于宣纸制作，故有"千年寿纸"之称。

由于该纸润墨性强，墨迹、颜料着纸后扩散均匀，层次分明，浓淡有致，墨韵清晰，浓似漆，淡如水，不浓不淡似月晕雨雾。铺纸作画，泼墨如云，挥笔题诗，有骨有神，最能显示艺术风格。该纸除用于书写绘画，亦为印刷、复印高级档案、外交文件、贵重史料及书画装裱的上好用纸，其他如工业用的滤纸、吸墨纸及精美纸扇均用作上等材料。该纸原料采用皖南山区的青檀树皮与燎草为主，以液浸日晒等长时间自然缓和的处理方法，经 18 道大工序、100 余道小工序制成，整个生产周期长达 1 年以上。宣纸品种繁多，共有 60 余种。以原料分，有绵料、净皮、特净三大类；以厚薄分，有单宣、夹宣、二层贡、三层贡等；以纸纹分，有罗纹、龟纹、扎花、白鹿等；以颜色分，有虎皮、槟榔、珊瑚等色；以规格分，有四尺、五尺、六尺、八尺、丈二白鹿、丈六露皇等多种。尤以露皇宣，长 5m 余，宽近 2m，为罕见的大型书画用纸。

澄心堂纸为南唐李后主所使用之名纸，与廷圭墨齐名。特性平滑紧密，有"滑如春冰密如玺"之称，为弱吸墨纸之上品，差一点的称"玉水纸"，次差的称"冷金笺"，轻脆即其特性。

今日最名贵的书写用纸便是玉版宣了。玉版宣，合桑、短节木头、稻秆与檀木皮以石灰浸之制成，吸墨性最强，质地最优。

玉版宣不是人人都有办法用的，因为它非常吸墨，所以运笔过慢的人，用得就会很辛苦，只要笔稍停，墨就会渗出来，形成一个大大的墨团。但也有人利用它的特性，写出别有风味的字，像包世臣的淡墨书，齐白石的大笔写意画等。

（2）蜀笺

据说西蜀传蔡伦造纸古法，所产蜀笺，自唐以来颇负盛名，如薛涛笺、谢公笺等。据说西蜀水质精纯，故其纸特优。谢公笺以师厚创笺样得名，因有十色，又称十色笺。薛涛笺则因薛涛得名，此种彩色笺纸，虽然是遵循古法制成，但染色易败，不能传久，可充应酬把玩之用。

2. 纸的鉴别

（1）质地柔韧厚密

选择纸张的时候鉴别质地是最重要的，质地不佳的纸既容易损笔，又不易保存，古今名纸，莫不以品质见称，如澄心堂纸"密如玺"，玉版宣"柔韧、耐久"。纸质坚韧紧密是最好的，以目测就可以知晓。

（2）色彩洁白

纸如果不白，就是原料不好，或水质欠佳，都算不上是好的纸。洁白无比的玉版宣便以檀木为原料，蜀笺则"以浣花潭水造纸"，都是实例。若是染色的，也要精纯洁白，才是本性佳之纸，但染色之纸不易传久，若希望作品百年后能放在故宫博物院，还是避免使用。洁白不洁白用眼睛看就能明白。

（3）表面光涩适中

纸表面有光滑和粗涩之分。光滑易行笔，但若过滑而笔轻拂而过，便无笔力可言；若粗涩则与之相反，易得笔力，但过涩则难于施笔，易损笔锋，所谓"细而不涩"也。这个可凭视觉与触觉分辨。

（4）吸墨适度

纸须能入墨，否则墨浮纸表，易于脱落，不能久存。一般而言，宣纸类吸墨较强，笺纸则反之。吸墨太强，若运笔稍慢，则点画俱成墨团。但若吸墨性太弱，墨不易入纸，亦非所宜。故选择纸时要考虑到书体及个人运笔速度，要以墨汁能入纸但不成"团"为佳，选购时若店家允许，尽管用墨去试，一试便知。

4.3.4　砚的名品及鉴别

1. 端砚

端砚与歙砚、洮砚、澄泥砚齐名，历史上并称为我国四大名砚。其原料石材取自肇庆市郊与高要县金渡区的斧柯山端溪水一带。目前，开采砚石的主要坑洞有 10 余个，其中数金渡区老坑（古称水岩、大西洞）所产的石质最为优秀，有"隆冬极寒，他砚常冰，而水岩独否"和"向砚堂呵气可以研墨"之说。其他如宋坑、古塔岩、梅花坑所产的石制砚，其研成之墨用以书写流畅、奔放、笔力劲健的大字最宜；麻子坑或坑仔岩制砚，其研成之墨宜绘作精致严谨的工笔画与书写工整的小楷。评论该石石质高低，历来讲究所谓"石品"，如鱼脑冻，其石质细腻、幼嫩、致密、坚实、滋润，相当名贵。蕉叶白，含有火捺或兼有青花，相当珍贵。其他如金星点、猪肝冻、金银线、天青等上乘石品，各具风格。诸石品中又当推带有"石眼"者最为珍贵，该石眼系天然生长于石上，犹如眼睛般的石核，其质地高洁，细润，晶莹有光，极为难得，故长有石眼的端砚历来被视为稀有珍品。端砚制作主要有采石、制璞、雕刻、打磨、配金等工序。其中以采石、雕刻工序至为重要，是一块天然璧石能否制成一件完美成品的关键所在。产品大类分为天然雕花砚、三边雕花砚、池头雕花砚、杂形雕花砚，以及太史砚、兰亭砚、平板砚、淌池砚、走水砚等。近年更制出星湖春晓砚、百鸟鸣春砚、凤舞迎春砚、月是故乡明砚等，立意新颖，构画美观。古代文人重视端砚的保养、使用与收藏，积累了较多经验。发砚，初用有发墨不佳现象，可用杉木烧成炭粉磨砚堂一遍，洗涤干净即可发墨。涤砚、端砚用毕须用清水以软巾洗净，加盖，置阴凉处，以保持砚石娇嫩、滋润。养砚，以清水养石，保持砚石湿润，但是砚堂不可贮水，保持一定硬度、干度，使砚易发墨，墨色油然生辉。研墨或执墨自左而右作圈，或如往复拉锯方式，墨身与砚堂须垂直相对，重按松转，先缓后急，须用清水，忌用沸水、茶汁。该砚始制于初唐，千余年来不断发展，成为具有浓厚民族风格和鲜明地方色彩的实用工艺品。新中国成立前，大多数砚坑倒塌停采，艺人沦落流失，生产濒于绝迹。新中国成立后，得以大力恢复，获得新生。肇庆市端溪名砚厂所产端溪牌端砚每年有大批产品供应国内外文物市场。1979年获轻工业部优质产品奖；1980年、1984年获广东省优质产品奖。

2. 歙砚

歙砚距今已有千余年历史。据南宋洪迈著《歙砚谱》载，该砚于初唐时已有使用。南唐后主李煜赞誉"龙尾歙砚为天下冠"，与李廷圭墨、澄心堂纸、诸葛氏笔，并称文房四宝。宋欧阳修《砚谱》中谓："龙尾远在端溪上。"其石质坚韧，温润莹洁，石理缜密，坚润如玉，缜涩发墨，油润生辉，具有磨墨无声、不吸水、不耗墨、不损笔、易洗涤等特点。《歙州辑考》云："凡石质坚者必不嫩，润者必不滑，唯歙石则嫩而坚，润而不滑，扣之有声，抚之若虞，磨之如锋。"宋代著名砚石鉴赏家苏东坡评该砚谓："砚之美，润而发墨，其他皆余事也。然两者相害，发墨者必费笔，不费笔者必退墨，二德难兼；唯歙砚涩不留笔，滑不拒墨，二德相兼。"其石材开采极为艰难，元、明以来，约有500年未得成批开采。新中国成立后，安徽歙砚厂在科技人员及老艺人共同努力下，才重新发现历史上已"绝迹"的花纹石，如雁湖眉子、鳝肚眉纹、青绿荤石、对眉子、仙人眉、歙绿刷丝、歙红豆斑及紫云石等名品砚材，均经陆续开掘。艺工因材施料，巧妙设计，精心雕制，造型浑朴，图饰匀称饱满，刀法挺秀有力。例如，"秋虫鸣瓜"砚是将一方11寸色紫带青的砚石，雕成瓜形，瓜、蒂、蔓、叶相连，叶上伏一振翅长鸣的秋虫，虫眼巧妙利用石上一颗紫玉金星，极富神采，造型新颖别致，刀法刚劲细腻。歙砚规格齐全，样式达数百种，主要有眉子、金星、金晕、细粗罗纹、古犀、鱼子、刷丝、角浪、金花、银星、枣心、玉带、紫云、青绿晕石等纹理。1979年、1986年被评为轻工业部优质产品。

3. 洮砚

洮砚砚石产于临洮县内鹦哥山嘴的喇嘛岩下，过去因采自临洮大河深水之底，故相当珍贵。现改在岩下挖掘，并发现老坑，又重新开采。洮砚砚石有下列主要品种。

（1）绿漪石

绿漪石，又名鸭头绿，色深绿带水波纹路，坚润细腻，莹润如玉，呵之出水珠，为洮石中的上品，用于制砚，贮水不耗，历寒不结冰，涩不留笔，滑不拒墨。其中带黄标者，即在绿色纹路中夹杂黄色痕迹，更为名贵。

（2）鹦鹉绿

鹦鹉绿，色深绿，石质细润，其中带深色墨点状者称湔墨点，颇为别致。

（3）赤紫石

赤紫石，玫瑰红色，色泽绚丽，可与端溪的羊肝石媲美，而发墨不次于绿漪石。

（4）柳叶青

柳叶青，绿色，有朱砂点，石质坚硬。

（5）淡绿色石

淡绿色石有渗水慢的特点。洮砚除石材优良外，名贵处还在于雕刻精细，精致文雅。其雕刻工艺与花色品种，经多年发展，图案有山水、人物、怪兽、花鸟、鱼虫、松鹤、竹节、回纹等，如二龙戏珠、龙凤朝阳、犀牛望月、青蛙戏水等题材，或纤巧秀丽，或庄重古朴。近年更创制莫高窟景色、嘉峪关雄姿、麦积山风貌、敦煌飞天等形象，采用透雕与高浮雕手法，产品更为精美华丽，别具一格。其制作经采石、选料、下料、设计、制坯、开堂、雕刻、打磨、上光等工序完成。其中，采石一般为人工用钢钎先将砚石撬下，凿去烂石，根据石形配成各种砚材。下料旧时以手锯进行，近年多用机械，按尺寸要求裁剪成各种规格的砚材。所制砚台坚润细腻，色泽墨绿，带有波纹，造型典雅，琢饰精美，研墨匀细，发墨较快，贮水不涸，不伤笔毫，保湿利笔，余墨不易变质。当地民间善制卵圆形带盖双砚，盖上精雕图案，池头突起作透雕龙凤与圆雕松竹梅之类，砚底、砚周则镌书法、篆刻。因石材属水成岩，可在同一砚石上凿取其盖，故底盖合口严紧，波纹一致。此外，尚有显示绿波而不加雕凿的平板砚，及用波纹小洮石制成的袖珍旅游砚，均很受欢迎。据资料记载，宋熙宁年间，大将王暗开发洮河流域时发现该石，用之制砚，逐渐闻名。宋赵希鹄撰《洞天清禄集》的“古砚辨”中赞誉该石，谓“除端歙二石外，惟洮河绿石，北方最贵重，绿如蓝，润如玉，发墨不减端溪下岩”，说明其生产历史至少有 900 年。其间如宋代抄手、太史、兰亭、神斧、水渠，明代十八罗汉、金钟、古鼎、古琴，清代黄标飞龙、清泉、石鼓诸砚，均名噪一时，至今传颂。洮砚于 1980 年获甘肃省优质产品奖；1984 年获中国工艺美术品百花奖优秀创作设计二等奖。

4. 绛州澄泥砚

绛州澄泥砚是利用当地汾河澄泥，以制瓦之法烧制而成，故又称陶砚。纵贯山西全境的汾河，流经千余里，将各支流中所含有多种矿物质的泥沙夹裹淘刷，奔流至下游，在绛州一带速度减慢，缓流入黄河，将挟带的物质淤积其地，形成得天独厚的天然采泥场，成为制砚的宝贵原料。

绛州澄泥砚的制作过程如下。

（1）取料

把绢袋置于河中，越年取出，极为清细的泥土即积满袋内。

（2）配制

将取出的泥土放水中摩挲，置于器皿内；另取一瓮贮以清水，用夹布袋盛泥，于水中捻捏，以至极细，然后经铜网过滤，澄清后去水晾干；再加入黄丹团揉和，如和面；继而用重物击打，使之坚硬，成为坯料。

（3）雕作

用竹刀刻制成型，随意大小，施以雕饰，半成品略为阴干后，入窑坯烧。最后浸墨蜡，加蒸，制为成品。该砚托之如童肤，观之如墨玉，被誉为陶不像陶，似玉非玉；质虽细而不滑，极易发墨；坚而不燥，击之其声若木，质地坚，重量轻，不风化。贮水不易干涸，历热蒸发少，历寒不结冰；研成墨汁，不发腐、不变味，长保墨香。因配料与烧法不同，有朱砂红、绿豆砂、鳝鱼黄、玫瑰紫，以及墨黑、橘黄、褐黄、淡黄、黑紫、浅紫、朱棕、墨绿等色，也有各色相间巧妙组合。雕刻题材有山水、人物、花卉、飞禽、走兽、书法、印章等；亦能根据诗意造型，如举杯邀月、独钓寒江、红杏出墙、孤帆远影、明月松石等均为佳作。

该砚早在唐代即已有名，于史籍资料中颇多记述，但生产一度中断，为恢复传统名产于 1980 年进行研制，1981 年才试制成功。经化验后与古砚相较，其化学成分中仅 6 种相差 10％左右，有两种稍高于古砚，且较古砚的硬度高、重量轻、更易发墨。北京故宫博物院专家鉴定认为，其色泽典雅，质地湿润，初研即清水尽黑，再研则更泛油光，给予较高评价。1988 年获中国工艺美术品百花奖希望杯奖。

5. 易水砚

易水砚因原料采自易水河畔的山地而得名。其石料初采自易水南岸百林寺，后多采于终南山的韩湘子洞与黄伯阳洞附近。石料名曰"紫翠石"、"玉带石"等，为彩色柔和的水成岩，石内往往天然点缀碧绿色、淡黄色或紫灰色斑纹。石面光泽细润如玉，硬度适中，易于发墨，不伤笔毫，墨汁流润而不易蒸发干涸，具备佳砚应有的优良特性。其雕工精湛，采用传统阳雕、浮雕、平雕、立雕、透雕诸技法，依石料的不同形体、颜色与纹理，雕成人物、山水、花卉、鱼虫、禽兽等形象，随料定形，顺理成章，形态生动，古朴典雅。其品种达百余种，民族风格浓郁，如二龙戏珠、松鹤望月、八仙下棋、桑蚕吞叶、龙凤朝阳、哪吒闹海、水漫金山、明月松间照、犀牛望月、金龟献寿、百鸟朝凤、天女散花、嫦娥奔月等。该砚生产历史悠久，盛唐时当地产名砚佳墨，已见于史料记载。1978年被评为全国高档名砚之一。1982年获河北省优质名牌产品奖。

6. 五台山砚

五台山砚由于砚石产地地名的差异与历史的变动，又称段砚、凤砚、嶂砚。砚石产地位于五台山西麓的段亩山一带，海拔 2600m 以上，气候严寒，朔风凛冽，九月结冰，翌年四月解冻，砚石常为冰雪所覆盖，形成独特性质。石料分黑、绿、红、紫四种，黑如漆，绿如叶，红如火，紫如肝，各色均匀洁净，甚为美观。其中尤以紫、黑、绿三色纹石为最佳，紫色石黑中泛红，质地纯净，所制文砚古色盎然；黑色石坚实细密，色泽沉着，所制古砚敦厚古朴；绿色石晶莹透亮，有水波浮云花纹隐现石上，所制古砚幽静雅致。以上三种藏于山中深处，为使石料不受损坏，不用爆炸采取，仅靠人工斧凿刀割，攀山越岭凿石选料，生产相当艰苦。制砚先要精选，不得有沙纹，然后下料、制坯、雕刻，成为成品。对仿制古砚，在尺寸、规格、雕饰上务求符合原物，一丝不苟。产品形状有圆形、椭圆形、半圆形、方形、长方形以及异形等。所雕图案有山水、人物、鸟兽、花卉以及名家诗文等。其品种繁多，如琴式砚、象耳瓶砚、八怪斗水砚、仿汉瓦砚、二龟坐浪砚、常绿画砚、海兽哮月砚、兰亭序砚、龙飞凤舞砚、巨人牛砚、伏虎砚、贞观御砚、宣和砚、石鼓砚、犀牛砚等不下百余种。产品手感凉冷如冰，质地坚实细腻，色泽一色纯净，用时发墨较快，水墨交融均匀，不易干涸，润笔益毫，是文房珍品。按历史资料记载，文山开采自隋唐始，东汉佛教传入后，五台山大造寺院，石料皆用为建筑；至明代初期，砚石渐被发现，台砚从而问世。砚石产地居民自古以来善于雕石做砚，沿袭至今。新中国建立后，主要由五台县五台山工艺厂与定襄县石刻工艺厂生产，1979 年获山西省优质产品奖。

7. 辽砚

辽砚已有近百年历史，是以当地的青紫云石为原料精雕而成的。青紫云石属沉积岩，当地称为"线石"，以其紫色石中间有一线青色而得名。其色泽明亮，纯净无瑕，紫若沉檀，青如碧空。辽砚的制作根据石材大小、厚薄精心设计，然后因材施刀，不需着色，异彩天生，产品造型美观，古朴自然，石质细腻、坚硬、凉润，滑不流墨，涩不磨笔，研好的墨汁用砚台盖严，可放一个月不干。其品种较多，如游龙戏水、丹凤朝阳等，雕工精细，美观大方，技法高超，刀工纯熟。例如，教子升天砚，在腰形砚台上端，雕以老龙，从云间深情俯瞰，下面圆形砚盖上则雕小龙为盖钮，仰首向天，跃跃欲上，二龙一呼一应，形象生动，寓意深切，颇受赞赏。

8. 松花石砚

松花石砚已有 300 余年生产历史，早在明代即已个别出现，至清代列为贡品，深受宫廷贵族赏爱。康熙帝命为"御砚"，从此一直被禁锢宫中，为独家所享用。北京故宫博物院所藏的松花石砚中，即有康、雍、乾诸帝题款，评价甚高。康熙帝称其"寿古而质润，色绿而声清，超墨益毫，故其宝也"。乾隆帝则谓"松花王，色净绿，细腻温润，可中砚材，发墨与端溪同，品在歙坑左右"。当年制砚均由宫中内府造办处名匠奉承。而对采掘石材控制尤严，因长白山为清始祖发祥地，长期封禁，砚石矿坑亦鲜为人知，清朝衰败与覆灭后，产地也就湮没无闻了。直至 1979 年，经通化市工艺美术厂耗 3 年之功辛勤勘察，始于通化地区长白山脚下觅得原有矿坑，从而恢复生产。该石属沉积成因的细晶石灰岩，内含方解石、石英、黏土及少量的钡、硼、磷等元素，质地坚实，温润如玉，细如肌肤，锋藏其中，刚柔结合。故所制砚石堪与端、歙、洮等名砚媲美，具备善发墨、不伤毫、蓄墨不干三大基本条件。《格致镜源》一书对该砚评为："昔人所称砚之神妙无不兼备。"该砚的独到之处还在于声音清脆，"扣之如铜"，悦耳动听；色彩丰富，有翠绿、绛紫、骆青、紫绿四色；且纹理各异，点、线兼具，出奇者犹如天成彩绘。石品众多，从其天然生成的纹理、图像观察，已发现有 10 余种，如深、浅绿石中有刷丝纹者称"松江静水"；绿石间有黄白色纹理者称"松江荡水"；绛紫色石、带隐线纹者称"赤柏纹"；紫石中夹一道绿色条纹者称"紫袍绿带"；灰蓝石周镶土黄边缘者称"金镶玉"；还有"龙眼"、"静绿"等，均是石中珍品。该砚以石（玉）制盒，款式别致，独树一帜。该砚恢复生产后已成为我国出口高档工艺品之一。

9. 只砚

只砚创始于汉代，已有 2200 余年生产历史。以其石材色泽不同分为更瓣绿、虾头红、鳝鱼黄、蟹壳青四大品类。按传统工艺，经采石、选料、制璞、粗磨、打样、开工、雕刻、打磨、浸渍、配盒，成为成品。其中雕刻最关键，其风格兼有砖刻的粗犷、木刻的逼真、玉雕的玲珑剔透。刀法上充分表现柔韧而刚健的传统技法，深刀与浮雕巧妙配合，变化施刀，使题材、砚铭、石色、造型有机结合，浑为一体，构图饱满，形象简朴，清新高雅，古色古香，讲究圆活而肥润，"温润古雅之中兼能华美。"善以禽鸟、瓜果、草虫等整体形象作为砚形题材，明、清时曾列为贡品。

　　10. 江山西砚

　　砚瓦山位于常山县与江山市交界处，最初两地民间均有制砚，距今约 1 000 余年。山前有溪，名"西溪"，又因唐代咸通年间江山属西安府，故名。据明万历年间《常山县志》载："砚山在县南二十里，山产紫金石及金星石，可作砚。"《浙江通志》（雍正本）载，明代万历年间，四方人多贸易，为西砚生产的全盛时期。清时，有雕砚艺人千余，聚该地从事制作。清道光年间，所产的紫金砚被列为贡砚，《贡笺》记载："此处石质为水中石青，山半石紫，绝顶者尤润，猪肝色佳，坚润如歆"，最名贵者为紫石中带有白色一条，名曰"紫袍玉带"。该地重岩叠翠，郁郁葱葱，山上青石耸然，山下幽谷深渊，飞瀑如练，因砚石取于溪边岩下，砚石坑常年为泉水所浸，故石品甚佳。山中石材不仅蕴藏量大，且品种多，有紫金石、玉带石、青花石、罗纹石、金星石等数十种，并有极其珍贵的"石眼"。石质精细致密，滋润幼嫩，坚实无声，易于发墨，不损笔锋，能呵气研墨，贮水难干，色泽、纹彩均为天然形成，颇具特色。其雕刻艺术在继承传统名砚的基础上，积极吸收青田石雕与东阳木雕的雕艺之长，大胆创新，雕出了熊猫眼、紫袍玉带、散金星等多种名贵产品，式样有方、圆、腰、钟等形态，采用深、浅、平、浮等雕法，雕出诸如双龙吐珠的双龙砚，卧牛渡水的卧牛砚，西厢听琴的听琴砚，熊猫啖竹的熊猫砚等。图案优美与砚池浑然一体，配以幽雅精美的木砚盒，古色古香。目前，产品分天然砚与规格砚两大类，百余种，大者达 80cm，小者仅 6.6cm，设计新颖，刀法简练，造型优美。1984 年获浙江省优质产品称号。

本 章 小 结

　　本章涉及中华民族博大精深的文化领域，通过对中国画和文房四宝的描述，让我们了解古人的文化生活，感触古人文化思想的意境，增强对古代文化艺术的鉴赏识别能力。

思 考 与 讨 论

　　1. 简述中国画的起源、发展及其种类。

　　2. 了解中国年画的分类及其各个流派的特征。

　　3. 简述文房四宝的分类及其各种用途。

　　4. 简述毛笔的种类及其特征。

　　5. 简述笔、墨、纸、砚的种类及其历史文化特点。

第5章 雕刻、陶瓷工艺品

【本章要点】

1. 木雕艺术的创作方法、分类与中国当代四大木雕；
2. 中国五大玉种与玉雕工艺品的类型、品种；
3. 陶瓷名窑与景德镇的四大传统名瓷；
4. 唐三彩的概述与鉴别；
5. 景泰蓝的历史、制作与鉴别。

中国是一个崇尚雕刻且十分擅长雕刻的国度，在品种繁多、流派纷呈的数百余种民间雕刻工艺中，木雕、玉雕尤显风采；在古代文化史上，陶瓷是一种独特而重要的载体，它凭借着坚实的质地、稳定的性能，得以保存千百万年，记录下了古代社会的生产、生活、科技、艺术等诸多信息；唐三彩和景泰蓝工艺至今依然向人们展示出独具特色的艺术魅力。这些工艺品是旅游商品中富含艺术价值的商品。

5.1 雕刻工艺

在悠久的历史进程中，我们的祖先创造了许多精美的雕刻艺术作品。中国的雕刻艺术，题材丰富，类型多样，主要有木雕艺术、玉雕艺术、竹雕、牙角雕与核雕等。

5.1.1 木雕艺术

1. 木雕艺术源流及其创作方法

(1) 木雕艺术源流

我国木雕艺术源远流长，早在原始社会就有不少初具雏形的工艺品，至战国时期木雕工艺已由商代用于制陶工艺中拍板的简单刻纹和雕花桦板的阴刻，发展到了立体圆雕工艺。秦汉时期的木雕工艺，在承袭春秋战国时期木雕工艺的基础上，有了较大的发展和提高。在汉墓出土的动物木雕作品中，可以了解到汉代木雕工艺发展的水平。其中，动物作品有马、牛、狗等，这些四足动物造型生动，身长均在 14～55cm 之间，都是采用分部制作，再进行黏合而成的办法雕制的。

经唐宋至明清我国木雕作品日趋完美，在明清雕刻作品中，木雕工艺的主题常为生活风俗、神话故事。其中湘南木雕代表了民间风格，题材内容广泛，大致包含以下内容：一是"吉祥图案"，如"吉庆有余"、"五谷丰登"、"平安如意"、"松鹤延年"、"龙凤吉祥"；二是戏曲人物、古代英雄、小说演义、神话传说、寓言故事，供人们欣赏品味；三是直接表现当地人民现实生活的题材，包括耕种、收获、桑蚕、纺线、织布、放牧、狩猎、裁缝、商贾、情爱等社会生活的各个方面；四是人们熟悉的飞禽走兽，如鸡、鸭、鹅、兔、猪、牛、马、鹿、蝙蝠、鱼、虾等，以及植物花卉、蔬菜瓜果之类。

（2）木雕艺术的创作方法

木雕的创作方法有三种：一种是面对一块比较普通，没有什么特殊形状的圆木、方木或是有规格的板材时（即经过人为的去缯去脏，将木料加工成有规则的料形，如正方形、长方形、圆形等），我们可以比较自由地去选择雕刻的内容与主题，然后再用大量的切削雕凿去实现最终的艺术效果。这种方法看似简单，但也受到一定的约束，由于木材的结构是由纤维组成，它的易断易裂要求我们在创作构图上强调整体性、牢固性。一般来讲，艺术木雕不讲究拼接，否则就失去了木雕的特征。要在一段原木上做文章，就得避免张牙舞爪的动势，就要舍弃支离破碎的细节。为了突出木材的肌理，表现美丽的木纹，造型体积就不宜太小太多，要作大块大面状，追求浑然一体的效果。

第二种方法是随形就象，即"顺其自然"地依据材料本身特有的天然形状或纹理方向，凭感觉和想像赋予这块材料以特定的形象，巧加雕凿后便使其形象释放出来。所谓七分天成，三分雕刻，这种方法也叫"巧雕"，其构思过程应比实际雕刻的时间更长，而其中的乐趣亦无穷。"巧雕"是一种适形造型，也就是它要适应某种条件，这种条件是一种限制或是约束，似乎给作者造成麻烦，然而往往受局限的东西反倒会成为形成其艺术特点的决定因素，这种因素能赋予朽木以神奇。有的玉石雕刻之所以宝贵，就是体现在作者是以量形取材、因材施艺的方法，创造了绝妙佳品。自然给我们以许多启示，有的材料拥有一个不寻常的特征、明显的外形，对想象或灵感有直接启发；有的则不太明显，需要深思熟虑、苦思冥想；而变化多端的木纹又常常是影响作品艺术效果好或不好的因素；有些木料"残片碎块"的不规则形状也能启发我们联想起某种形象的存在。因而许多雕刻家经常把一些"奇形怪状"的木头搜集起来长久地摆放在周围，时常琢磨和推敲，一旦考虑成熟便拿起刻刀，欲罢不能。当然作品的成功与否常常取决于一念之差，"真所谓，千刀万凿雕出来，一处不顺付东流"。

木雕创作的第三种方法是完全摆脱原始材料的形态属性，用人工或机械堆迭黏合的方法，使大大小小的木块木片按设计意图拼制成大致的形状与厚度，然后再进行雕凿。这种方法的好处在于它能随意增加木头的体积，大大减少切削木料的工夫，节省大块原木。假如是用不同颜色的木料堆迭黏合起来，呈木头形状的"三明治"，其木材外表经过雕制，会显现出清晰美妙的装饰性木纹，使作品产生独特的艺术效果。有些雕刻家们用组合黏接的方法经常在雕刻物的一些部位增加想要增加的木料，以期望扩大木雕的比例和形状。还有一些雕刻家在运用木材创作时更是独出心裁，别具一格，他们把种在花园里的树木原地不动地雕刻成作品，有的还为它们添枝加叶，因势度形，创造出与自然同呼吸共生存的木雕艺术品。

2. 木雕的分类

由于木雕的应用及装饰范围广泛，表现形式多种多样，且因雕刻的木材质地不同，所以可将木雕划分出许多类型。

（1）按作品的创造性划分

按作品的创造性划分，木雕可分为工艺木雕和艺术木雕两大类。

1）工艺木雕指流传在民间，有悠久的历史和强烈的民族传统色彩，讲究精雕细镂、巧夺天工的木雕工艺品。工艺木雕又分纯观赏性和实用性两类。

① 观赏性木雕是陈列、摆设于橱、窗、台、几、案、架之上，供人观赏的小型的、单独的艺术品。它是利用立体圆雕或半圆雕的工艺技术进行精雕制。它表现的题材、内容广泛，有花卉、飞禽、走兽、仕女、历史人物等，还有一些反映现实生活，有思想意义的作品，如温州黄杨木雕工艺品，就受清末文人画的造型风格和线条影响，刀法纯朴圆润、结构虚实相生，有诗情画意的特色。

② 实用性木雕是指利用木雕工艺装饰的、实用与艺术相结合的艺术品，如宫灯、落地灯、屏风、镜架、笔架、镜框、钟座、首饰盒、佛龛以及建筑部件、家具雕饰等。还有专为其他工艺品配置装饰的几、案、座、架，如玉器、牙雕、花瓶、首饰、瓷器等，这些艺术品配以木雕装饰，给人一种古朴、典雅之美，还可以增加艺术欣赏价值。

在木雕艺术中，工艺木雕是雕刻艺术中的精华部分。由于这种木雕需求量大，应用范围广，所以一般是由经验丰富、技艺精湛的老艺人或工艺美术师设计雕制，再由工艺娴熟的工人大量雕刻复制的，因此在题材和表现形式上就需有一定的规范和程式，有明确的制作工序，分出坯、修细、打磨、上光、配置、底座等流水作业。

2）艺术木雕指构思精巧、内涵深刻，有独创性，能反映作者审美观、艺术方法和艺术技巧的作品。艺术木雕一般都是由作者一手设计制作完成的，所以它能始终贯穿并把握创作的意念与追求。艺术木雕的创作方法除了与其他雕塑材料一样是用形体来表现客观世界的人和物，或写实、或夸张、或抽象，另外还要结合利用木材的特性，从原始材料的形态属性中挖掘美的要素，以充分体现木雕艺术的趣味和材质美。艺术木雕的题材内容及表现形式一方面取决于作者的艺术素养和兴趣爱好；另一方面也取决于木材的天然造型和自然纹理，也就是"因材施艺"。艺术木雕的表现手法丰富且不拘一格，有的大刀阔斧、粗犷有力；有的精雕细刻、线条流畅；有的简洁概括，巧用自然美。好的艺术木雕不仅是雕刻家心灵手巧的产物，而且也是装饰、美化环境、陶冶性情、令人赏心悦目的艺术品，故具有较高的收藏价值。

（2）按木雕的形式划分

按形式划分，木雕又可分为"独立式"木雕和"依附式"木雕两大类。

1）"独立式"木雕是指可以用来自由放置，并且从任何方向任何角度都能看见的所谓三维空间艺术的圆雕，这种雕刻品通常作为室内的陈设品或案头摆件。

2）"依附式"木雕是指用于装饰建筑物室内墙面或门窗等固定空间的浮雕。这类浮雕通常采用高、低、镂、透、通等多种手法来表现。雕像略微突出的称做低浮雕；雕像在底面上十分突出的称做高浮雕；浮雕的周围被镂空，使雕像如剪纸般显出清晰的影像效果的称为镂空雕；雕像的构图层次多，一层一层雕进去，除了最后的背景，前面部分与底面没有关系的又被称为透通雕。透通雕的特点主要是把各种雕法融合在一个画面上，是表现多层次雕刻技法的全面镂空雕刻，作品有玲珑剔透的艺术效果，主要用于传统的古建筑木雕装饰上，如广东的金漆木雕就是把人物、山水、翎毛、花卉、走兽虫鱼和各种图案集中在一个画面上，并以"之"形与"S"形的路径来区分不同的情节和场面，镂通层次一般在二至六层，雕工细致已近于牙雕，层次丰富，立体感强，在狭小的面积上，能表现出广阔的空间。

（3）按应用及装饰的范围划分

按应用及装饰的范围可分为建筑雕刻、家具雕刻和陈设工艺品雕刻三大类。陈设工艺品雕刻也就是前面介绍的工艺木雕。

1）建筑雕刻。这里讲的建筑雕刻是指建筑的木雕装饰。木雕艺术用于建筑在我国有着悠久的历史。我国的古建筑（包括园林、寺庙、宫殿等）木雕装饰，在世界雕刻史上占有很重要的地位。特别是用木雕装饰古建筑，如雕梁画栋，雕饰门楣、屋椽、窗格、栏杆等，这些木雕饰物具有的古朴典雅、富丽华贵的格调，显示出了木雕艺术在古建筑（或仿古建筑）中所独具的装饰作用。今天，随着旅游事业的迅猛发展，利用木雕艺术装饰的古建筑（或现代仿古建筑），成为众多旅游景区建筑物的风格。

2）家具雕刻。这里的家具指的是木制家具。雕刻家具可以说是应用木雕艺术最广泛的一种大型的实用艺术品。江苏、浙江、湖南、江西、福建、广东、上海、北京等地都流行雕刻家具，台湾省的红木雕刻家具也很有特色。在我国绝大多数的古典园林里都陈列着雕刻家具，尤其是苏州园林里陈设的那些名贵家具，如台、凳、桌、椅、榻、几、案、屏风等，无不雕刻着精美、秀雅的图案花纹，深受国内外游客的赞赏。

3. 中国当代四大木雕

中国木雕种类繁多，遍布大江南北，其中最著名的是浙江东阳木雕、广东金漆木雕、温州黄杨木雕、福建龙眼木雕，俗称"四大名雕"。除此之外，南京仿古木雕、苏州红木雕、上海白木雕、泉州彩木雕等也很著名。这些木雕都是因产地、选材或工艺特色而得名。它们有的历史悠久，有的具有较高的工艺水平和艺术特色，有的虽是后起之秀，但木雕工艺日趋精湛、造型日趋完美，具有鲜明的地方特色。

（1）浙江东阳木雕

浙江东阳被誉为我国"木雕之乡"，有千余年的木雕历史，北京故宫及苏、杭、皖等地，都有精美的东阳木雕留世。东阳木雕，又称"白木雕"（饰以木材的天然色泽，不同于彩绘），自唐至今已有千余年的历史，是中华民族最优秀的民间工艺之一，被誉为"国之瑰宝"。东阳木雕，从唐经宋元至明清，臻于纯熟，形成了自己的艺术风格和一套完整的装饰手法，并广泛应用于建筑和家具的装饰上。清朝末年，由于动荡的社会背景，东阳艺人另辟蹊径，使东阳木雕由民间建筑、家具的雕饰，发展成纯商品性的、行销海内外的工艺品，其内容多为历史故事和民间传说，图案采用"满花"手法，即画面布满纹饰，具有独特的艺术风格。现生产的品种花色达 2700 多种，其中箱、橱、凳、椅、台、几等实用产品，占总产值的 90％，外销 50 多个国家和地区。东阳木雕以浮雕技法为主，在设计上，借鉴传统的散点透视、鸟瞰式透视等构图，讲究布局丰满，散不松，多不乱，层次分明，突出主题，表现情节，具有以小观大的艺术效果，特别适合表现故事性强的内容。

改革开放以来，东阳木雕也随着时代的发展进入了一个新的时期。东阳木雕在全面继承优良传统和独特风格的基础上不断创新，走向现代，走向国内外市场。这标志着东阳木雕在继承发扬传统特色的基础上，适应现代、表现现代的雕刻技艺趋向成熟。

（2）温州黄杨木雕

温州黄杨木雕是中国民间木雕工艺品之一，因用黄杨木做雕刻用材而得名。黄杨木生长缓慢，俗有"千年矮"之称，其质地坚韧光洁，纹理细密，色黄温润，具有象牙效果，年愈久色愈深，古朴美观，适宜雕刻小型陈设品。黄杨木雕主要利用黄杨木的木质光洁、纹理细腻、色彩庄重的自然形态取材，它和东阳木雕、青田石雕，并称为"浙江三雕"。黄杨木雕是一种圆雕艺术，其中镂雕技法是黄杨木雕中最精巧的一门技艺，它能使作品空灵剔透，玲珑精巧，雅致美观，并产生动态感。过去黄杨木雕大多用于雕刻佛像，建筑庙宇，雕刻龙灯，制作屏风和家具等，经历代雕刻艺人的努力，现在常进行雕刻专供人们欣赏的具有装饰性的木雕工艺品。

（3）福建龙眼木雕

龙眼木雕是福建著名的工艺品，龙眼俗称桂圆，龙眼树姿态万状，材质坚实，木纹细密，色泽柔和，老的龙眼树干，特别是根部，虬根疤节，姿态万千，是木雕良材，在清代已有应用。龙眼木雕相形度势，在进行雕刻时，以天然逼真取胜，它着重仿古，刀法细腻，注重神韵，风格淳朴，造型简练概括，稳重大方，具有劲健浑厚的艺术特色。其传统产品以人物为主，鸟兽花果次之。这种树的根雕和利用树身天然疤节雕刻成的作品，又称为"天然疤"。产品不论是利用木材本色，或染成棕褐色，经磨光打蜡，光亮异常，近似红木，显得古朴、稳重、大方、精美。主要产地有福州、泉州和惠安等。

（4）广东金漆木雕

金漆木雕在宋时就是很兴盛的传统工艺。它以樟木为料，雕刻人物景物、飞禽走兽、花鸟虫鱼。作品多层镂空，富立体感，玲珑剔透，外表贴金，典雅富丽。过去多作为庙宇、祠堂、豪宅、华厅的建筑装饰，而今除仿古建筑仍用以装饰外，多用作艺术陈设品。金漆木雕在全国民间工艺美术创作中，有着较高的地位，被誉为"中国两大木雕体系"之一。木雕内容大致可分为图案、飞禽、花草、山水、仙佛、人物等，其中人物题材又分神话、戏剧、章回小说等，构图皆以人物为主，景物为辅。金漆木雕的技法，包括圆雕、透雕和线刻等。木雕艺术在形式上可分为三类：一是黑漆装金；二是五彩装金；三是本色素雕。制作工艺分为草图、凿坯、细刻和上漆、贴金等。

5.1.2　玉雕工艺

1. 玉雕工艺品的品种和类型

玉雕是中国最古老的雕刻品种之一。早在新石器时代晚期，中华民族就有了玉制工具，商周时期，制玉成为一种专业，玉器成了礼仪用具和装饰佩件，玉石开始被人们当作珍宝。

玉，实际是优质的石。玉石的种类非常多，有白玉、黄玉、碧玉、翡翠及玛瑙、绿松石、芙蓉石等。玉石经加工雕琢后成为精美的工艺品，即为玉雕。工艺师在制作过程中，根据不同玉料的天然颜色和自然形状，经过精心设计、反复琢磨，才能把玉石雕制成精美的工艺品。玉雕工艺品的品种很多，主要有人物、器具、鸟兽、花卉等大件作品，也有项链、戒指、印章、饰物等小件作品。

玉雕类型大致可分为三类，第一类为仿古制品，即仿商周、战国及汉代，此类玉器的造型、纹饰、刀法以及选材都与古代相类似；第二类仿明清风格，这类作品大部分是创作性雕刻，采用传统题材，仿明清造型及刀法，浑厚古朴，线条流畅，神似明清时期；第三类作品采用全新理念设计，贯穿了作者的思想和个性，是个人情感的张扬。其中一些雕刻作品融合了西方雕塑的部分手法，甚至开始探索抽象题材，以全新的面貌展现在人们眼前，这种雕刻脱离了匠气，使玉雕作品从单一的技工过渡到更具艺术魅力的创作，是艺与术的完美结合。

2. 中国五大玉种简介

(1) 蓝田玉

蓝田玉产于陕西省蓝田县。蓝田玉外观为黄色、浅绿色，不透明，属蛇纹石化的透辉石类。蓝田玉开采历史悠久，但产量不多，汉代以后，各地均采用和田玉为玉材，所以蓝田玉开采和应用已经很少有了。

(2) 南阳玉

南阳玉的矿区地处独山，又称"独山玉"、"独玉"。南阳玉为斜长石类玉石，质地细腻、纯净，具有油脂或玻璃光泽，抛光性能好，透明或微透明，硬度为5.5度至6.5度。南阳玉为多色玉石，常见为两种或三种以上色调组成多色玉，颜色鲜艳，分别称为：水白玉、白玉、乌白玉、绿玉、绿白玉、天蓝玉、翠玉、青玉、紫玉、亮棕玉、黄玉、黄蓉玉、墨玉及杂色玉等，能分成9大类100多种，其多彩性是其他玉种所无法比拟的。独玉不是翡翠，但高档独玉接近透明，它的翠绿色和硬度几乎可与翡翠媲美；独玉不是羊脂白玉，但玉质凝腻柔嫩，丰腴可人，颇具白玉品质。

(3) 酒泉玉

酒泉玉产于甘肃祁连山脉，遂有"祁连玉"之称，属蛇纹石族玉石。半透明，以绿色为多，带有均匀的黑色斑点，地质学鉴定其矿物是蛇纹石，与岫岩玉相同，但玉色与岫岩玉不同。硬度为4.5度至5度。

(4) 和田玉

新疆和田玉以其质地光洁、结构细腻闻名于世，是美玉中"帝王玉"的代表。古人奉为宝物，称之为真玉；今人作为国宝，谓为国石。而中外专家学者更是对其推崇备至，誉之为"世界软玉"之冠。它分布在东起巴音郭楞蒙古自治州的若羌县，经且末、于田、和田，西止塔什库尔干县境内的阿尔金山、昆仑山一带约1300千米长的范围内，这些矿石大都分布在海拔3500米以上的高山区，经长期风化剥解为大小不等的碎块，崩落在山坡上，再经雨水冲刷流入河中，待秋季河水干涸，即可采集。在河床中采集的玉块称为籽玉，在岩层中开采的称山料。和田玉的矿物组成以透闪石——阳起石为主，并含微量透辉石、蛇纹石、石墨、磁石等矿物质，可形成白色、青绿色、黑色、黄色等不同色泽。多数为单色玉，少数有杂色，玉质为半透明，抛光后呈脂状光泽。

（5）岫岩玉

岫岩玉因主要产地在辽宁岫岩而得名，又称"岫玉"，属蛇纹石，质地细腻而均匀。就质料而言，和田玉最佳，南阳玉次之，岫岩玉又次之。岫岩玉现开采数量最多，其颜色和软玉一样，也有白、青、黄、淡黄、粉红、浅绿、翠绿等，加上玉质细腻，有的半透明，也有不透明的，故市场上常常以此冒充软玉（和田玉）出售。

5.1.3　其他雕刻工艺

1. 竹雕

我国是世界上最早使用竹制品的国家，所以竹雕在我国也由来已久。竹雕也称竹刻，是在竹制的器物上雕刻多种装饰图案和文字，或用竹根雕刻成各种陈设摆件。竹雕成为一种艺术，自六朝始，直至唐代才逐渐为人们所赏识和喜爱。竹雕发展到明清时期大盛，雕刻技艺的精湛超越了前代，在中国工艺美术史上独树一帜。为了防止竹雕工艺品霉变、虫蛀、干裂、变形，必须对其进行保护处理，一般的保护办法是在竹雕品表面喷涂透明无色的清漆，也可采用光蜡或核桃油涂擦，在施保护材料时要薄而匀，切勿使用一般的油漆涂刷工艺品。

2. 牙角雕

牙角雕，顾名思义，应为各种用兽牙、兽角制作的雕刻品，然而在收藏界，其含义则主要是指象牙和犀角的雕刻品。象牙以光洁如玉、柔韧细腻的质地深受人们的喜爱，而象牙雕作为一项特种工艺，在中国艺术史上更是占有十分重要的地位。犀角雕在我国古代各种门类的工艺美术品中，属于既高雅又稀有的品种，与竹木、金、玉等雕刻器物同为艺林珍赏之品。牙角雕是有机类物质，比较娇气，除要防止撞击、摔碰、挤压、火烧、水浸、酸碱等剧烈侵害外，对温度、湿度、光照都很敏感，如在温度不稳定时会发生热胀冷缩，易引起变形、龟裂、掉片，产生失水吸水现象，引起胀缩。牙角器物喜欢偏潮湿的环境，干燥易发生干裂，但太潮湿易发生霉变，一般要求温度在 $15\sim25℃$，湿度在 $55\%\sim65\%$ 之间。

牙角在光的作用下易发生化学变化，变色、变脆，尤其是紫外线对牙角雕的破坏性最大，它会使牙角分解损坏。所以牙角雕应避光收藏。牙角雕制品多种多样，有山水、人物、菩萨、神话、仿生物、仿古器，也有文房用具、实用器物等，但市面上能见到的牙角雕却很少。

3. 贝雕、椰雕与果核雕刻

（1）贝雕

贝雕是利用贝壳的天然色泽、纹理、形状，经过艺术构思、磨雕、粘贴而成的工艺美术品。它具有贝壳的自然美、雕塑的技法美和国画的格调美。生产贝雕的优质原料是些形态各异、色彩斑斓的贝、螺、蚌、蛤等海产品的贝壳。贝雕的品种有：各种人物、动物、花卉、挂屏等陈设品，各种文具、烟具、台灯等生活用品，色彩富丽，形状奇异，自然美观。主要产区有辽宁大连、山东青岛、广西北海、广东陆丰等地。

（2）椰雕

椰雕是海南岛人民利用椰子壳雕制成的工艺品。古代官吏常以之进贡朝廷，因此曾被称为"天南贡品"。当地民间传说，椰壳有"有毒即裂"的特点，故用来作水勺、饭勺、酒杯、汤瓢等器物。明清椰雕已很兴盛，出现了用小块椰壳拼镶制器，外面雕镂纹饰，内胎用锡、铜、银作里，制成碗、盘、瓶等类器具和做成茶具、酒具、笔筒、棋盒、果盒等旅游商品。

（3）果核雕刻

果核雕刻是一种民间雕刻艺术，按材料分为桃核雕刻、橄榄核雕刻、杏核雕刻、杨梅核雕刻等，其中以桃核雕刻为主。主要是利用其外形特点或起伏的变化，雕镂出各种人物、走兽、山水、楼、亭、台、阁等。果核雕刻主要产于山东、江苏、广东、上海等地。果核雕刻的艺术特色是雕刻精细入微，形态小巧玲珑。单件陈设品配以底座，加盖玻璃罩，以供欣赏；有的缀以流苏，作为佩件或扇坠；有的将若干枚果核雕刻串连成念珠。

5.2 陶瓷工艺

5.2.1 陶瓷简介及陶器种类

1. 陶瓷简介

陶是瓷的源，瓷是陶的流，源远流长的陶瓷，是古代华夏文明的起点。其中陶器是由黏土或以黏土、长石、石英等为主的混合物，经成型、干燥、烧制而成制品的总称。陶器工艺品是我国最古老的工艺美术品，远在新石器时代就有风格粗犷、朴实的灰陶、红陶、白陶、彩陶和黑陶等。商代已出现釉陶和初具瓷器性质的硬釉陶。瓷器创制于东汉时期，在唐代，制作技术和艺术创造渐趋成熟，宋代制瓷业蓬勃发展，名窑涌现，明清时代陶瓷从制坯、装饰、施釉到烧成，总体技术又超过了前代。总之，中国陶瓷艺术至今兴盛不衰，宜兴的紫砂陶、石湾的陶塑、界首的三彩釉陶、淄博的降色陶、崇宁的雕镂釉陶、德化的瓷雕、景德镇的柳叶瓶、凤尾瓶等，均闻名于世。

在日常生活中，人们总是把陶与瓷相提并论，称为"陶瓷"，这种提法反映了陶和瓷都是火与土的艺术。从我国陶瓷发展史来看，一般是把"陶瓷"这个名词一分为二，陶瓷是陶和瓷的总称。由于陶器发明在前，瓷器发明在后，所以瓷器的发明，很多方面受到了陶器生产的影响，如人们对火的性能的掌握和对黏土特点的充分认识等，但陶与瓷无论就物理性能，还是化学成分而言，都有本质的不同。它们的区别主要表现在如下方面。

1）陶器的胎料是普通的黏土，瓷器的胎料则是瓷土，即高岭土（因最早发现于江西景德镇东乡高岭村而命名）。

2）陶胎含铁量一般在 3% 以上，瓷胎含铁量一般在 3% 以下。

3）陶器的烧成温度一般在 900℃ 左右，瓷器则需要 1300℃ 的高温才能烧成。

4）陶器多不施釉或施低温釉，瓷器则多施釉。

5）陶器胎质粗疏，断面吸水率高。瓷器经过高温焙烧，胎质坚固致密，断面基本不吸水，敲击时会发出铿锵的金属声响。

除以上所举外，陶与瓷的不同之处还表现在：陶器的发明并不是某一个国家或某一地区先民的专门发明，它为全人类所共有，只要具备了足够的条件，任何一个农业部落、人群都可能制作出陶器。而瓷器则不同，它是我国独特的创造发明，而后通过海路和陆路大量输出到海外，才使制瓷技术在世界范围内得到遍及。因此，瓷器是我国对世界文明的伟大贡献之一。

2. 陶器种类

（1）红陶

红陶在中国出现最早，根据考古发掘资料，黄河流域距今 8000 年的裴李岗文化和距今 5000 年的仰韶文化、大汶口文化时期，都以泥质红陶和夹砂红褐陶为主，红陶烧成温度在 900℃ 左右。

（2）彩陶

彩陶是仰韶文化的一项卓越成就，是用赭、红、黑等色绘饰的陶器。彩陶艺术具有浓厚的生活气息和独特的艺术风格。它是在陶器未烧以前就画在陶坯上，烧成后彩纹固定在器物表面不易脱落。有的在彩绘之前，先涂上一层白色陶，便使彩绘花纹更为鲜明。彩陶花纹主要是花卉图案和几何形图案，也有少数动物纹。几何形图案主要有弦纹、网纹、锯齿纹、三角纹、方格纹、垂幛纹、旋涡纹、圆圈纹、波折纹、宽带纹，并有月亮、太阳、北斗星等纹样；动物纹样常见的有鱼纹、鸟纹、蛙纹等；兽纹较多的是猪纹、狗纹和鹿纹。这些动物形象的出现，反映出当时的渔猎在原始社会生活中的重要地位。人物纹样较少见。

（3）黑陶

黑陶出现于龙山文化时期。黑陶的烧成温度达 1000℃左右，黑陶有细泥、泥质和夹砂三种，其中以细泥薄壁黑陶制作水准最高，有"黑如漆、薄如纸"的美称。这种黑陶的陶土经过淘洗、轮制，胎壁厚仅 0.5～1mm，再经打磨，烧成后漆黑光亮，有"蛋壳陶"之称，表现出惊人的技巧，享誉中外。这时期的黑陶以素面磨光的最多，带纹饰的较少，有弦纹、划纹、镂孔等几种。

（4）灰陶

在新石器时代早期裴李岗文化遗址中已经出现，仰韶文化、龙山文化时期都有一定数量的灰陶，特别是用于蒸煮的器皿，多为夹砂灰陶。到夏代（二里头文化早期），灰陶和夹砂陶占据着主要位置。

（5）白陶

白陶是指表里和胎质都呈白色的一种陶器。它是用瓷土或高岭土烧制成的，烧成温度在 1000℃左右。白陶基本上都是手制，以后逐步采用泥条盘制和轮制。白陶器出现于龙山文化晚期，商代为鼎盛时期，商代后期白陶大量制作，并且制作相当精致，到了西周，由于印纹硬陶器和原始瓷器的较多烧制与使用，白陶器就不再烧造了。

（6）硬陶

硬陶的胎质比一般泥质或夹砂陶器细腻坚硬，烧成温度比一般陶器高，而且在器表又拍印以几何形图案为主的纹饰，所以统称为"印纹硬陶"。西周是印纹硬陶发展的兴盛时期，其胎质原料根据化学组成分析，基本接近原始青瓷。因印纹硬陶所用原料含铁量较高，胎色较深，多呈紫褐、红褐、黄褐和灰褐色，印纹硬陶坚固耐用，绝大多数是盛器。商代印纹硬陶在黄河中下游地区和长江中下游地区都有发现。西周至战国时期印纹硬陶主要盛行于长江中下游地区及南方的福建、台湾、广东、广西等地。

（7）釉陶

汉代出现了一种在釉料中加入助熔剂——铅的釉陶，又称"铅釉陶"。铅釉陶的制作成功，是汉代制陶工艺的杰出成就。在釉料中加入铅，可以降低釉的熔点，还可使釉面增加亮度，平整光滑，能使铁、铜着色剂呈现出美丽的绿、黄、褐等色，但绿釉最多。墓葬中出土的铅釉陶器表面，有时会出现一层银白色光泽，有人误称为"银釉"。根据考古工作者的科学研究发现，"银釉"形成的原因是由于釉面长期受潮，釉层表面析出多层次的沉积物，在光线的折射下产生的银白光泽。

5.2.2　陶瓷名窑与景德镇的四大传统名瓷

1. 陶瓷名窑

中国历史上的宋代（公元 960～1279 年），是中国陶瓷烧造工艺发展的辉煌时期。这一时期的陶瓷业在种类、样式和烧造工艺等方面，均取得了前所未有的伟大成就。在中国南北各地，先后产生了定窑、汝窑、哥窑、钧窑和官窑等著名陶瓷烧造中心，它们被后人合称为宋代"五大名窑"。

（1）定窑

定窑是继邢窑之后著名的白瓷窑场，宋时属定州，故名定窑。始烧于唐朝晚期，终烧于元。定窑在宋代主要烧制白瓷，也兼烧绿釉、黑釉、褐釉。定窑主要以丰富多彩的装饰花纹取胜，工整素雅的印花定器，一向被视为陶瓷艺术中的珍品。以烧造白瓷著名的定窑瓷器质地洁白细腻，造型规整而纤巧，装饰以风格典雅的白釉刻、划花和印花为主，此外尚有白釉剔花和金彩描花。北宋早期定窑刻花的构图纹样简单，以重莲瓣纹居多，仿似浅浮雕，十分优美。北宋中晚期的刻花更趋精妙，用单齿、双齿、梳篦状工具，刻划出各种线条构成的物象，生动自然，富有立体感。装饰图案有花卉、禽鸟、游鱼等。定瓷的纹饰布局严谨、线条清晰，常见器型有碗、盘、瓶、罐、炉、壶等。在已发现的定窑瓷器上，有的还刻有"官"、"新官"、"奉华"、"禁苑"等字样，说明当时有一部分定窑白瓷已供宫廷使用。

（2）汝窑

汝窑是宋代为满足宫廷特殊需要而设立的窑场，又称汝官窑。汝官窑的特点是胎质细腻，俗称"香灰胎"。釉色天青，开有细小纹片，通体施釉，底部有用细钉支烧的痕迹。窑址在河南临汝，临汝在宋代属汝州，故名汝窑。迄今尚未发现汝窑的确切窑址，只有瓷器传世，传世的汝窑器常见器型有碗、盘、洗、瓶、尊等日用品。汝窑制品素身多，极少以花纹作装饰，造型端庄，釉色晶莹似玉。汝官窑的烧制时间短，一直都作为贡品，所以民间流传甚少，南宋时已属"难得"之物，视为珍品。清雍正前后有仿汝器出现，然而仿造者只重釉色，胎骨呈白色，造型也不及宋时古雅大方。

（3）哥窑

哥窑为宋代名窑。哥窑瓷器从色泽区分，有月白、灰黄、粉青、灰青、油灰、深浅米黄等种类。哥窑瓷最显著的特征是釉色沉厚细腻，光泽莹润，如同凝脂。宋代哥窑胎质坚细，瓷器口沿尖窄，厚釉在瓷器口沿不能存留，垂釉多在口沿边稍下处形成略微凸出之环形带，因口沿处胎骨略黯而被称之为"紫口"，此为宋哥窑瓷之一绝，尽管以后历代有许多仿宋哥窑，但在烧制上皆未能达到此种境界。

（4）钧窑

钧窑为宋代五大名窑之一，窑址在河南省禹县，古属钧州，故名钧窑。创烧于北宋，盛于北宋晚期。钧窑属北方青瓷系统，其独特之处是使用窑变色釉，烧出的釉色青中带红。釉中有"蚯蚓走泥纹"的曲折线是钧釉的特征之一。

钧窑瓷器胎质细腻，坚实致密，叩之有声，清脆动听，圆润入耳，犹如金属，釉色莹润，五彩缤纷，古朴典雅，艳丽绝伦，尤以多种窑变为其他窑口产品所不及，釉色红里透紫，紫里藏青，青中寓白，白里泛红，色彩纷呈，争奇斗艳。古人有"绿如春水初生日，红似朝霞欲上时"和"高山云雾霞一朵，烟光空中星满天；峡谷飞瀑兔丝缕，夕阳紫翠忽成岚"等诗句来形容钧瓷釉色的多样和窑变的微妙之美。钧窑器物多为鼎、洗、盆、盘、碗、瓶、人物、尊等。产品贵在窑变画，画为天然非人力所绘，有"钧瓷无双"之说。从元代起南方即有仿钧器皿，明、清仿钧釉有宜兴窑（宜钧）、石湾窑（广钧）、景德镇窑（炉钧）。宜钧为陶胎，胎有紫色与白色两种。广钧亦为陶胎，胎色暗灰，厚釉垂流，釉下有一层铁锈色底釉，故釉面颜色较深且有兔毛纹状。炉钧是景德镇在清雍正年间仿钧窑烧的一种低温釉，先以高温烧成瓷胎，挂釉后在低温炉中第二次烧成，故称炉钧，烧成的胎色洁白，釉较薄，光泽性强，缺乏宋钧高温那种厚重奔放感。

钧瓷最突出的成就，在于铜红釉的稳定烧成，它改变了以往单一色釉瓷的局面，在中国古代陶瓷工艺史上具有极其重要的意义。

（5）官窑

宋代官窑包括北宋（公元 960～1127 年）官窑和南宋（公元 1127～1279 年）官窑。北宋官窑也称"汴京官窑"，迄今尚未发现窑址。南宋官窑是宋室南迁以后，在浙江杭州设立的新窑，包括修内司官窑和郊坛官窑两处。宋代官窑的产品主要有碗、盘、瓶、洗等。瓷器造型端庄，线条优美，釉色有粉青、月白、油灰和米黄等多种，其中尤以粉青瓷为上，其釉面上布满纹片，这种釉面裂纹原是瓷器上的一种缺陷，后来却成为别具一格的瓷器装饰方法，通常称为"开片"。

2. 景德镇的四大传统名瓷

景德镇有四大传统名瓷：青花瓷、玲珑瓷、粉彩瓷和颜色釉瓷。

（1）青花瓷

青华瓷被誉为"瓷国明珠"，它的烧造历史最久，一直居四大名瓷之首。其主要是用料在瓷胎上绘画，然后上透明釉，在高温下一次烧成的釉下彩瓷器，花面呈蓝色花纹，幽雅美观，明净素雅，成色稳定，不易磨损，而且没有铅熔出等弊病。

青花瓷是元代景德镇瓷工的创造发明，当时的烧制就已经十分成熟，至明代，景德镇青花瓷就更以胎釉精细、青花浓艳、造型多样而负盛名。清代康熙、雍正、乾隆年间的青花瓷烧造成就更加显著。新中国成立后，青花器皿由过去的以单件为主，发展成以配套为主，画面更加精美。号称"青花大王"的王步先生将中国画中的水墨写意技法与青花技法相结合，创造了青花"分水写意"法，形成了一种笔墨浑厚、晕润清新的新流派和新风格，与传统的"双勾分水"法并驾齐驱。目前，还有介乎两者之间的"勾线榻水法"，亦是现代青花艺术常用技法。

（2）玲珑瓷

玲珑瓷是在瓷器坯体上通过镂雕工艺，雕镂出许多有规则的"玲珑眼"，然后以釉烧成，这些洞眼呈半透明的亮孔，十分美观，被喻为"卡玻璃的瓷器"。"玲珑眼"的形状也已从传统的米粒状发展到月牙状、流线状、圆珠状、菱角状、多角状等多种规则、不规则的形状，有时还与"半刀泥"相结合，组成各种图案。"玲珑眼"的釉色也由原来的单一碧绿色发展为红、黄、绿、蓝交相辉映的"五彩玲珑"，更丰富和增强了玲珑瓷的表现力和艺术魅力。因为"玲珑"的本义就是灵巧、明彻、剔透，所以以玲珑称这种瓷器是非常贴切的。

玲珑瓷也有很悠久的历史，是景德镇的四大传统名瓷之一。玲珑瓷往往配以青花图案，叫青花玲珑瓷。这种瓷器既有镂雕艺术，又有青花特色，既呈古朴，又显清新。新中国成立后的玲珑瓷得到迅速发展，产品除中西餐具、茶具、咖啡具、文具等日用瓷外，又精制成各种花瓶、各式灯具等陈设瓷。近几年来，更发展为彩色玲珑、薄胎玲珑皮灯等非常精美的工艺美术瓷。光明瓷厂、红光瓷厂生产的青花玲珑瓷产品曾多次获国家金奖、优质奖，产品畅销东南亚、日本、欧美、中国港澳等 100 多个国家和地区。

（3）粉彩瓷

粉彩瓷又叫软彩瓷，是景德镇四大传统名瓷之一，享有"东方艺术珍宝"美誉。粉彩瓷的制作工艺是在陶瓷颜料中调入"玻璃白"，因此使画面具有粉质感，立体感也很强，所绘图像表现力强，融汇了中国工笔重彩的构图与技法，画面浓淡相间，阴阳衬托，形象生动，线条流畅，色彩清丽粉润，而且色彩柔和、细腻、雅致，不论山水景物、人物故事、花卉鸟兽、草木虫鱼以及静物图案均可入画，极富诗情画意。早在清朝康熙后期，景德镇的粉彩瓷就已问世，雍正时相当精致，乾隆年间达到很高的艺术水平。

（4）颜色釉瓷

如果用"万紫千红"来形容景德镇四大传统名瓷之一的颜色釉，那是非常恰当的，不仅红紫，不论什么颜色都可以烧制成。色釉瓷有许多种类别：通体一色者称单色釉，多色相间者称花釉，烧成温度在 1200℃ 以上的叫高温颜色釉，1000℃ 以下的叫低温颜色釉。

现在采用新的科学方法进行配料和控制窑温，不仅提高了色釉的质量，找出了适合各种不同烧成条件的配方，还陆续创造了诸如红灯芯釉、宝石红、景红、锰红、铁红、火焰红、钛黄、钛花、铬绿等 100 多种颜色釉和多种无光色釉。异彩纷呈的颜色釉价值不仅在其本身，更可贵的是为景德镇陶瓷艺术的发展创造了更多的优美材质，促进了色釉彩、综合彩、色釉瓷等多种陶瓷装饰艺术形式和品类的出现。

5.2.3　古瓷鉴定的基本知识

瓷器是中国人的伟大发明。几千年来，古代匠师们创造了无数技艺精湛的瓷器珍品，遗存下来成为文化宝库中的巨大财富。在这些遗物中有各个时代的代表作和创新之作，因此中外人士搜求历代古瓷者渐多，古董行生意兴隆，因而仿古和造假能手亦相继涌现。上自原始社会彩陶、黑陶，下至唐三彩、五代越窑与宋代各大名窑，乃至明代德化白瓷，明清代各类品种的景德镇官窑瓷器，几乎无不被仿作，而且其中的绝大多数，由于烧造时的用意是在于拿来冒充真品，所以就不但要求"神似"，也极力追求每一点细节的"形似"，诚可谓处心积虑。

总的看来，古今制造仿古瓷的目的无非出于两类：一是发思古怀旧之心，保持传统品种；二是以假乱真，牟取商业利益。前者对瓷器发展有重要的推动作用。例如，清康、雍、乾三朝，既是嗜古、仿古之风极盛的时期，也是大量新品种涌现的时期，可见在瓷器发展中，仿古不但不妨碍创新，而且能够促进创新。然而另一方面，从文物收藏和鉴定的角度看，无论出于何种目的，只要是仿制品，就会给我们今天的文物鉴定造成困难。特别是古代那些技艺精湛的仿品，即便制作者当初的用心完全纯正，也不能排除后人利用其仿作来假冒真品，牟取暴利。

近年以来，瓷器已成为世界各国博物馆和私人收藏家所藏中国文物中数量最多、价值最高的品种，古瓷的拍卖价格持续上涨。诸如宋代各大名窑，元青花、明永、宣、成，清康、雍、乾等明清官窑瓷器精品的拍卖价，动辄以十万、百万美元计，因此又进一步掀起了中国瓷器的"收藏热"、"走私热"、"仿造热"。其中，当然就难免真伪羼杂，泥沙俱下，令真正的瓷器爱好者感到无所适从，莫衷一是。因此，为了辨别真伪，就需了解文物鉴定的基本知识，掌握各时代瓷器的不同特征。

大体上讲，瓷器鉴定主要是从器型、纹饰、胎釉、款识几个方面入手。

（1）器型方面

从器型方面鉴定瓷器应侧重对器物造型的古拙、敦厚、粗笨、秀美、玲珑、华丽等不同风格进行研究，详加分析对比，摸清其演变规律。仅举玉壶春瓶为例，自宋代始创以至晚清民国，历朝均有制作，而风格却历代都有变迁。那么进行鉴别时除整体风格外，对于不同器物，还要从口、腹、底、柄、耳、颈、足以至器里等各个局部加以观察，看看各时代有何异同，若能经常把玩和测量古瓷的器体部位、体重厚薄，熟记大小，对于鉴定工作就十分有利。

（2）纹饰方面

纹饰同器型一样，具有明显的时代特征。无论题材内容、装饰手法抑或工艺技术，不同时期的纹饰均有不同的表现，成为瓷器断代和辨伪的有力依据。例如，明初永宣瓷器中的青料晕散和下凹斑痕等特有现象，后代仿品都不能准确再现。清雍正仿永宣器，常用复笔加重点染青花来刻意仿效宣青的效果，但因钴料不同，就无法克服色彩漂浮的弊病。又如成化斗彩纹饰中"花无阴面，叶无反侧"，画人物衣纹时不加渲染，表里不分，如着单衣，这些微妙的时代特点，往往为后世仿造者所忽略。至于施彩工艺的演变，如成化斗彩中独具的姹紫色和不施黑彩；明代及清初红彩均为深枣皮红色；明代绿彩多显黄绿色；粉彩是于康熙中晚期才出现的等。此类知识必须具备。另外，纹饰图案所表现的画风和笔法，也特别值得注意。如后仿清前朝珐琅彩、粉彩、五彩、斗彩等器物，运笔常显拘谨、稚嫩、生疏、滞断，或图案层次不清，无生动感。还有的纹饰过于细腻，亦足以引起我们的怀疑。

（3）胎釉方面

胎为骨，釉为衣。鉴别胎质时，可从作品的无釉处入手，注意胎土淘炼的纯净与烧结的缜密程度。因时代的不同淘炼方法也不同，明代以前较之清代、民国，胎土中含金属杂质多。如著名的永宣细砂底器，露胎处可见到金属自然氧化形成的黑褐色星点或火石红色。而后仿的清代、民国胎体，却均因淘炼过细，没有这种氧化斑，成为赝品致命的破绽。另外明代胎体迎光透视，多显肉红色；明成化胎体透光显牙白或粉白色；而清代及民国仿品则显青白色。清康熙瓷胎质纯净、细腻、坚硬，为清末民初仿品所不能及。而很多日本仿中国明清瓷器，其胎质烧结瓷化的程度又过高，以指轻叩，发声清脆，就仿品之逼肖而言，亦成缺陷。至于鉴别釉面，主要应注意观察釉质的粗细、光泽的新旧、釉层的厚薄，以及气泡的大小和疏密程度。凡此种种，各自具有典型的时代特征，对于识破伪品最具说服力。另从釉面的新旧光泽看，很多作者故弄玄虚，将仿品釉面作旧：如采用土埋、打磨、药滑、茶煮、浆沱，甚至稍加损破，以示出土状，然而这些不自然的作旧光泽，绝无古瓷那种年深日久、自然形成的"酥光"现象。

（4）款识方面

在款识方面历代更是千差万别。体会各代款识的不同风格，可以从研究笔法入手，然后将真假瓷器款识相互比照，结合实物，反复审度字体的结构、排列的形式、落款的部位，以及款字色泽的深浅浓淡等。另外，还应注意总结同一时期早、中、晚期款识不尽相同的变化规律。总之，辨识瓷器真伪，上述条件缺一不可。同时，也要防止草木皆兵，对所见器物一概乱加猜测。欲提高鉴定水平，首先应多看真品，其次也可以选出一些典型的伪作赝品，经反复对比，切磋揣摩，积累经验。如此，才能对瓷器的真伪、年代做出真知灼见的判定。

5.3　唐三彩艺术

5.3.1　唐三彩概述

唐三彩是唐代彩色釉陶的总称，由于它烧制于唐代，所烧作品用得最多的色彩是黄、绿、白三种颜色，故称"唐三彩"。实际上，它所用的色彩还包括蓝、赭、紫、黑等。这种彩色釉陶是在汉代低温铅釉陶工艺的基础上，通过长期实践，对含有有色金属元素的各种原料有了新的认识而制作成功的。这期间历经了一个由粗到精的缓慢烧造发展过程，到唐时，终于烧成了著名的唐三彩陶器。唐三彩，在古代文献中是没有记录的，最早的记载是民国时期，而世人对唐三彩的重视大约在20世纪初。1905～1909年，陇海铁路修筑期间，洛阳北邙山一带因工程而毁损了一批唐代墓葬，发现了为数颇多的唐三彩作品。这批唐三彩被运到北京市场上，受到了国内外古器物研究者的重视和古玩商的垂青，从此，世人皆知唐三彩之名。建国以来，唐三彩的名称还在沿用。当然，专业研究者则多以"唐彩色釉陶"之名称呼，从严格意义上说，后者更具科学性，因为从工艺上看，唐三彩是"釉"而算不上"彩"，但唐三彩是约定俗成的名称，有广泛的影响，因而保持这一名称具有普遍意义。

唐三彩在唐代的盛行并予以大量制作有其深刻的历史背景和现实意义。7世纪的唐朝，政治相对稳定，经济空前繁荣，文化艺术昌盛，国家的强大促使各方面得到很快发展，其中陶瓷业也取得了较大的成就。从另一角度看，唐三彩的出现是社会发展到一定历史阶段的必然产物，而经济的发展，也进一步导致了唐代统治阶级生活走向奢侈和豪华，这种追求奢华、讲究排场的生活方式，集中反映了等级森严的典章制度在殉葬三彩狮子唐品的使用方面，亦即唐三彩陶器方面。在唐代，自上而下形成了一种厚葬之风，上自王室成员，下至士大夫阶级乃至平民百姓，都流行以唐三彩陶器陪葬，厚葬之风使唐三彩的烧造数量及质量有了很大的提高。另外，商品经济的发展也大大刺激了唐三彩陶器的生产，对外贸易的发达使唐三彩陶器有了十分广阔的海外市场。至公元 9 世纪，唐三彩陶器开始向外输出，由于政治经济的发达，致使各国商贾有的远涉重洋、有的沿着"丝绸之路"来到长安、洛阳和扬州等地，把包括唐三彩在内的商品运回自己国家。根据外国考古发掘资料，在不少国家的许多地方已发现了唐三彩的踪迹。

唐三彩从唐初开始制作，其间经历了由初创走向成熟时期、高峰时期和衰退时期三个历史阶段，这三个阶段与通常划分的唐代三个重要历史时期即初唐、盛唐、晚唐的时期段大致相同。公元 7 世纪初到 8 世纪即武德年间至武则天执政以前，是唐三彩在唐代漫长烧造过程中的初创时期，制作的多为单一色釉而不是色彩斑斓的三彩陶器，品种较为单一。这个时期的产品以陕西礼泉县唐太宗时代的名将张士贵墓出土的釉陶器和郑仁泰墓出土的彩绘釉陶器为代表。但这两墓出土的陶器还不能算是典型的唐三彩陶器，当然，这时期唐三彩肯定已经开始烧造了。第二阶段为武则天上台到唐玄宗统治时期，即公元 8 世纪初到 8 世纪中叶，这一阶段包括了开元天宝和整个盛唐时代。随着唐朝国力的强盛，唐三彩陶器也随之进入鼎盛时期。因为经济的发展，厚葬之风随之滋长，无论皇亲国戚、文武大臣还是平民百姓，都有唐三彩陪葬。现今所见的唐三彩陶器，大都出于这一时期，其烧制数量众多，质量精美，代表了唐三彩烧造的最高水平。公元 8 世纪中叶到 10 世纪初，"安史之乱"的出现导致了唐王朝政权的动摇，政治经济严重衰退，唐三彩的制作也随之进入了衰退期，它的烧造已成了强弩之末，随着唐政权的衰亡，唐三彩也结束了它的历史使命。

5.3.2　唐三彩的鉴定

唐三彩工艺品的鉴定，主要应从下面几点来察看和思考。

1. 看胎质

从出土情况看，河南洛阳巩县窑三彩真品多为白色陶胎，胎质较细腻、疏松、白中泛红，属藕粉胎。另一种胎质坚硬，白中泛青，声音清亮，属钢胎。用放大镜观察真品的伤残处可看到，胎质中含有少量黑色杂质沙粒，如把真品露胎部分放入水中，取出后会呈现中度粉红状，如用毛刷清洗脏土后，真品露胎部分会出现很多沙质小坑。

仿品胎质细腻洁白或者发灰，硬度大，露胎处放入水中则呈现土白色，同时可闻到一种煤烟和硫酸的气味。

2. 看造型

古代工匠长期从事陶瓷制作，他们技艺娴熟，随心所欲，所制器物古朴生动，有粗糙厚薄不均的感觉。

仿品则在造型、大小尺寸上与真品颇为相似，但器型生硬，整体与局部比例上欠谐调，如在马、骆驼、俑等器物底部四周的刀削痕迹，显得过于规整，给人一种刻意造作的感觉，器物的内部过于洁白，没有锈斑和自然陈旧土层现象。

3. 看釉色

真品无论刷釉或者点釉，流畅自然，色彩较为光亮莹润，釉面有一种柔和的光泽，俗称"宝光"，有部分釉面出现白色银片，用水洗过后会出现鲜艳的光泽，干燥后会马上露出白色银片。

仿品釉面光彩夺目，有刺眼感，在日光灯下斜看仿品釉面时会呈现紫色、金黄色、鲜绿色三种颜色，釉面上的白色银片洗后很少出现银片，这是硫酸腐蚀过后才会出现的反应。

4. 看纹片

真品用放大镜观察，可看到一种无色的细碎纹片，大片基本均匀，纹片四周轻微有上翘感，纹线多数是由左向右发展，纹线短中交错。

仿品纹片较大，没有上翘感，纹线多从上往下发展，纹线长而直。

5. 闻气味

真品的气味近似土腥气，放入水中一尺内便可闻出，我们称它为葬气，真品在经过几百或者上千年缓慢的水土和尸体浸蚀，这种气味会被器物的胎质所吸收。

仿品经水后可闻到一种煤烟气味，是烧窑时的煤烟气。近年来有几家仿制高手为达到葬气的效果，曾采用农药六六粉水浸蚀陶胎，以求达到葬气效果。

6. 看土锈

真品的表面及内部经过几百年水土的浸蚀后，三彩器物内部露胎处，会出现很多针尖大的铁红色斑点，整齐有序。

5.4　景泰蓝工艺

5.4.1　景泰蓝的历史

景泰蓝作为一种美术工艺品，其制法是在铜器表面上用各色珐琅质涂成花纹，并在花纹的四周嵌以铜丝或者金银丝，最后再经高温烧制而成。这项工艺始于明代景泰年间，因初创时只有蓝色，所以叫景泰蓝。现在虽然各色具备，然而仍然使用以前的名字，这是因为景泰蓝已经变为一种工艺的名称，而不是颜色的名称。据说景泰为宣德之子，宣德重视铜器，景泰在幼年时耳濡目染，认识极详，且嗜之极深，只是对于铸炼方面，宣德已达到很高水平，没有能力再求突破，就在颜色方面另辟蹊径，以图出奇制胜，这就终于有了景泰蓝的创制。

大体上说，明代景泰蓝的胎、铜质较好，多为紫铜胎，体略显厚重，故造型仿古的多，主要仿青铜所用的彩釉均为天然矿物质料，色款深沉而逼真，红像宝石红，绿像松石绿。此时的丝掐得较粗，镀金部分金水厚，彩釉上大多有沙眼，并款有"大明景泰年制"或"景泰年制"。

清代的景泰蓝工艺比明代有了很大提高，胎体薄，掐丝细，彩釉也比明代要鲜艳，并且无沙眼，花纹图样繁复多样，但不及明代的纹饰生动，镀金部分金水较薄，但金色很漂亮。

民国时期景泰蓝总体水平不及前代，胎体薄，色泽鲜艳有浮感，做工较粗。这时只有"老天利"、"德兴成"制作的景泰蓝工艺细，质量好，造型多仿古铜器，或仿乾隆时的精品。现在景泰蓝不做实用品，多为陈设品。

5.4.2　景泰蓝的制作

景泰蓝是一种瓷铜结合的独特工艺品。制作景泰蓝先要用紫铜制胎，接着工艺师在上面作画，再用铜丝在铜胎上根据画粘出图案花纹，然后用色彩不同的珐琅釉料镶嵌在图案中，最后再经反复烧制，磨光镀金而成。景泰蓝的制作既运用了青铜和瓷器工艺，又融入了传统手工绘画和雕刻技艺，堪称中国传统工艺的集大成者。

要制作出精美的景泰蓝，需通过以下几个步骤。

1. 型制作（制胎）

将紫铜片按照图纸剪成各种不同的形状，并用铁锤敲打成各种形状的铜胎，然后将其各部位衔接并上好焊药，经高温焊接后便成为器皿铜胎造型。

2. 掐丝

用镊子将压扁了的细紫铜丝掐、掰成各种精美的图案花纹，再蘸上白芨黏附在铜胎上，然后筛上银焊药粉，经900℃的高温焙烧，将铜丝花纹牢牢地焊接在铜胎上。

3. 点蓝

焊好丝的铜胎经酸洗、平活、整丝后便可上釉了。所谓点蓝就是用金属小铲把各种珐琅釉料填入丝纹孔隙中，经过800℃的高温熔烧，将粉状釉料熔化成平整光亮的釉面。如此反复2～4次地上料熔烧，才能使釉面与铜丝相平，这样就使器皿披上了典雅华丽、五彩缤纷的漂亮外衣。

4. 磨光

磨光是用粗沙石、黄石、木炭分三次将凹凸不平的蓝釉磨平，凡不平之处都需经补釉烧熔后，反复打磨，最后用木炭、刮刀将没有蓝釉的铜线、底线、口线刮平磨亮。

5. 镀金

将磨平、磨亮的景泰蓝经酸洗、去污、沙亮后，放入镀金液槽中，然后通上电流，几分钟后黄金液便牢牢地附着在景泰蓝的金属部位上。再经水洗、冲净、干燥处理后，一件斑斓夺目的景泰蓝便脱颖而出了。镀好金的景泰蓝再配上一座雕刻得玲珑剔透的硬木底托，更显出景泰蓝雍容华贵、端庄秀美的姿色。

随着景泰蓝工艺的不断发展和市场的需要，一些异形产品、实用产品、旅游纪念品以及高、大、精、尖、高品位的景泰蓝大量生产，新品种、新花色、新工艺不断涌现。近年来，景泰蓝行业里出现了脱胎景泰蓝、银胎景泰蓝、画珐琅与掐丝珐琅结合的景泰蓝、机制景泰蓝、仿日本七宝烧的银晶蓝，以及多种工艺结合的景泰蓝。多工艺结合的景泰蓝是一种以景泰蓝为主体，然后与玉雕、牙雕、木雕、漆艺以及花丝镶嵌等相结合的工艺制作。由于多种工艺的巧妙结合，各种材料的互相衬托，再加上通体镶嵌的大量宝石，更使作品新颖独特、玲珑剔透。

5.4.3　景泰蓝的鉴别

景泰蓝是中国著名的特种工艺品之一，也叫铜胎掐丝珐琅。北京是景泰蓝技术的发源地，现存最早的景泰蓝是元代的产品。

收藏景泰蓝，除了认清年代外，在器型的选择上应以人物、动物为首；其次是炉、瓶，且须造型奇特，以有出戟、附件为佳；再次是碗、碟、杯等。从 20世纪 60 年代开始，景泰蓝出现了仿制品，主要是仿造清代乾隆以后的器物。景泰蓝使用的颜料为珐琅色料，仿造者为降低成本，往往用其他色料代替。仿造的一般方法是：先制成铜胎，并用铜丝掐成各种图案，接着将普通颜料研磨后填入灼烧，烧成后镀金，再用细石将表面的硬棱磨掉，各道工序完成后还要在其表面涂上一层杏干粥，使其生锈，数十天后把表面的锈除去，再用胭脂油擦一遍，其颜色和光泽程度便可与旧器物相混淆，但收藏家只要仔细观察，很快能分辨真伪。

景泰蓝以明代的制品为佳，凡是明代的制品，它的质料都是透亮而不发磁，其透亮程度比其他颜色更甚。其丝胎皆是黄铜，镀金为大镀，它的器物上均有沙眼。而乾隆时期，无论景泰蓝制作中的何种颜色，它的料都是不透亮而发磁的，因为明代透亮的料子，到此时已经不多见了，所以它的丝胎多是红铜，它的镀金是火镀，以黄白两色为最佳，其黄色黄而发干，与煮熟的鸡蛋黄相同，后来仿制的，多是黄中发绿或者发红，与乾隆时的干黄色不相同。乾隆时的白色很难仿制，其中的原因有两点：一是因其白色与东渠石色没有差异，仿者需用六品顶珠制成，而顶珠不易得到；二是因其白色白而且干，后之作料家虽亦发明一种干料，但烧时不易熔化，相比其他材料，吃火特别厉害，如果不是精良的工匠制作，器物极易受伤。

景泰蓝的掐丝十分重要，应选择掐丝细密、纹丝华丽、图案清晰、主题分明的器物。在观察珐琅釉时，必须考虑到历史的原因：明代器的珐琅质厚、色透，沙眼凹坑大且多；清初器的珐琅也有沙眼，但比明代有显著改进，珐琅质厚但不透；至清末、民国，珐琅稀薄，但沙眼几乎消失。

本 章 小 结

本章介绍了雕刻艺术品中木雕、玉雕和其他雕刻工艺品的基本概念、种类划分及其表现方式等内容；介绍了陶瓷工艺品的历史、陶器的种类以及著名的名窑、名瓷，还简要说明了鉴定古瓷的基本方法；另外，在结合我国传统工艺的基础上，阐述了唐三彩艺术的发展和鉴定，景泰蓝工艺的历史、制作与鉴别。

思 考 与 讨 论

1. 简述中国当代四大木雕的工艺特色。

2. 陶与瓷是否是一回事？二者的区别是什么？

3. 列举景德镇的四大传统名瓷，并简述其特点。

4. 对古瓷器如何进行鉴定？

5. 什么是唐三彩？对其应如何鉴定？

6. 试述景泰蓝的制作工艺。

第 6 章　民间艺术文化

【本章要点】
1. 中国风筝的简史、制作流程与主要流派；
2. 潍坊风筝的流派与特点；
3. 剪纸的艺术风格与特点；
4. 剪纸的题材、品种与地方剪纸特色；
5. 中国刺绣史与四大名绣；
6. 中国结的特点与文化内涵。

中国民间工艺源远流长，到了 21 世纪的今天，经过数千年的演变，许多民间工艺依然散发着诱人的艺术魅力，代表着浓厚的地方特色，成为时下众多旅游者喜爱的商品。

6.1　中国风筝

6.1.1　风筝简史

风筝的故乡在中国，中国风筝的历史至少有 2000 多年。从唐朝开始，风筝逐渐变成玩具。到了晚唐，风筝上已有用丝条或竹笛做成的响器，风吹声鸣，因而有了"风筝"的名字。也有人说"风筝"这名字起源于五代时李邺用纸糊风筝，并在它上面装竹笛开始。到了宋朝，风筝有了很大发展，品种增加了，性能也得到提高，并与人民生活产生了密切的联系。如北宋张择端的《清明上河图》和苏汉臣的《百子图》中都有放风筝的场面。明朝画家徐渭也写过很多与风筝有关的诗，如："柳条搓线絮搓棉，搓够千寻放纸鸢。消得春风多少力，带将儿辈上青天。"到了清朝，玩风筝之风更盛。传说慈禧曾叫太监跑到天津找"风筝魏"给她扎过一个"寿星老骑仙鹤"的风筝玩。现在故宫里还收藏有三只溥仪玩过的大风筝。曹雪芹在《红楼梦》第七十回中生动地描写大观园中姐妹们放美人、大鱼、蝙蝠、凤凰等各种风筝的情景。可以说，中国的玩具风筝在这时发展到了相当高的水平。

从唐宋开始，中国风筝开始向世界流传，先是朝鲜、日本、马来西亚等东亚、东南亚国家，然后传到欧洲和美洲等地。在欧洲产业革命的影响下，中国的玩具风筝开始朝着飞行器的方向发展，经过英国的凯利、澳大利亚的哈格瑞夫和德国的李林达尔等人，最后由美国莱特兄弟造成了最早的能载人成功飞行的飞机。因此，美国华盛顿宇航博物馆的大厅里挂着一只中国风筝，在它边上写着："人类最早的飞行器是中国的风筝和火箭。"

6.1.2 风筝的标准制作流程

传统中国风筝的主要工艺过程可概括为四个字：扎、糊、绘、放，简称"四艺"。简单地理解，这"四艺"即扎架子，糊纸面，绘花彩，放风筝。但实际上这四个字的内涵要广泛得多，几乎包含了全部传统中国风筝的技艺内容。如"扎"包括选、劈、弯、削、接；"糊"包括选、裁、糊、边、校；"绘"包括色、底、描、染、修；"放"包括风、线、放、调、收。下面做简单介绍。

第一步：扎绑。扎绑骨架是制作风筝的基础工艺，大体可分为选料、加工、绑扎等几道工序。

选料：扎绑之前需选料，通常用来扎制风筝骨架的材料有毛竹、藤白木条、芦苇和云杉木条等。

加工：以加工毛竹为例，一般要经过选竹材、破竹材、削竹条、修竹条和弯曲成型等五道工序。

扎绑方法：毛竹经过加工修理，在扎绑前，应选一平整的工作台，拼放成型。

扎绑风筝的基本工具：制作风筝的材料选好后，还要选择各种各样的工具。主要有剪子、钳子、火炉、酒精灯、蜡烛、锉刀、大小锯、大小剪刀、熨斗、单把和双把刨子，以及各种颜料、扎绑的绳。

第二步：裱糊。风筝骨架结扎完成后，接下来就是把彩绘的纸糊在上面，南方风筝艺人称做"蒙面"，北方叫"裱糊"。

风筝一般是用纸糊制的，用于风筝的蒙面材料，因风筝规格形状不同而异。糊风筝的材料，总的要求应富有弹性和韧性，常用的如绢、桑皮纸、宣纸、高丽纸、皱纹纸、电力防塑薄膜等。这些材料质地轻，纤维分布均匀，着色效果好。

风筝黏合剂的种类也很多，常用的有面粉糨糊、合成胶水、白乳胶等。

第三步：绘画。风筝的绘画艺术是一种综合绘画技法的体现。风筝摆在室内，放到空中，都是一幅美丽的图画。每一幅图画又都是由线条和色彩组成的图案，构成了这只风筝的主题。

在风筝上绘画着色，设计图案，目的是为了更好地表达主题内容和加强形式的美感。所以色彩、描绘技法，也是风筝制作工艺的重要环节。风筝的制作者应具备一定的色彩知识和各种描绘技巧，才能制作出好的风筝。

风筝的题材极为丰富，在特定的平面上形象地表现主题，一方面要通过图案和色彩在风筝造型骨架上表现直观效果；另一方面，又要能在放飞到高空时体现远视效果。正因为风筝本身的这些特点，它对绘画就有特殊的要求。

第四步：放飞。一个好的风筝，在经过扎制、裱糊和绘画以后，最后就是放飞了。放飞成功与否，体现着风筝是否具有完善的功能，一个不能放飞的风筝只能是具备装饰作用的作品而已。

6.1.3　风筝的主要流派

1. 北京风筝

北京风筝品种很多，传说曹雪芹所著的《南鹞北鸢考工志》中就有 40 多种扎法，现存的一本《北平风筝谱》中收集了 200 余种北京风筝。

在众多的北京风筝中有一种性能最好、对全国影响最大、也最具代表性的风筝，那就是外形像一个"大"字形的"沙燕儿"。沙燕风筝的头是燕子头的平面变形，它的眉梢上挑，两眼有神，被赋予了人的感情，再加上那对剪刀尾巴，使人看上去就会想到燕子。它比真燕子更可爱，人们常按照大家都喜欢的"大胖小子"，扎成胖沙燕和雏燕；又按照亭亭玉立、苗条秀美的少女，扎成"瘦沙燕"；按照恩爱夫妻扎成"比翼燕"。除此之外，人们还在燕子的膀窝、腰节、前胸和尾羽等处加上蝙蝠、桃子、牡丹等吉祥图案，寓意幸福、长寿和富贵等美好愿望。

沙燕风筝结构简练，由 5 根主骨条组成主要骨架，它的翅膀由上下两根竹条在尾部弯曲而形成特殊形状的"燕兜"，这能使风筝在风小时起飞，在风大时能飞稳，其飞行性能优于其他类型的风筝。由"沙燕儿"演变成的风筝品种很多，遍及全国。如山东潍坊外号叫"跑破鞋"的硬翅风筝和人物风筝，天津的硬翅蝴蝶和"轱辘锅子"，南通的"五音蝤蛑"等。

2. 天津风筝

天津风筝种类繁多，但以软翅为主。运用软翅结构，不仅可以做成飞鸟或昆虫的翅膀，还能做成神仙人物身边飘浮的云，金鱼身边游动的鳍等，还可制成很多蝴蝶围绕着花丛飞，组成的大风筝，和很多鸟围绕着凤凰组成"百鸟朝凤"等。

在放飞技巧上，天津风筝有很多"绝活"，如在一根主线上，有很多支线连着十几只甚至几十只小燕子，放起来绕着主线上下飞舞，互相嬉戏，似可乱真，称为"群燕"。

天津风筝在结构上的特点是:"扣楔"、"拆折"和"盔头"。天津风筝的骨架很多地方是"楔"、"卯"结合,不用线绑。在结构上拆折精巧,一只很大的风筝都能拆开折起来,放进很小的盒子里,携带非常方便。"盔头"是指用棉纸在模子里粘成薄壳,做成各种风筝的头部,这可以不受扎架糊纸的局限,重量既轻外形又美。天津的鱼、虾、蟹等水族风筝和福、寿、喜等字形风筝也堪称一绝。

总之,天津风筝造型逼真,色泽典雅,做工精细。筝面大多用丝绸,轻而结实。骨架选用质地细密、节长、弹性大的毛竹,用料十分考究。目前天津风筝在继承传统风筝技艺的基础上,不断创新和发展,使风筝的造型更加美观,彩绘更加精美,放飞晴空令人赏心悦目,置于室内又可供观赏,是民间工艺的珍品。

3. 南通风筝

南通位于黄海之滨,长江之北,古人谓之"淮南江北海西头"。原为沙洲,后沙滩与陆地相连,有着大片平坦的沙滩,为放风筝提供了良好的条件。每年从农历正月直到清明,都是放风筝的好时节。当地的俗谚说:"鹞子口声急,明朝雨打壁"、"鹞子满天飞,家家有得收。"可见放风筝活动已与当地人们的生活密切相关。

南通风筝中最有特色的是"六角板鹞",它是由一个长方形和一个正方形组合而成的有六个凸角的风筝,也有由几个这种风筝组合在一起的"七连星"、"九连星"等。这种风筝大的有几米高,上面还装有几百只大小不同的"哨笛",放上天后,这些"哨笛"发出不同的高低音,好似一只大型的乐队在空中合奏,声音可传至几里之外。由此可见,带有音响效果是南通风筝的一大特色。

4. 潍坊风筝

山东风筝历史也很久远,其中以潍坊风筝为最。潍坊风筝主要有三种基本造型:串、硬翅和简形,其中以龙头蜈蚣最突出。据说是受了龙骨水车的启发而制造的。现在已发展成许多品种,小的可放在拳上,大的有几百米长,其造型和色彩也各不相同,从很简单的白纸糊身,红纸糊头,不画一笔,不染一色的蜈蚣风筝,到色彩缤纷,绘金描银的九头神龙风筝;从构思奇妙的二龙戏珠到三条巨龙在空中呈"Y"字飞行的"哪吒闹海",真是千变万化,奇巧百出。

潍坊风筝的特点是取材广泛,它和年画有机地结合在一起,使得风筝的品种增多、造型独特,并具有浓烈的乡土生活气息。如今潍坊风筝艺人经过几代人苦心研究探索已把国画、杨家埠木版年画的技巧与风筝制作工艺巧妙地结合在一起,又形成了杨家埠风筝、国画风筝和象形风筝三个分支流派,形成了潍坊风筝特有的地方色彩。

6.1.4　潍坊风筝的流派与特点

中国风筝的主要产地有北京、天津、山东潍坊、江苏南通和广东阳江等，其中最著名的要数山东潍坊。潍坊是中国风筝的发祥地，潍坊风筝以古朴典雅、工艺精湛而誉满全国，蜚声海外。它经过历史演变和横向传播，逐渐形成了选材讲究、造型优美、扎糊精巧、形象生动、绘画艳丽、起飞灵活的传统风格与艺术特色，并与京式风筝、津式风筝等交相辉映，鼎足而立。

今日的潍坊风筝艺术品种繁多，由于风筝艺人和各行各业的风筝制作者不同的生活阅历、不同的文化层次和不同的知识结构，形成了不同的体系和流派，主要有以下三种。

1. 传统民间派

民间风筝，从历史上看，是相对宫廷风筝和艺匠风筝而言的。在现代，则是相对现代新式风筝而言的。其特点如下：

1）民间风筝的制作者，多数是农民和手工艺人。一般地说，他们在艺术上没有经过专门的训练，是按照自己对生活的直观感受和审美习惯，无拘无束地表达理想和愿望。他们的风筝，无论是造型、用料、色彩的配置和制作风格，都带有浓厚的乡土气息。

2）民间风筝大都是结合清明、重阳等一些传统节令制作的，所以其主题是有选择的，形式讲究装饰性。

3）民间风筝一般都是就地取材，篾扎纸糊，不甚讲究，但风格粗犷，不矫揉造作。

4）民间风筝受地域文化、经济、风俗习惯的影响，并且在制作中往往相互观摩、磋商，加之祖传、世袭的因素，所以带有古老传统的色彩，实际上是一种集体创作。

2. 传统艺匠派

由于出现了卖风筝的生意，专职风筝艺匠也就应运而生。在潍坊历史上，甚至有不少知名画家也参与风筝的绘制乃至设计制作，使潍坊风筝中出现了十分考究的精品。当然，这些精品，一般人玩不起也买不起，而买这些风筝的有钱人，往往提出要求，向艺人订做，这就是那句流传下来的谚语所说的情况"七分主人三分匠"。另外，在新旧朝代更换期间，一些宫廷风筝艺人流落民间，也促进了艺匠派风筝的发展和提高，使其带有宫廷风筝庄重、华贵的特点。

传统艺匠派对潍坊风筝事业的发展，起到了良好的促进作用，它使潍坊风筝从一般的玩具，上升为有价值的工艺品，成为潍坊地方文化的重要组成部分。

3. 现代创新派

近年来，由于广大专业美术工作者、科技人员、工人、城镇居民勇跃参加风筝活动，充分发挥了现代工艺、现代科学技术的优势，在继承传统风筝的基础上，创造出了崭新的现代风筝。现代风筝的主要特点是重视新材料、新工艺的运用，造型简洁、明快、清新、巧妙，具有鲜明的时代性。

现代创新派的出现使潍坊风筝按其形状又可以分为六大类：串式、桶式、板子、硬翅、软翅和自由类。

1）串式：把数只相同或者不同的风筝像穿糖葫芦似地拴在一根或多根线上放飞的风筝。例如，龙头蜈蚣风筝，分头、身、尾三个部分，身子为主体，由若干个圆片形的单体组成，每个圆片就是一个风筝。

2）桶式：亦称立体风筝，一般采用折叠结构的骨架，由一个或多个圆桶或其他形状的桶组成，如宫灯、花瓶、火箭等。

3）板子：就是平面板形风筝。升力片是其主体部分，四边有竹条支撑，形状多为八角形、菱形、正方形、四边形等。

4）硬翅：这种风筝的翅子是固定的形式，而翅子范围以外的部分，如造型与骨架结构，则因题材不同而各不相同。它的升力片用上下两根横竹条做成翅的形状，两侧边缘高，中间凹，形成通风道。翅的两端向后倾，使风从翅两端逸出。

5）软翅：它的升力片是用一根主翅条构成，翅子的下端是软性的，没有依附主条。骨架结构多做成浮雕式，适宜于禽鸟和昆虫风筝，如鹰、蜜蜂、燕子、仙鹤、凤凰、蜻蜓、螳螂、蝉等。

6）自由类：自由类包括跨种类，运用新技术，吸取外国风筝之长的风筝。跨种类的如"鹊桥会"，把串式、立体、板子等几种方法集于一体，运用新技术的如长 120 米的串式风筝"梁山一百单八将"、"百鸟朝凤"等，不仅能迎风转动，还能敲锣打鼓、喷烟冒火，"孙悟空"还能在放飞中七十二变。

6.2 民间剪纸

民间剪纸是中国古老的传统民间艺术。它历史悠久，风格独特，深受国内外人士喜爱。

6.2.1 剪纸的文化背景

剪纸是一种民间传统工艺品。在纸出现之前，人们利用薄片材料剪刻镂花，如汉代的金银箔刻花。但确切意义上的剪纸，则是在纸发明之后才出现的。我国是发明纸的国家，早在西汉时代已开始造纸。至此，利用纸便于剪刻镂空的性能符合民俗所需的剪纸艺术，随之在民众之中产生，后来逐步发展。在节日中，用各色彩纸剪成各种花草、动物或人物故事，贴在窗户上的叫"窗花"，贴在门楣上的叫"门签"，用作为装饰，也有的作为礼品装饰或刺绣花样。目前发现最早的剪纸实物，是新疆吐鲁番火焰山附近出土的北朝时期（公元 386～581 年）五幅团花剪纸。这几幅剪纸，采用重复折叠的方式和形象互不遮挡的处理手法，与今天的民间团花剪纸极其相似。

唐代以后的剪纸实物已属罕见。宋代出现了行业性质的剪纸和用于工艺装饰的剪纸，其中较为多见的例子是吉州窑宋代瓷器上的剪纸纹样。另外，宋代皮影盛行，也有用纸制作皮影的，称为"纸窗影子"。现在某些地区仍有类似皮影风格的剪纸，可见这两种相近似的艺术形式相互间的影响和汇流。明清剪纸传世作品有刺绣底样、扇面装饰、窗花等，风格趋向精细秀丽，俗中求雅。

由于剪纸只是应民情风俗的需要而存在，其材料又不易保存，所以很少有真正代表不同历史时期面貌的作品传世。可喜的是我国长期民情风俗的稳定和许多边远地区文化上的封闭，剪纸的某些纹样还较为可信地保持着初始的基本形态在民间流传。如杜甫诗中提到的陕西白水一带的招魂剪纸，至今在那里仍可见类似形式的作品。

有人说民间艺术是民族文化的活化石，是有道理的。由于地域文化背景的差异及民间剪纸某些体裁样式作品的相对稳定，使今天的民间剪纸仍保留着我国古代文化的不同层次，我们得以从其中领略民族艺术初始期的神秘、上升期的雄浑和成熟期的神韵，从劳动者的创造中获取历史的启迪。

6.2.2 剪纸的艺术风格与特点

每一种艺术都有自己独特的艺术风格，剪纸材料（纸）和所用的工具（剪刀和刻刀）决定了剪纸具有它自己的艺术风格。剪纸艺术是一门"易学"但却"难精"的民间技艺，作品大多出于乡村妇女和民间艺人之手，由于她们以现实生活中的见闻事物作题材，对物象的观察，全凭纯朴的感情与直觉的印象为基础，因此形成剪纸艺术浑厚、单纯、简洁，明快的特殊风格，反映了农民那种朴实无华的精神。其艺术风格与特点表现在如下方面。

1. 线线相连与线线相断

剪纸作品是在纸上剪出或刻出的，因此必须采取镂空的办法，这就使阳纹的剪纸必须线线相连，阴纹的剪纸必须线线相断。如果把一部分的线条剪断了，就会使整张剪纸支离破碎，形不成画面。由此就产生了千刻不落、万剪不断的结构。这是剪纸艺术的一个重要特点。剪纸很讲究线条，因为剪纸的画面就是由线条构成的。扬州著名剪纸老艺人张永寿根据他长期的实践经验把剪纸的线条归纳为五个字："圆、尖、方、缺、线"，要求达到："圆如秋月、尖如麦芒、方如青砖、缺如锯齿、线如胡须。"可以说线条是剪纸造型的基础。

2. 构图造型图案化

在构图上，剪纸不同于其他绘画，它较难表现三度空间、场景和形象的层层重叠，因此对物象之间的比例和透视关系也往往需要有所突破。它主要依据形象在内容上的联系，较多地使用组合手法。由于在造型上的夸张变形，又可使用图案形式美的一些规律作对称、均齐、平衡、组合、连续等处理，把太阳、月亮、星星、飞鸟、云彩同地面上的建筑物、人群、动物同时安排在一个画面上，常见的有"层层垒高"或并用"隔物换景"的形式。

3. 形象夸张、简洁、优美，富有节奏感

由于受到工具和材料的局限，要求剪纸在处理形象时，既要抓住物象特征，又要做到线条连接自然。因此，就不能采取自然主义的写实手法，这就需要抓住形象的主要部分，大胆舍去次要部分，使主体一目了然。形体要突出，形成朴实、大方的优美感，物象姿态要夸张，动作要大，姿势要优美，就像舞台上的亮相动作一样，富有节奏感。

4. 色彩单纯、明快

剪纸的色彩要求在简中求繁，少作同类色、类似色、邻近色的配置。要求在对比色中求协调。同时还要注意用色的比例，如用一个为主的颜色形成主调时，其他颜色在对比度上可以程度不同地减弱，碰到各种颜色并置起来，稍有生硬的感觉时，则把它们分别套入黑色。

5. 刀法要"稳、准、巧"

民间剪纸的许多特点和风格都是由刀法上的一定技巧产生的，如张永寿创作的"百菊图"，许多地方都是运用刀法的技巧。例如，刻一种"罗汉须"的菊花，

由于它初开时是直瓣，盛开时就卷曲，形成螺丝圈，剪这种菊花，要一瓣一瓣地从里圈往外圈剪，剪成后花瓣卷曲自如，才能组成一朵形象殊异、风味别致的菊花。如果刻一种叫"鹭鸶羽"的菊花，由于它开花时一瓣套着一瓣，一瓣勾着一瓣，剪这种菊，要运用"掏剪法"，剪起的地方要片片相连，瓣瓣相随，花瓣之间的粗细、大小才能参差有致，变化不同，剪成的花才能像鹭鸶的羽毛一样丰满而美丽。

当同时刻制数量比较多的剪纸时，在刀法的运用上，要切不要划，切出来的剪纸比划出来的剪纸要显得厚实。用刀时必须要像手拿钢锯一样，上、下来回切动，用力要刚劲、均匀，否则，刀在手里就会失去灵活性。注意不要左右来回摆动，握刀时上下必须垂直，刻出的剪纸才会准确。在刻纸时，下刀和起刀必须做到准，特别是在刀与刀之间连接的地方，说下就下，说起就起，否则，线条很容易被刀刻断或者因刻不断而把剪纸撕坏。

这里的"巧"主要是指运用巧刀刻出的"锯齿"和"月牙儿"。这是剪纸刀法中很重要的两种刀法。这两种刀法运用恰当，就能形成剪纸艺术独具的"刀味纸感"。

下面具体谈一下这两种刀法的运用。

"锯齿"是作者在制作过程中，由纸和刀的切割移动而自然产生的，它利用锯齿的长短、疏密、曲直、刚柔、钝锐的变比，结合不同物象的特征，表现它的质感、量感、结构等。刻植物时，柔和的锯齿纹可以表现它的花果，坚硬的锯齿纹可以表现树的叶子和茎的针刺、毛绒。刻动物时，细密的锯齿纹可以表现软软的绒毛，刚健的锯齿纹可以表现硬实的鬃毛，圆实半弧形的锯齿纹可以表现禽鸟、鱼虫的羽毛和鳞。刻人物时，用跳动的锯齿纹可以表现活动的眉毛、胡子、头发。"月牙儿"也是剪刻时自然产生的各种弧形装饰，它以阴刻为主，主要表现人物的衣纹，或破坏大块黑的面积，根据不同物象的特征、形状，可长可短，可宽可窄，可曲可直，能变化出各种不同的类型。

"锯齿"和"月牙儿"这两种形式往往在剪纸画面中交错运用，使得层次更加分明和富有变化。从南北朝时期的"对马团花"和"对猴团花"剪纸技法中的"锯齿"和"月牙儿"的萌芽出现，经过百年的历史演变，一直延续至今，已成为一种装饰图案的规律被人们所喜爱和运用。民间剪纸的刀法形式除"锯齿"和"月牙儿"之外，还有诸如花朵、涡纹、云纹和水纹等。

6.2.3 剪纸的题材

民间剪纸的题材是很广泛的，它既反映现实生活中群众喜闻乐见的事物，又能表现群众对美好生活的向往。剪纸题材的范围大致可以包括以下几个方面。

1. 实际生活题材

因为剪纸的作者大多来自农村，所以她们的作品题材大部分是取材于实际生活，如喂鸡、养猪、牧羊、放牛、骑驴赶车走娘家和抱胖娃娃、搞家庭副业、参加田间劳动，有的还直接表现自己饲养的家禽、家畜，如鸡、鸭、鹅、牛、马、羊、骆驼、狗、猫等，也有的表现生活中常常见到的植物，如梅、兰、竹、菊、牡丹、荷花、水仙，还有各种瓜果、蔬菜等。因为这些题材都来自生活，所以剪纸作品表现内容中的生活气息十分浓厚。

2. 吉庆寓意的题材

民间剪纸在题材上的一大特点是采用托物寄情的寓意手法，常用的有以下几种：

1）谐音法：以音象形的表现手法。比如花公鸡，就在公鸡身上刻几朵花；梅花鹿，就在鹿身上刻几朵梅花；刻上莲花和鲤鱼就寓意"连年有余"，这里以莲谐"连"，以鱼谐"余"。

2）谐形法：将某一形象进行简化作为代表。比如：刻上一朵云彩，就表示是天空，刻上一朵雪花，就表示是冬天下雪了。

3）象征法：借某一物象来表示一个概念，使人产生联想。如桃子象征长寿、石榴象征多子、鸳鸯象征爱情，松树象征长青不老，牡丹象征富贵，喜鹊登梅象征喜事临门，等等。

3. 戏曲人物和传说故事

民间流传的神话故事，通过戏剧等形式在全国各地广泛流传，人们不仅相互传诵着，而且还用剪纸这一形式来表达自己对这些故事中人物的爱与憎。如越剧之乡的江浙一带，民间剪纸在题材上大部分取材于当地流传的"梁山伯与祝英台"、"白蛇传"、"红楼梦"、"西厢记"等故事情节。京剧的发源地在北京，因此，京剧脸谱剪纸就以临近北京的蔚县最为著称。此外诸如"八仙过海"、"嫦娥奔月"、"天女散花"、"老鼠嫁女"等民间传说故事更是剪纸普遍表现的题材。

6.2.4 剪纸的品种与民俗作用

1. 窗花

窗花是民间剪纸中分布最广、数量最大、最为普及的品种。其他剪纸品种都是在窗花基础上的发展与延伸。南北各地农村在春节期间都要贴窗花，以此达到装点环境、渲染气氛的目的，并寄托着辞旧迎新、接福纳祥的愿望。

　　窗花可分为单色窗花、彩色窗花和纸塑窗花三种。彩色窗花又有染色与衬色之分。染色窗花以河北丰宁、蔚县所出最为著名，先刻后染，色泽明艳，光影效果极佳。衬色窗花以广东佛山所产最为著名，用金箔纸或银箔纸剪刻出主体纹样，背衬各色彩纸，金碧辉煌、富丽典雅，这种做法叫做"铜衬料"。纸塑窗花以陕西渭南地区所作最有代表性。用各色彩纸剪拼形象，人物头面用白布包裹棉花，再作彩绘、开脸，形成浮雕状造型。

　　窗花的表现题材极其广博，凡戏剧人物、历史传说、花鸟虫鱼、山水风景、现实生活及吉祥图案均可成为窗花的表现内容，可谓无所不有，其中又以寓意吉祥的窗花数量最大。窗花的民俗作用最为集中，不仅美化生活环境，而且能寄托出对生活理想的追求与渴望。祈祝生活富裕、后代昌隆、人寿年丰及辟邪迎祥等是窗花表现最多的主题，体现了窗花古老而丰富的文化内涵。

　　2. 装饰剪纸

　　早在南北朝时期，已经出现在屏风上贴剪纸的习俗，开创了剪纸在室内装饰中发挥作用的先河。敦煌莫高窟内发现的装饰纸花是更为成熟的室内装饰剪纸。经过千余年的传承发展，装饰剪纸的品类日渐丰繁。今天，民间剪纸中的挂签、顶棚花、炕围花、灶头花均属装饰剪纸。

　　挂签是贴在门楣上的剪纸，上沿贴牢，下面大部悬空，可随风飘动。挂签又叫"挂钱"、"挂千"、"过门笺"。山东南部的郯城、江苏北部的邳州等地又有套色挂签，俗称"换堂子"。其法取五色彩纸剪刻成型，局部刻断，各部分相互调换、镶嵌，形成色彩绚烂的装饰效果。

　　顶棚花是贴在天花板上的剪纸，中央是一张大型的团花剪纸，四角贴上角花，这种布局俗称"四菜一汤"。民间新屋落成，新糊顶棚，以及过年过节、办喜事等都要换贴顶棚花。

　　炕围花是沿炕周围贴在墙上的剪纸。炕围花的作用不仅是装饰墙面，还具有重要的象征意义。

　　3. 特种剪纸

　　特种剪纸是在窗花的基础上发展而成的纯观赏性剪纸，这种剪纸具有较单纯的审美价值，做工精湛，风格高雅，经过装裱或装框，置于室内以供观赏。创作特种剪纸的代表性人物是江苏扬州的张永寿，他自幼研习剪纸艺术，成年后形成个人风格，以剪制菊花最为擅长。他的作品造型精美，线条流畅，充分调动剪纸的艺术语汇，将物象压缩在二维平面上刻画成生动的形象，但在视觉感受上却充满三维空间的意味。作品虽然不表现物象的重叠交叉，但观众看到的却是饱满而立体的形象。

特种剪纸的文字造型极有趣味，文字的笔画都经过美化处理，用各种花鸟虫鱼等图形充任笔画，匠心独运。彩色脸谱也是在戏剧人物窗花基础上发展而成的特种剪纸，脸谱造型极尽精妙，通常选取形式感强、色彩丰富的谱式，用彩色剪纸的方法制成专供观赏的工艺品。

观赏性剪纸的形成与窗花关系密切，虽然不承担窗花的民俗作用，但是其精湛的技艺与完美的形式又对窗花、挂笺、炕围花等实用性剪纸产生了重要的影响，促进了窗花创作的提高与深入。

4. 绣花样子

剪纸绣花样是刺绣的粉本，也就是刺绣施针的依据。先用无色的薄纸剪刻成各式纹样，贴在待绣的地料上，再依样绣花，刺绣完成时，纸样就会被绣线覆盖，再也取不出来了。因此，绣花样子又是一次性的刺绣粉本，虽然绣花样子的最终效果将表现为刺绣，但是，就其本身的艺术特征而言，又是剪纸艺术的重要组成部分。

绣花样子对刺绣工艺的作用非比寻常，造型的优劣直接关系到刺绣纹样的成败。用绣花样子刺绣时，施针便利，只须沿纸边下针，即可得到挺拔的线条或齐整的轮廓。由于纸样的衬托作用，刺绣纹样会出现高鼓平滑的效果，有效地增强了绣品的装饰性。有些绣花样子还带有针孔构成的虚线，以便于作绣者施针和变换颜色。

根据不同的需要，民间艺人创作了各种各样的绣花样子，用于刺绣服饰的花样有"领口花"、"袖口花"、"胸花"、"花边"、"裙花"、"裤脚花"；用于鞋袜的有"鞋头花"、"鞋面花"、"袜底花"；用于刺绣日用纺织品的绣花样子有"被面花"、"枕头顶花"、"帐檐花"、"镜帘花"、"门帘花"等。刺绣小品如扇子套、眼镜盒、钱包、香囊、荷包等各种配饰，也都可用剪纸绣花样为粉本进行刺绣。

6.2.5 剪纸作品的装裱与保存

1. 剪纸作品的装裱

剪纸的装裱一般可采取以下几种形式。

（1）镜框式

一般市场上出售装照片和画片的镜框就可以。在装剪纸时需要将剪纸的四周用少量的白色乳胶粘连在托纸上，否则待镜框挂起来后，剪纸往往会掉下来或移动位置，显得东倒西歪不整齐。托纸的颜色选择主要看剪纸的颜色，比如剪纸是重颜色时，衬纸就要选择浅色的，剪纸是浅色或白色时，衬色就要选择重颜色。

（2）纸版装裱

纸版装裱可分平面装裱和立面装裱。平面装裱是将剪纸用透明乳胶全部粘连在事先设计好的纸版上即可。立体装裱是将纸版分成二层，中间夹着用透明片固定好的剪纸，外表再用透明片或玻璃纸贴好，这种装裱给人一种立体空间感。

（3）卷轴装裱

卷轴是装裱中国画的一种形式，它庄重、大方，挂在房间里很有气魄和具有东方艺术特色，用来装裱剪纸自然是上等。如在装裱好的卷轴上再请书法家题上字，盖上印章，就完全可以同一幅中国轴画相媲美了。装裱卷轴价格要比镜框昂贵，装裱技术的难度也比较大，但是，艺术效果却相当好。

（4）压胶装裱

随着现代工业的发展，各种透明化学材料越来越多，其中如透明树脂胶（化工商店有售），加少许的凝固剂，将剪纸平放在玻璃上，将配好的胶水倒在剪纸上面，然后用木架将绷平玻璃纸平放在胶上，再用橡皮滚筒压平，放在 400W 灯光下烤干，用这种方法装裱后非常精美，能永久保存，但技术比较复杂，如果裱时温度掌握不好则容易将玻璃纸烤破而失败。这种装裱效果近似照片过胶效果。

2. 剪纸作品的保存

由于剪纸作品是通过剪刻镂空后，由线条或块面组成的图案，牵一发将动全身，所以如何保存好剪纸是一项非常细致的工作。这里介绍几种剪纸的保存方法。

（1）黑白剪纸的保存

如果作品篇幅不大，比较简单的方法是将剪纸放在书本杂志中平放保存即可。假如是需要经常翻看的剪纸作品，最好从文具商店里买一本相册来保存，以免因经常翻动而损坏剪纸作品。如果你买的是带粘胶的相册，但你又不愿意将剪纸粘死，则可以用透明的玻璃纸将剪纸同粘胶分离。

（2）彩色剪纸的保存

彩色剪纸的保存主要是考虑防止褪色的问题。所以用来保存彩色剪纸的材料不宜选用吸水性强的纸张，最好用绘图用的拷贝纸或硫酸纸，这种纸吸水性极差，因此彩色剪纸的颜色一般不会被吸取，由于它还具有较好的透明度，所以用来保存剪纸也比较美观。

（3）大幅剪纸的保存

对于一些篇幅比较大的剪纸作品不宜采用卷筒式，否则剪纸的一些边角容易折叠损坏，影响美观，理想的办法是用瓦楞纸板夹住平放，这样，重新打开后剪纸作品会平整无缺，若要较长时间保存，还需注意防虫咬。所以，在存放剪纸的地方要放一些卫生球，以防虫害。另外注意经常翻动，以利通风。在潮湿地区，梅雨季节还须加强防潮措施。

6.2.6　地方剪纸特色

剪纸，是一种用纸剪出各种形象的民间艺术，有着小巧精致的形式、淳厚朴实的民族风格和寓意深厚的内涵，是中国最普及的民间传统装饰艺术之一。因其材料易得、成本低廉、效果立见、适应面广而受到普遍欢迎，成为具有地方特色的旅游商品。

全国各地都有剪纸艺术，并形成了不同地方风格的流派。一般来说，以陕西、山东等地为代表的北方风格豪放粗犷、浑厚纯朴；以广东、福建等地为代表的南方风格纤细秀丽、玲珑剔透；以江苏、浙江为代表的江浙风格疏密流畅、精巧明快。

1. 陕西剪纸

陕西民间剪纸历史悠久，题材广泛，风格独特。每逢春节或结婚等喜庆节日，人们总要在窗户上或居室内贴满剪纸，以示喜庆欢乐。剪纸内容，有反映现实生活中人民群众的生产活动、风俗习惯的作品；有表现人们对美好生活的向往，如"五谷丰登"、"连年有余"等运用谐音、象征和寓意手法的作品；有表现神话传说、戏剧故事，如"武松打虎"、"杨门女将"等类作品。

陕西剪纸地方风格浓郁，如陕北高原剪纸显得强劲有力、豪迈奔放；关中平原剪纸一般精而不繁、巧而秀丽；陕南流行的植物纹样，疏密虚实相宜，装饰趣味浓郁。陕西民间剪纸总的来说具有粗犷、简练、明快、醒目的地方特色，表现手法注重集中、概括、夸张、装饰，着力于写意传神。

安塞剪纸是陕西延安北部安塞一带流传的剪纸。其形式很多，有窗花、门画、炕围花、挂帘花、窑顶花、桌裙花、枕花、鞋花、牌牌花、围肚花等。内容分为以下几种，一是用于春节美化环境，表示吉祥如意，如飞禽、花草、牛羊猪狗、狮子老虎等；二是用于婚娶装饰洞房，多为石榴牡丹、成双鸟禽等；三是用于制作刺绣、布玩具底样的，多双石榴、双桃、虎娃等图案；四是用于迷信礼仪，有财神爷、灶王爷，还有用作招魂的纸人等。

2. 蔚县剪纸

在中国众多的剪纸流派中，蔚县剪纸以她美丽的风韵、独特的风格独树一帜,深受人们的喜爱,常作为商品,远销欧美、东南亚各国。

蔚县位于河北、山西交界处,四面群山环绕,是一个交通不太发达的地方。大概由于地理位置的特殊性,蔚县剪纸保持着自己特有的风格,以黑白剪纸和彩色的单色剪纸为主流。在形成的初期,主要是用剪刀剪,后来,慢慢发展到用刀刻,但仍然叫做剪纸。经过长时间的艺术实践,蔚县剪纸由简单日趋复杂,由粗糙逐渐走向精细。蔚县的剪纸据说是借鉴了杨柳青的年画、武强的木版年画,并在许多民间艺人的艰苦探索下创造出的一种民间工艺品,有着 300 多年的历史。其优美的构图、精细的做工令世人惊叹。蔚县剪纸的重要特点就是彩色点染,颜色鲜艳。在剪纸的品种上,蔚县剪纸有表现农村生活内容的花鸟虫鱼,也有农村人喜闻乐见的戏剧人物、京剧脸谱、神话传说人物等。蔚县剪纸在规格方面,既有 10cm×8cm、8cm×7cm 的普通剪纸,也有 18cm×12cm 的大型剪纸,还有少量 75cm×30cm 的巨型剪纸。

蔚县剪纸的特点是构图饱满,形象优美;结构严谨,连接性强;刻制精细,线条流畅;颜色点染得当,浓淡相宜。蔚县剪纸早已突破窗花的使用范围,广泛用于书刊的封面、插图、专栏的装饰图案,以及壁贴炕围、信笺书柬、包装装潢等,有的还作为年历、日历画进入千家万户。此外它还可以作为旅游商品,用来馈赠亲朋好友,或作为工艺品收藏。

3. 山东剪纸

剪纸艺术在山东民间流传很广,但其艺术风格却因地而异,胶东的窗花精致细腻,鲁北的窗花粗犷豪放,苍山的挖补门笺绚丽华美,莒县的五色门笺图案古朴,鲁西南的刺绣花样线条流畅,荣城的纸斗花纹形象洗练,这些均代表了鲜明的地方特色。

山东民间剪纸还有许多独特的形式。例如:胶东农家多采用栅栏状直棂窗和方格窗,故妇女剪的窗花是将一个比较大的完整的形象分成若干块或竖条,这种窗花因跨越了窗格,被称为"窗越"。比较流行的"金鱼缸"一般就分成六块或八块,组成完整的图案。此外还有一种窗花是用纸剪成动物形状,如斗鸡、对马、戏猴等,这些动物的头部、腿部与躯干是分开的,分别裱贴在较厚的白纸上,依外轮廓剪出,除躯干外不实贴在窗上,只用线钉住一点,作为轴心,在边缘处用细线挂在窗外的树枝上,当树枝晃动时就会牵连着剪纸活动起来,很像是皮影戏,能活跃节日和家庭生活的气氛。

山东民间剪纸大小悬殊,对照起来也会产生一种异趣。莱州的墙花就等于农村室内的壁画,尺寸很大,如"三娘教子"、"断桥会"等,人像有 60cm 高。而蓬莱的小剪纸却是农村妇女用剪剩下的纸头即兴剪些小动物和花果,每件只有

2～4cm,可说是最小的窗花了。

4. 佛山剪纸

佛山剪纸源于宋代,盛于明清时期。从明代起佛山剪纸就有专门行业大量生产,产品销往省内及中南、西南各省,并远销南洋各国。

佛山剪纸按其制作原料和方法分为铜衬、纸衬、铜写、银写、木刻套印、铜凿、纯色等几类。它是利用本地特产的铜箔银箔,用剪、刻、凿等技法,套衬各种色纸或绘印上各种图案,形成色彩强烈、金碧辉煌、富有南方特色的剪纸。

佛山剪纸的题材,绝大多数是劳动人民所喜爱的,寄寓着如意吉祥的花鸟鱼兽以及喜闻乐见的戏曲人物和民间故事,如“龙”、“凤”、“鲤鱼”、“孔雀”、“四时瓜果”、“福禄寿全”、“六国封相”、“唐明皇游月殿”、“嫦娥奔月”、“八仙闹东海”、“赛龙舟”等。铜凿料的色彩以粉红、玫瑰红、粉蓝、红丹白等为主,和谐夺目。铜衬料的衬色以橙红、粉红、槐黄、芥黄、紫、深绿和浅蓝为主,画面鲜艳调和。

佛山剪纸在本地民俗中有重要地位,无论岁时节日、婚丧嫁娶、寿辰祭祀、交际礼仪以至日常生活用品,儿童玩具都喜欢用剪纸作装饰。如过春节时家家门楣上都贴上“五福临门”的横批,在横批下贴上五张铜衬料福字笺花钱;七夕节时,妇女们用剪纸装饰果盘、香案、烛台,放贡品的碗也用剪纸盖顶。此外,很多祭祀品也用剪纸装饰。佛山俗例,丧祭要做七个“七”,每个“七”都要焚烧大量的祭品,尤其以“三七”为甚,其中所烧的金山、银山、金桥、银桥、大屋及屋内陈设、衣服鞋等纸扎品上全都贴上剪纸作装饰,如柜箱面和四角都贴上图案剪纸,连手帕都用剪纸作图案。

6.3 中国刺绣艺术

6.3.1 中国刺绣史

刺绣,古称针绣,是用绣针引彩线,按设计的花纹在纺织品上刺绣运针,以绣迹构成花纹图案的一种工艺。因刺绣多为妇女所做,故又称“女红”。刺绣是中国古老的手工技艺之一,全国各地各民族都喜欢用刺绣美化生活,装饰环境。刺绣的针法有齐针、套针、扎针、长短针、打子针、平针等几十种,丰富多彩,各有特色。绣品可用来装饰服饰、台布、枕套、靠垫等生活用品及屏风、壁挂等陈设品。

据《尚书》记载,早在4000多年前的章服制度就规定“衣画而裳绣”。在先秦文献中有用朱砂涂染丝线，在素白的衣服上刺绣朱红花纹的记载。战国时期的刺绣采用辫子绣针法，也称辫子绣、锁绣，绣出的图案已很精美。例如，湖北江陵马山硅厂一号战国楚墓出土的绣品，有对凤纹绣、对龙纹绣、飞凤纹绣、龙凤虎纹绣单衣等，都是用辫子绣针法绣成，并且不加画填彩，这标志此时的刺绣工艺已发展到成熟阶段。这些绣品在图案的结构上非常严谨，有明确的几何布局，大量运用了花草纹、鸟纹、龙纹、兽纹，并且富有创意地将动植物形象结合在一起，手法上写实与抽象并用，穿插蟠叠，刺绣形象细长清晰，留白较多，体现了春秋战国时期刺绣纹样的重要特征。

汉代的刺绣应用更广泛，贵族、富商多以丝织刺绣品做服装和礼物。汉代王充《论衡》记有"齐郡世刺绣，恒女无不能"，足以说明当时刺绣技艺高超和生产的普及。汉代刺绣的针法，仍运用辫子绣，它是以丝线圈套连接而成的，既可以单向锁绣表现轮廓，也可以圈排、并排锁绣成面饰。这种针法圈套浮线短，所以坚实耐用，是实用型的主要针法。辫子绣以长寿绣、信期绣、乘云绣为代表。

唐代刺绣应用很广，针法也有新的发展。刺绣除做服饰用品的装饰外，还用于绣作佛经和佛像，为宗教服务。唐代刺绣的针法，除了运用战国以来传统的辫绣外，还采用了平绣、打点绣、纭裥绣等多种针法。纭裥绣又称退晕绣，即现代所称的戗针绣，它可以表现出具有深浅变化的不同色阶，使描写的对象色彩富丽堂皇，具有浓厚的装饰效果。

唐、宋刺绣已分化为欣赏性刺绣和实用性刺绣两类，并且二者也都各有发展。欣赏性刺绣类，由宗教题材转向仿摹古人书画，追求写实、笔意和风韵；实用性刺绣类，则广泛适应当时人们的生活方式和使用要求，力求有装饰效果。

北宋前期实用性刺绣技艺发展迅速，绣品种类繁多，针法丰富，图案题材广泛。刺绣品种有佩绶、香囊、荷包、衣衫；针法有辫子绣、齐针、戗针、接针、打籽、钉金、施毛针、铺针、贴绣等；图案纹样以写实的花草为主，萃集四季开放的花卉，将芍药、马兰、秋海棠、月季、茶花、桃花、梨花、牡丹、菊花等花的纹样组成花边纹样，这种风格，对于明清两代的工艺美术有很大的影响。北宋后期，宋徽宗崇宁年间（1102～1106 年）在皇家画院设绣画专科，招募民间绣工 300 人，生产宫廷日用品和欣赏品。因受画院影响，"绣画"、"绣书法"流行成风。欣赏性绣画，要求融会书画神韵，这必须具备很高的艺术修养，因而这类绣品往往出自名门闺秀，有"闺阁绣"之称。

元代统治者信奉喇嘛教，刺绣除了做一般的服饰点缀外，更多的则带有浓厚的宗教色彩，被用于制作佛像、经卷、幡幢、僧帽。其中以西藏布达拉宫保存的元代《刺绣密集金刚像》为其代表，具有强烈的装饰风格。山东元代李裕庵墓出土的刺绣，除各种针法外，还发现了贴绫的做法。它是在一条裙带上绣出梅花，花瓣是采用加贴绸料并加以缀绣的做法，富有立体感。

明代刺绣以洒线绣最为新颖突出。洒线绣用双股捻线计数，按方孔纱的纱孔绣制，以几何纹为主，或配以铺绒主花。洒线绣是纳线的前身，属北方绣种，以定陵出土明孝靖皇后洒线绣蹙金龙百子戏女夹衣为例，它用三股线、绒线、捻线、包梗线、孔雀羽线、花夹线共6种线、12种针法制成，是明代刺绣的精品。属北方绣系的还有山东鲁绣、衣线绣和辑线绣。

至明末清初，手工业商品生产发展起来，江南刺绣服装、刺绣品生产极为繁荣。由于刺绣工艺的发展，清代已形成了不同的地方特色，发展成刺绣工艺的不同体系，有苏绣、湘绣、蜀绣、粤绣、京绣、鲁绣、瓯绣、汴绣等。

6.3.2 中国四大名绣

刺绣作为一个地域广泛的手工艺品，各个国家、各个民族通过长期的积累和发展，都有其自身的特长和优势。在我国除了苏绣、湘绣、粤绣和蜀绣这"四大名绣"外，还有京绣、鲁绣、汴绣、瓯绣、杭绣、汉绣、闽绣等地方名绣，我国的少数民族，如维吾尔、彝、傣、布依、哈萨克、瑶、苗、土家、侗、白、壮、蒙古、藏等也都有自己特色的民族刺绣。

中国的四大名绣形成于19世纪中叶，它的产生除了本身的艺术特点外，另一个重要原因就是绣品商业化的结果。由于市场需求和刺绣产地的不同，刺绣工艺品作为一种旅游商品开始形成了各自的地方特色，其中苏、蜀、粤、湘四个地方的产品销路尤广，故有"四大名绣"之称。

1. 苏绣

苏绣是以苏州为中心包括江苏地区刺绣品的总称，它是在顾绣的基础上发展而来的。说到这里，不得不先提顾绣，因为它对中国东部近现代的刺绣影响很大。顾绣原指明代上海顾家的刺绣，由于顾家刺绣名扬海内外，因此到了清代，江南一带的许多绣庄干脆挂起"顾绣"的字号，广义的"顾绣"便由此而来。

从欣赏的角度来看，苏绣作品大多以套针为主，绣线套接不露针迹，常用三四种不同的同类色线或邻近色相配，套绣出晕染自如的色彩效果。同时，在表现物象时善留"水路"，即在物象的深浅变化中，空留一线，使层次分明，花样轮廓齐整。因此人们在评价苏绣时往往以"平、齐、细、密、匀、顺、和、光"八个字概括之。

经过长期的积累，苏绣已发展成为一门品种齐全、画面丰富、变化多端的完整艺术，涉及装饰画（如油画系列、国画系列、水乡系列、花卉系列、贺卡系列、花瓶系列等）和实用品（如服饰、手帕、围巾等）。

2. 粤绣

粤绣是产于广东地区的刺绣品。据说始创于少数民族，明中后期形成其独有的特色，其特色有五点：一是用线多样，有丝线、绒线等；二是用色明快，对比强烈，讲求华丽的效果；三是多用金线作刺绣花纹的轮廓线；四是装饰花纹繁缛丰满、热闹欢快，常采用"百鸟朝凤"、"海产鱼虾"、"佛手瓜果"等具有地方特色的题材；五是绣工多为男工所任。绣品品种丰富，有被面、枕套、床楣、披巾、头巾、台帷、绣服、鞋帽、戏衣等，也有镜屏、挂幛、条幅等。

在艺术上，粤绣构图繁密热闹，色彩富丽夺目，施针简约，绣线较粗且松，针脚长短参差，针纹重叠微凸。常采用凤凰、牡丹、松鹤、猿、鹿以及鸡、鹅为题材。粤绣的另一类名品是用织金缎或钉金衬底，也就是著名的钉金绣，尤其是加衬高浮垫的金绒绣，更是金碧辉煌、气魄浑厚，多用做戏衣、舞台陈设品和寺院庙宇的陈设绣品，宜于渲染热烈欢庆的气氛。

3. 蜀绣

蜀绣亦称"川绣"，指以成都为代表的四川刺绣。其产地主要集中在成都、重庆、郫县等地。蜀绣的历史也很悠久，据晋代常璩《华阳国志》中记载，当时蜀中的刺绣已十分闻名，并把蜀绣与蜀锦并列，视为蜀地名产。最初蜀绣主要流行于民间，至清朝中叶以后，逐渐形成行业，尤以成都九龙巷、科甲巷一带的蜀绣著名。蜀绣的纯观赏品相对较少，日用品较多，取材多是花鸟虫鱼、民间吉语和传统纹饰，颇具喜庆色彩，主要绣制在被面、枕套、衣、鞋及画屏上。清中后期，蜀绣在当地传统刺绣技法的基础上吸取了顾绣和苏绣的长处，成为全国重要的商品绣之一。

4. 湘绣

湘绣是以湖南长沙为中心的刺绣产品的总称。湘绣的特点是用丝绒线绣花，是将丝绒线在溶液中进行处理，防止起毛，这种绣品当地称做"羊毛细绣"。湘绣也多以国画为题材，形态生动逼真，风格豪放，曾有"绣花花生香，绣鸟能听声，绣虎能奔跑，绣人能传神"的美誉。湘绣人文画的配色以深浅灰和黑白为主，素雅如水墨画；湘绣日用品的色彩艳丽，图案纹饰的装饰性较强。

6.3.3 刺绣的装裱方法

刺绣的装裱分两种，一种是软裱，另一种是硬裱。

（1）软裱

软裱和中国的传统字画装裱方法一样，直接裱在特殊的纸上。其特点是携带方便，便于运输，宜于收藏，无论大小都可卷起来收于特制的筒中。刺绣时要求针脚短，做工需要特别精细。主要缺点是容易受天气潮湿干燥的影响而收缩变形，在装裱过程中需要用水先把绣品浸湿。值得注意之处是刺绣时用的丝线具有一定的光泽度，浸水后容易使丝线失去光泽，可能影响绣品的色彩。这种装裱耗时需一周左右。

（2）硬裱

硬裱是现在装裱绣品过程中常用的方法。在绣品完成后，直接在绷子上就把绣好的作品用胶粘在专用薄木板上，待胶完全粘牢后取下绷子，配好装饰性的卡纸，再装框。其特点是色彩不失真，收藏时不容易变形，装裱时间短，但大的绣品不便于携带。

6.4　中国结文化

6.4.1　中国结简介

中国结渊源久远，始于上古，兴于唐宋，盛于明清，它在中国古代生活中的应用相当广泛，如最早的衣服没有今天意义上的纽扣、拉链等，系衣服多借助衣带打结，而且中国人一向有佩带饰物的习惯，饰物基本上也都靠穿绳打结系在衣服上。经过了几千年的发展，中国结已从实用绳结技艺演变成为今天精致的艺术品，开始在许多旅游地作为旅游商品吸引着中外游客。

目前，中国结有十多种基本结式，其名称是根据结子的形状、用途，或者原始的出处和意义而命名。例如，"双钱结"的形状像两个中国古铜钱半叠的式样；"纽扣结"是因其功能而命名；"万字结"不但其结体的线条走向像佛门的标志，而且在早期观音腰间的飘带上常出现此结；又如"盘长结"的基本形状就如佛教八宝之一的盘长，盘长象征回环贯彻，是万物的本源，"盘长结"就取其内涵之意，经常作为许多变化结的主结。

今天，中国结的编织技艺日益兴盛并且应用十分普遍。由于编织结饰品的种类繁多，编用的线材除了棉、麻、丝、尼龙和皮线之外，还有金银等金属线材，更增强中国结装饰的功能和适用的范围。无论是各种首饰、衣服配件和礼物包装的美化，还是室内各种陈设品的装饰，只要用到绳线绑的地方，都可以编上中国结来增添美观。一些大型的中国结创新作品，就像书画、摄影作品一样，用做布置书房雅室的壁饰之用。由此可见，形状精致典雅、变化万千又兼备实用装饰双重功能的中国结，充分反映出中国文化的优美和深邃。

6.4.2 中国结的特点及文化内涵

1. 中国结的特点

1）中国结是一种具有紧密结体的绳结，用它来绑东西不易松散，因此实用功能很强。

2）中国结的基本结构几乎完全对称，这在编制设计纹样时，会给技术上造成相当程度的牵制与局限，但是其对称的特点，却是符合中国传统装饰的习尚和审美的观念，在视觉感观上，也较容易被人们接纳与爱好。

3）中国结是一种立体的结子（双钱结除外），它是由两个面组合成中空的结体，由于这种结构，既能使结子硬挺，悬挂时不易变形，也可以在结体内镶缝珠宝。

4）中国结的编制，要经过"编"、"抽"、"修"的过程。某一个结的编法是固定的，但是"抽"可以决定结体的松紧、耳翼的长短、线条的流畅与工整，充分表现出编者的艺术技巧，"修"则是为结子做最后的修饰，如镶缝珠石，或上浆定型等工作。

5）每一个结从头到尾都是用一根丝线编结而成，每一个基本结又根据其形、意命名，把不同的结饰互相结合在一起，或与其他具有吉祥图案的饰物搭配组合，形成造型独特、绚丽多彩、寓意深刻、内涵丰富的中国传统吉祥装饰物品，如"吉庆有余"、"福寿双全"、"双喜临门"、"吉祥如意"、"一路顺风"等组配，这些都是赞颂以及传达衷心祈求和心愿的佳作。

中国结与现代生活相结合，已发展成为多个产品，其中主要有两大系列：吉祥挂饰和编结服饰。每个系列又包括多个品种，如吉祥挂饰有大型壁挂、室内挂件、汽车挂件等；编结服饰有戒指、耳坠、手链、项链、腰带和古典盘扣等。在现代文化返璞归真的今天，中国结情系天下，备受海内外朋友青睐。

2. 中国结的文化内涵

中国结年代久远，其历史贯穿于人类发展史的始终，漫长的文化积淀使得中国结渗透着中华民族特有的、纯粹的文化精髓，蕴含丰富的文化底蕴。"绳"与"神"谐音，中国文化在形成阶段，曾经崇拜过绳子。据文字记载："（女娲）引绳于泥中，举以为人。"又因绳像蟠曲的龙，中国人是龙的传人，龙神的形象，在史前时代，是用绳结的变化来体现的。"结"字也是一个表示力量、和谐，充满情感的字眼，无论是结合、结交、结缘、团结、结果，还是结发夫妻、永结同心，"结"给人都是一种团圆、亲密、温馨的美感。因此"绳结"这种具有生命力的民间技艺也就自然作为中国传统文化的精髓，兴盛长远，流传至今。

中国结不仅具有造型、色彩之美，而且皆因其形意而得名，如盘长结、藻井结、双钱结等，体现了我国古代的文化信仰及浓郁的宗教色彩，体现着人们追求真、善、美的良好愿望。在新婚的帐钩上，装饰一个"盘长结"，寓意一对相爱的人永远相随相依，永不分离；在佩玉上装饰一个"如意结"，引申为称心如意，万事如意；在扇子上装饰一个"吉祥结"，代表大吉大利，吉人天相，祥瑞美好；在烟袋上装饰一个"蝴蝶结"，"蝴"与"福"谐音，寓意福在眼前，福运迭至。此外在除夕之夜，长辈用红丝绳穿上百枚铜钱作为压岁钱，以求孩子"长命百岁"；端午节用五彩丝线编制成绳，挂在小孩脖子上，用以避邪，称为"长命缕"；本命年里为了驱病除灾，用红绳扎于腰际。所有这些，都是用"结"这种无声的语言来寄寓吉祥。中国人在表达情爱方面往往采用委婉、隐晦的形式，"结"便义不容辞地充当了男女相思相恋的信物，将那缕缕丝绳编制成结赠与对方，万千情爱、绵绵思恋也都蕴含其中。

纵观中国结的发展历史，我们不难发现，绳结已超越了原有的实用功能，并伴随着中华民族的繁衍壮大、生活空间的拓展、生命意义的增加和社会文化体系的发展而世代相传。一个结字，把我们同祖先的思绪相连；一个结字，使我们与古人的情意相通。正可谓：天不老，情难绝，心似双丝网，中有千千结。

本 章 小 结

本章主要介绍了我国最具特色的传统民间手工艺术文化，包括中国风筝的简介、制作流程、主要流派及潍坊风筝的流派与特点；民间剪纸的文化背景、艺术风格、题材、品种与作品的装裱、保存；并介绍了著名地方剪纸特色；中国刺绣史及四大刺绣和刺绣作品的装裱；中国结的特点与文化内涵。

思考与讨论

1. 简述中国风筝的主要流派及其特点。
2. 民间剪纸的艺术风格与特点是什么？
3. 剪纸的品种有哪些？各类剪纸作品的民俗作用是如何体现的？
4. 列举中国四大名绣，并说明其特点。
5. 中国结有哪些特点？
6. 中国结的文化内涵是什么？

第 7 章　时尚旅游商品

【本章要点】

1. 睡袋、帐篷的分类及选择；

2. 旅游鞋的分类及功能；

3. 数码相机、摄像机的分类及功能；

4. 太阳镜的分类及选择。

作为大众性的旅游活动发展到今天，已经有越来越多的人热衷于自助旅行，特别是以背包族为代表的年轻人，睡袋、帐篷、旅游鞋、数码照相机、摄像机、太阳镜等时尚旅游商品已是他们的行囊中不可缺少的物品。因此对于这些时尚旅游商品的分类、功能等相关信息的了解，成为选择及使用它们的基础。

7.1　睡袋与帐篷

睡袋是在户外宿营和旅行时必不可少的装备。睡袋保暖的原理，是靠它的填充物的膨胀，而形成不流动的绝缘空气层，来隔绝体热与外界的冷空气，减少体热的散失而达到保暖的效果。

7.1.1　睡袋

1. 睡袋的分类

睡袋的类别众多，根据睡袋的形状、用途及填充物的不同可以将睡袋分为不同的种类。

（1）根据形状分

睡袋的形状直接关系到睡袋的保暖效果、睡眠的舒适性以及旅行者行李的体积。

1）木乃伊形。这种睡袋在脚部比较窄，然后向上至肩部渐宽，最后在肩部以上带有一个隔温束紧的头兜。一个合适的头兜应当可以收紧，以防止冷风吹入。这是一种为了节约睡袋重量，得到更好的保温效果而设计的窄紧的睡袋。其修长紧凑的外形不仅提高了睡袋的保暖效率，而且节省了行李空间，尤其是头兜可以阻止大量的热量散失。但比较紧凑的形状必然使某些人在睡眠时感觉不够舒适。

2）蛹型。介于人形和长方形之间的过渡形，具有比人形睡袋更宽阔的腿部和腰身空间，但头部仍保有圆弧式的头盖，保暖效果优于长方形睡袋。它有较为良好的散热性、内部空间较人形睡袋宽大，属于一种兼具保暖、舒适睡眠的折中型睡袋，但良好的散热性意味着增加与外界冷空气对流的概率，对于平常习惯于盖大被子睡觉的使用者而言，此种睡袋仍然稍嫌拥挤。

3）长方形。设计用于温暖气候或平常露营用的睡袋，具有宽大的体积、通风透气性佳的特点。大多数可将拉链完全展开变成被子使用，还有设计成左、右不同拉链开边可接合成一个双人大睡袋。有舒适宽大的内部空间可在里面翻滚，露营居家两相宜。但此软睡袋抗寒效率不高，尤其是缺乏一个保护头部的半圆形头套，且占用较多无用的重量和体积。

（2）根据用途分

根据用途的不同又可将睡袋分为两大类，一类睡袋较薄，用于一般的旅行或露营，这些睡袋大都在春夏秋三季使用，价格相对便宜，用途广泛。还有一类睡袋用于较寒冷的环境，甚至是一些探险活动，这类睡袋一般被称为专业睡袋。专业睡袋在设计和材料上都非常考究，价格也相对较高，但如果冬季露营或是去高海拔地区旅行，专业睡袋是不可少的。

（3）根据填充物分

根据填充物的不同，又可把睡袋分为以下两种类型。

1）天然绝缘填充物，如羽绒。羽绒的材质又可分为白鹅绒、白鸭绒、灰鸭绒、水鸟绒等。每单位重量的保暖度是最具效果的，羽绒睡袋易挤压，易保持原状，使用期较长，所有可用的材质中质量最轻（限于高品质的羽绒）、保暖最有效率。但遇湿不保暖、不易干，在潮湿的环境中或雨季时期并不适用。高品质的羽绒价格较高。

2）人造合成纤维绝缘体。合成纤维的抗湿性较佳，湿睡袋依然可维持保暖度，快干，低价位，但在干、冷的环境中保暖度不如羽毛，收缩后体积仍然很大、占用背包较多体积，长期使用、抗挤压的耐用度亦不如羽毛类的天然制品。像 Ozavk 奥索卡系列睡袋中的"美梦"和"攀登者"等款式的睡袋保暖层采用先进的微纤维棉，其保暖效果也是非常好的。

2. 名品睡袋

（1）Lamilite

Wiggy 公司的产品，由多层薄层组合，睡袋较薄，即使在潮湿环境亦可维持保暖程度，重量较轻且价位低，此纤维改进填塞的平滑度和摺状，同时能抵抗使用洗衣机的破坏。

（2）LiteLoft

3M 公司的产品，是由 Microfine Polyester/Olefinfibers 热溶形成如格状的绒毛，温暖度、柔软度、挤压性都不错，但使用 1 年后似乎比其他材质差。

（3）Microloft Polarguard

Hoechst-Celanese 的产品，是初期开发的合成纤维产品之一。目前改良的 PolarguardHV 新产品较原有的 Polarguard 轻 25%，早期对 HV 的反应是较轻、较蓬松，但长期的耐用度依然是问号。

（4）Primaloft

此纤维是模仿鸟的羽毛外观制品，稍硬且厚，比较难制成睡袋且价位偏高，但对防水性与快干均显著，耐用度似乎达到一般的标准。

3. 使用中需要注意的问题

任何睡袋都有一个适宜的使用温度范围，即"温标"。温标由三个数据组成，一个最低温度、一个中间温度和一个最高温度。一般来说，欧美国家原产地睡袋在温标上对于亚洲人来说不太适宜，欧洲人在耐寒能力上要高于亚洲人，因而我们在选择时要格外加以注意。曾经发生过温标最低温度标为−20℃而在实际使用中−5℃时使用者已无法忍受的情况。但也有为中国市场进行过专门设计的睡袋。

使用睡袋时，在野外一个挡风的帐篷能提供一个温暖的睡眠环境。在选择营地时，不要选择谷底，那里是冷空气的聚集地，也尽量避开承受强风的山脊或山凹。一张好的防潮垫能有效地将睡袋与冰冷潮湿的地面分开，充气式效果更佳，在雪地上需用两张普通防潮垫。

睡袋吸收的水分主要来自人体，即使在极寒冷的情况下，人体在睡眠时仍会排出起码一小杯的水分。保温棉在受潮后会黏结而失去弹性，保温能力下降。睡袋连续使用多天后，最好能在太阳下晾晒。经常清洗睡袋可使保温棉保持弹性。

一些较松软的衣物可兼作加厚睡衣用。将人与睡袋之间的空隙充填满，也可使睡袋的保暖性加强。人体是睡袋的热量来源，临睡前先做一小段热身运动或喝一杯热饮，会将体温略微提高并有助于缩短睡袋变暖的时间。

7.1.2　帐篷

在野外过夜帐篷是最常用的方式，因为它容易架设，能防雨，可重复使用，具有隐私性，同时可架设在任何地点，且防风与防晒，内部有足够的空间可以提供给使用者。

1. 帐篷的分类

根据帐篷的功能可以把帐篷分为三季帐篷、四季帐篷、高山帐篷、夏季帐篷和防水布五种类型。

（1）三季帐篷

指非雪期使用的帐篷，它能抵抗强风与少许的积雪，大多数的帐篷有能透气的尼龙内帐与防水层的外帐，帐门是双层，一层是纱网，帐篷内部的湿气可以透出，帐门较大，此种帐篷适用于三天至一星期的活动，最好是森林或不会过分暴露的开阔营地地形。

（2）四季帐篷

帐篷的材质较硬，能抵御积雪与强风恶劣天气，双门式易进出营地。此类帐篷的设计考虑雪期的器材取放问题与内外帐空间问题，非常适用于森林界限下的雪期暴风雪。

（3）高山帐篷

大部分高山气流相当旺盛，帐篷的营柱必须能够支撑与抵抗突发的恶劣天气，帐篷设计须适合攀岩或健行者的需求，质轻、易携带，且能住得舒适。

（4）夏季帐篷

属单层，是一种雨棚加一层尼龙的底部，相当通风，属低海拔露营式，它可以抵抗小雨，设计的考虑注重于通风，其次是抵抗天气，通常顶盖为通风的纱窗网，底层为尼龙布，有外帐，色彩淡，不会让内部过于日晒令人无法忍受，但它无法抵抗强风带，搭外帐仅能抵挡小雨。

（5）防水布

防水布是一种相当轻便、花费少的扎营方式，它能用于低海拔森林或亚高山森林的环境，对于热能的释出与防风或昆虫的侵扰防御能力差。塑胶制的防水布易搭建，最好四角打孔方便搭盖，否则使用一些小圆石包住再绑细绳，至于营钉可以寻找一些小树枝充当，使用的最好尺寸是 9 尺×12 尺，若是三人左右则 11 尺×14 尺。

2. 选购注意问题

好的帐篷具备下列几项优点：张力强，坚固耐用，体积小，携带方便，质量轻，防雨，吸湿性不大。

选购帐篷需依据以下几点：自己的用途，如夏季、非雪期、雪期或四季使用；帐篷容纳的人数；你希望拥有的空间；帐篷的重量；能接受的价位等。制造商提供许多不同尺寸、重量与设计的组合，自己可根据需要进行选择。

不论是使用单层还是双层式帐篷，必须了解帐布的防水与透气度。如果完全防水，湿气会凝聚于内帐造成底部出现小水坑，这些湿气由旅行者的呼气产生，同时它也可能会湿透睡袋。

在选购帐篷时应注意以下问题：

1）便宜的单层帐篷，仅能使用于森林下限的地点，同时必须相当通风，因为单层帐篷完全防水不透气。所以最好选择双层的帐篷，内帐需透气性强，外帐是完全防水的塑胶布，如此外帐依然会留住内帐透出的湿气，内、外帐布绝对不能接触或黏在一起，因为黏在一起会使外帐的水渗入内帐，同时外帐须完全罩住内帐与出入口，有时可以置一块防水布于底层防止湿气渗入，保持底层干净，增加使用寿命。

2）不同的帐篷设计有不同的支撑度，选购时须考虑自己的用途，尤其是在雪期时更重要。轻便的帐篷应足够宽敞、坚固，能满足一些特殊的需求。一般两人帐是最常使用的帐篷，因为易携带，易找营地，而且三人或单人也都能住。

3）当准备在野外过夜可架用的方式有帐篷、露宿袋、防水布、雪洞或避难小屋，而帐篷是最常用的方式，因为它容易架设、防雨、可重复使用、具有隐私性，同时可架设在任何地点，且防风与防晒，内部有足够的空间可供旅行者放置器材。

4）帐篷的颜色最好选暖色调，如黄色、橘色或红色。当你被困时，显眼的颜色会容易被人发现。

7.2　旅　游　鞋

19 世纪中期，在欧洲的阿尔卑斯山脉周边的一些国家，徒步、远足、登山及其他户外运动逐渐成为当地青年人生活中不可缺少的一部分。随着户外运动的逐渐普及，与户外运动相关的一些产品也逐渐走俏，于是，在这些山区的小镇里，那些生产加工普通鞋子的鞋匠们越来越多地开始制造更加适合于户外运动的鞋子，在制作过程中，他们将其精湛的制作工艺与自身对户外运动的理解融为一体，从而创造出了鞋子中的一个崭新种族——旅游鞋。

7.2.1　旅游鞋的分类

"千里之行，始于足下"，不管是登山、攀崖还是远足、郊游，都得用足了足下功夫，一双舒适的鞋便成了旅游的必需品。

1. 从鞋的功能分类

（1）专业登山鞋

为专业的登山者所设计，这里的"登山"一般指登雪山、高海拔山、技术攀冰等冰雪运动，由于使用环境极为恶劣，对其制造工艺及质量要求也就异常地严格，这类鞋的共同特点为重量沉、坚固、鞋帮高、鞋底硬、保暖性能非常好。如用于6000m以上高山的登山靴外部由高级塑料制成外鞋壳，内部为保温用的内鞋，这样的双层设计足以抵御－40℃以下的严寒。

专业登山鞋的另一个特点是可以在鞋下卡上专业的冰爪或滑雪板。为海拔6000m以下的登山运动所设计的登山鞋一般为皮面，鞋底较厚，前后均留有卡冰爪的位置；而为6000m以上的登山活动设计的登山鞋则要求更高，一般为双层结构，外部由硬塑制成，与鞋底一体，内部为保暖性极好的内胆，足以抵御高山的严寒，受潮后也可以从鞋内抽出晾干，由于其出色的保暖性能，现在很多攀冰爱好者也使用这种鞋。当然，这类鞋子的价格也是不菲的。

（2）普通登山鞋

普通登山鞋是使用比较广泛的一类鞋，在耐用性及舒适性方面做得比较出色，如适合长途旅行或登山的皮面登山鞋。但是由于充分考虑到路面的各种复杂状况，这类鞋的鞋底一般做得比较硬，鞋帮也比较厚，不容易崴脚，所以重量就相对比较沉。一般是为长途旅游或者强度较高的登山活动所设计。

（3）一般旅游鞋

一般旅游鞋，适合远足、郊游、野营等运动量不太大的活动，是使用最广泛的一类旅游鞋。这类鞋一般重量较轻，多为皮革和尼龙混合鞋身，鞋底花纹较浅，而且很少采用专业橡胶制造，一般也没有防水功能。这类鞋不但适合野外活动，重量比较轻，还适合日常穿着。鞋面大多为全皮或皮革与尼龙的混合体，穿着非常舒适，一般采用圆鞋带，不加保暖层。相对于登山鞋，此类鞋鞋底花纹较浅，款式上也更加时尚。

2. 根据鞋的重量分类

（1）轻量级

轻量级的旅游鞋与运动鞋的界限比较模糊，不仅仅是指重量轻，而且意味着其用途也比较有限，这类鞋的鞋面一般采用杜邦公司制造的 Cordura 强韧耐磨布料，Cordura 布料具有超过一般尼龙两倍的耐磨度，重量轻，并且不易起毛。底部由一层橡胶及泡沫等材料制成，不需要时间来适应，"即买即穿"。

（2）中量级

从数量上来讲，这是背包客中最受欢迎的一类户外鞋，多数中量级旅游鞋鞋帮内夹有防水材料，能够适合各种天气情况。在出发之前对所有可能需要双脚丈量的地方及背上的行囊做一个统计，如果地形多样，而且背上的背包在 30～45 升左右时，你就需要一双中量级的旅游鞋了。这类鞋有的由全皮制成，有的也由皮革及尼龙制成，随着技术的发展，更多的高科技材料应用到旅游鞋当中，比如 Garmot 的"龙骨"设计，Kammior 的"汽车底盘"设计，新工艺新材料的采用，使旅游鞋的舒适性及对足部的保护性能也大大提高了。但是注意，中量级的旅游鞋在第一次穿到完全合脚的过程中，需要走几十公里的路来适应。

（3）重量级

重量级的旅游鞋与登山鞋的界限已经非常模糊了，可能唯一方便划分的是，旅游鞋的鞋底相对软一些，鞋底一般没有卡冰爪的位置，但是重量很沉，防水性能是必不可少的，重量级的旅游鞋几乎可以适应各种复杂的地形状况。但是出发前必须要用一个月左右的时间或者行走百公里左右来使脚与鞋子之间达到最佳贴合状态。

7.2.2　旅游鞋的结构

旅游鞋主要由三部分构成：鞋帮（upper），内底（mid sole）和外底（out sole）。

（1）鞋帮

鞋帮由鞋面和内衬构成，轻量级的旅游鞋，鞋帮较低，多为皮革与尼龙的混合体，轻便、舒适性好；中量级及重量级的旅游鞋鞋帮为中帮或高帮，多由全皮及复合材料制成，内衬或夹有防水材料，或表面经防水涂层处理，防水性能出色，而且鞋舌与鞋身连成一体，即使是踩进水里也不会漏水。

（2）内底

内底部分从外面是看不见的，实际上，一双鞋的舒适性如何，主要是看内底的设计是否合理，好的内底设计可以最大限度地适合你的脚型。而内底设计不合理，会导致走路时脚在鞋里晃来晃去，不但非常难受而且还容易起泡。

（3）外底

外底就是平常说的鞋底，把外底比喻成汽车轮胎再合适不过了，它们共同的特点都是与地面直接接触，各厂商的设计理念不同，外底所采用的花纹也不尽相同，一般来说，较软的外底适合地形简单状况下的旅游，较硬的外底则适合路面不平、石头较多的路面。

7.2.3　名牌旅游鞋

1. 专业登山鞋

登山鞋的品牌很多，总体来说欧洲产的多为老牌子，知名度非常高，美国生产的式样新颖且采用了大量新技术。

在知名度方面，意大利生产的登山鞋最负盛名，像著名的 Asolo、Scarpa 和 Dolomit，不但在欧洲而且在全世界都享有极高的声誉；德国的 Lowa 也很有特色，它设计的登山鞋带有浓重的德国色彩，坚固而沉重；法国的 Salomon 牌登山鞋是一个非常流行的登山鞋品牌；西班牙产的 Boreal 牌登山鞋外形简单，但质量上乘，是少数几个在北美也拥有极高知名度的欧洲品牌。

2. 普通旅游鞋

Nike、Adidas、Rebok 等是驰名世界的运动鞋品牌，中国的李宁、贵人鸟、安踏、金莱克等都是质量不错的旅游鞋。

7.3　数码相机与摄像机

从 1991 年柯达制造出第一款以数字形式记录影像的照相机以来，数码相机和数码摄像机的应用越来越广泛，而且在人们出外旅游时，也逐渐用数码影像产品取代了传统照相机和摄像机的地位。数码影像产品早已不是前卫高端用户的专有品，更多的大众消费者已成为其拥有者。

7.3.1　数码相机

数码相机作为目前最为普遍的摄影产品，被越来越多的消费者所喜爱，根据其不同的特点及相关功能，可将数码相机分为六种不同的类型。

1. 数码相机的分类及相关功能

（1）简易型数码相机

简易型数码相机这一类的数码相机像素不高，一般在 100 万像素以下，价格从几十元到几百元不等。这类数码相机能够拍照片，但照片的分辨率不大。它的主要用途是用于网上传输，在屏幕上显示图像。

(2) 数码相机中的主流产品

这类相机的价格大致从 2500 元到 4000 元不等，像素数从 200 万像素一直到 800 万像素，可以替代目前正在普遍使用的 35 毫米胶片傻瓜相机。主要适用于生活摄影和旅游摄影的普通摄影消费者。

(3) 适于业余摄影爱好者进行摄影创作的相机

价格在 5000～10000 元之间。有更多的手控功能，更多的与传统照相机相应的拍摄功能。除此之外，这类相机也可以用作很多专业摄影场合以及商务摄影场合。应该注意此类照相机有了更多的人工可以控制的功能，就需要有更多的照相机的使用知识和拍摄知识。

(4) 适合新闻记者、人像摄影师的数码相机

即能够更换镜头的单镜头反光结构的各种高级数码照相机。这一类数码照相机的价格大约在 1.5 万～5 万元之间，可以拍摄尺寸更大、品质更优秀的照片，最大的特点是能换镜头。拍摄体育照片、野生动物都非常适合。

(5) 无镜头数码相机

这类照相机没有镜头，是一种叫数字后背的数码影像产品。把可以更换后背的 120 相机或将大画幅相机后面的胶片后背拿下来，然后把数字后背装上，相机立刻就变成了数码相机。数码后背一般单价都在 10 万元以上，但是它是目前能够得到最大尺寸和最好品质的数码影像器材，也是最适合于商业摄影师使用的数码影像器材。

(6) 其他类型的数码相机

如手机、手表、电脑、望远镜等都是可以拍照的数码产品。除此之外，各种专业、专用，以及有特殊功能的数码照相机品种可就更多了。比如说有防水的，有防尘的，有潜水的，还有可以在没有可见光条件下拍摄的红外线数码照相机，以及其他各种工业用照相机、医学用数码照相机、警用的数码照相机等。

2. 数码相机与普通相机

普通相机的影像宽容度比目前的数码相机要大，拍摄需要长时间曝光的夜景照片的时候尤其明显；胶片的操作方式比较容易，因为诸如色温一类的问题在制作胶卷时已经一次性完成；同时传统照相机的结构可以相对地简单，制造的成本也就比较低；胶片的冲洗加工工艺已经非常成熟，而且全套的社会化服务也比较健全；如果不是进行大量的拍摄活动，因胶卷照相机的廉价优势，使用胶片拍摄照片在经济上仍然有着相当的合算之处。

虽然普通相机较数码相机来说有一定的优势，但是在需要制作大画幅的摄影

成品时，1000 万像素以上的数码相机就成为了必需，现在这一等级的数码记录设备仍然无法做到普及的程度，而这时胶片的优势就有了用武之地。简单的设备加上并不太贵的高性能感光材料，大多数的摄影者都可以简单地解决大幅面高精度制作照片的问题。

7.3.2　数码摄像机

随着数码产品的快速发展，在数码相机日益被旅游者普遍使用的同时，数码摄像机也逐渐参与到了人们的旅游活动中，同数码相机相比，它有更大的作用，能将动态的画面持续地拍摄下来，使作品更有收藏价值。

1. 数码摄像机的基础知识

DV 是 Digital Video 的缩写，译成中文就是"数字视频"的意思，它是由索尼（SONY）、松下（PANASONIC）、胜利（JVC）、夏普（SHARP）、东芝（TOSHIBA）和佳能（CANON）等多家著名家电巨擘联合制定的一种数码视频格式。然而，在绝大多数场合 DV 则是代表数码摄像机。

CCD（charge coupled device，电荷耦合器件）在 DV 中是作为成像器件的，相当于胶卷照相机中的胶卷。因而，CCD 决定了所拍摄影像的质量。拍摄物体时，被拍摄物体的光线会透过摄像机的镜头感应在 CCD 上。CCD 的构造就像果蝇的复眼，上面排列了几十万，甚至几百万个像素点，像素数越高，表示构成画面的像素点就越小，画面就越清晰。30 万像素的 CCD 就可以获得水平清晰度为 250 线的影像，40 万像素可得 400 线的影像，50 万像素就可以达到 500 线的影像，更大像素的 CCD 可以明显地提高静止照片的清晰度。

绝大多数家用 DV 都只采用一片 CCD，也就是单 CCD 机型。而高档 DV 则采用 3 片 CCD，它通过特有的三棱镜把光线分解为红、绿、蓝三种颜色的光，这三种色光再分别投射到三块独立的 CCD 上，从而获得更高的清晰度和更精确的色彩重现效果。因此，3CCD 机型清晰度更高，色彩还原更逼真，但是 3CCD 机型价格相对较贵。单 CCD 机的滤色镜直接制作在 CCD 片上，光学结构简单。现在家用 DV 中 CCD 的像素多在 50 万以上，即使单片 CCD 也能达到 500 线以上的清晰度。

2. 数码摄像机的分类

（1）专业摄像机

专业级的 DV 数码摄影机都已逐渐采用 3CCD 模式，还要求摄像机具有手动调整功能，因为许多特殊的画面是需要手动调整来达到不一样的效果的，这些往往是一般自动调整的 DV 所做不到的。常见的 3CCD 机型有佳能 XL-1、索尼 DCR-TRV900E 和 DCR-VX2000E 等。

（2）旅行和家用数码摄像机

这类数码摄像机一般的功能及用途没有专业数码摄像机的要求高，只要能满足旅游者的旅游活动拍摄和家庭拍摄即可。

3. 旅游用数码摄像机

如果出外旅游时携带摄像机的话，体积小、重量轻、耗电量小是选购时所要考虑的重点。如果要减少耗电量，舍弃以液晶显示屏幕拍摄的方式，而改用观景窗拍摄会是比较省电的做法，尤其是在户外拍摄时，液晶显示屏幕容易受到强光的影响而变得无法观看，这时改用观景窗来取景将会是比较好的选择。通常，旅游用 DV 中的 CCD 大小为 1/4 英寸（约 6mm）左右，如主要用于运动影像的摄制，其有效像素值为 80 万就足够了，拍摄出的运动影像完全能够满足我们的欣赏需求。

旅游用 DV 主要是 MINI DV，这是品牌和型号最多的 DV 机型，也就是说，目前市场上绝大多数家用数码摄像机均是 MINI DV 格式。此外，还有索尼的 MICROMV 型 DV，如 DCR-IP 220 等。MICROMV 机型采用的磁带，外形只有 46mm×30.2mm×8.5mm，还不到 MINI DV 磁带体积的 1/3。

松下 NV-DS60，功能不多、实用，操作简单、价格便宜，80 万像素 CCD，10 倍光学变焦、500 倍数码变焦，性能方面可以满足一般家庭摄影的需要；DS 60 体积小，65mm×82mm×123mm，一只手就可以把它 3 面给包起来，重量轻，携带方便，适合外出旅游使用。

设计新颖的夏普 VLZ301D 同 DS 60 一样，都属于价位在 4000 元人民币以内的普及级 DV。它内部设定 1/4 英寸、80 万像素的 CCD、10×光学变焦、500×数码变焦镜头。它采用了 CG Silicon 系统液晶显示屏，可以在强光下依然显示清晰；机身可以 225°旋转；内置电池，由于采用了主机内置式电池的构造设计，使机身更小，并且电池电量足以使 Z301 工作 2 小时。

索尼产品一向比其他同档次产品的价格高，但索尼 19E 价格相对低，同时功能较全。首先，19E 采用了 10×的蔡司镜头；另外，80 万像素的高级 HAD 技术的 CCD，当拍摄影像时色彩会更加鲜艳，还原性更佳。19E 还具备较好的夜拍功能，这主要是依靠索尼的技术——最大光圈 F1.7 和红外线夜视的有力支援。

市场上还有其他格式的 DV 机型，如索尼 DCM-MI 等，采用 MD 光盘作为记录载体，日本 DZMV200A 等采用 8cm 的 DVD 光盘，三星 ITCAM-7 等采用电脑用的硬盘，松下 SV-AV10 和 SV-AV20 等只使用采用 SD-MMC 存储卡，索尼 DCR-IPI 等只使用记忆棒。

7.4 太 阳 镜

在户外活动时，太阳镜不仅能修饰，给人以美的感觉，更为重要的是太阳镜能对人的眼睛起到保护作用，在烈日炎炎的夏日，风沙扬起的旅途，太阳镜都是必不可少的旅游商品。

7.4.1 太阳镜的分类

1. 抗反光防护镜片

这种镜片是在表面涂上一层薄薄的氟化镁，以防止强光反射，让你看东西更加清晰且不受强光干扰。要检测你的眼镜是否真的采用抗反光防护镜片，可将眼镜对准光源，若你看到紫色或绿色的反光，那就表示镜片上确实涂有防反射的保护膜。

2. 彩色镜片

彩色镜片也称做"染色镜片"，就是在镜片制作过程中，加上一些化学物质，让镜片呈现色彩，用以吸收特定波长的光线。这是太阳镜最常使用的镜片类型。

3. 涂色镜片

涂色镜片呈现的效果与彩色镜片相同，仅制成的方式不同，它是将颜色涂在镜片表面，最为大家熟知的就是"渐层式的涂色镜片"，颜色是上面最深，然后往下渐浅。一般有度数的太阳镜多是以涂色方式处理镜片。

4. 偏光镜片

为了过滤太阳照在水面、陆地或雪地上的平等方向的刺眼光线，在镜片上加入垂直向的特殊涂料，就成为偏光镜片。它最适合户外运动，如海上活动、滑雪或钓鱼时使用，但在一般日常生活中，尤其是在开车时，并不适用。

5. 变色镜片

变色镜片也称为"感光镜片"。因为在镜片上加入卤化银等化学物质，让原本透明无色的镜片，遇上强光照射，就会变成有色镜片，来做防护，所以适合于室内室外同时使用。

7.4.2 各色系的防护效果

1. 茶色系

茶色系镜片可吸收光线中的紫、青色，能挡住平滑光亮表面的反射光线，几乎吸收了 100％的紫外线和红外线，是十分优良的防护镜片，柔和的色调，使眼睛不易疲劳，戴眼镜者仍可看清景物的细微部分，是驾驶员的理想选择。

2. 灰色系

灰色系镜片属较全面的镜片，戴上后仍能清楚地辨别颜色，可完全吸收红外线以及绝大部分的紫外线，并且不会改变景物原来的颜色。温和自然颜色的镜片是较受欢迎的选择。

3. 绿色系

和灰色系眼镜一样，可吸收全部红外线和 99％的紫外线，光线中的青、红色也可被阻挡，但有时景物的颜色在经过绿色镜片后会被改变。但因为绿色带给人以清凉、舒畅的感受，对眼睛的保护作用也不错，可吸去热气，带来清凉的感觉，所以是太阳眼镜片的绝佳选择。但透光度及清晰度较低，适合在晒太阳时佩戴，而外出旅游驾驶时不宜佩戴。

4. 红色系

红色系的镜片阻隔紫外线和红外线的效果同以上三种色彩相比要略逊一筹，但对一些波长较短的光线阻隔性较好。粉红色镜片颜色柔和，对一些佩戴者来说，心理上的助益大过实质上的效果。

5. 黄色系

黄色系镜片可吸收 100％的紫外线中的大部分的蓝光，吸收蓝光之后，所看到的景物会更清晰。我们发现，打猎、射击时，佩戴黄色镜片当滤光镜是十分普遍的。

6. 蓝色系

蓝色是最流行的太阳镜片色，蓝色能有效滤去海水及天空反射的浅蓝色。但是这种镜片会透过更多的紫外线。

据证实，太阳镜最佳的镜片颜色色系是茶色系、灰色系和绿色系。

7.4.3 挑选太阳镜

1. 镜片的选择

选购太阳镜时，首先要检查镜片的质量。在选择时注意镜片表面要光滑，无磨痕、气泡，将镜片平放，从水平方向上看镜片无翘曲。可将太阳镜拿到距眼睛45cm处，透过眼镜观察周围的垂直线和水平线，比如窗户框或门框等，再将眼镜上下前后移动。如发现直线歪曲或摆动的情况，说明该镜片变形，不宜购买。凹凸不平或有痕迹、气泡的镜片，戴上后会引起头晕等不舒适感，也不宜选购。

其次，应该注意镜片的颜色。要使眼睛不受红外线、紫外线的辐射，眼镜的颜色应有足够的深度。一般以深灰色为佳，深褐色和黑色次之，蓝色和紫色最差，因为这两种镜片会透过更多的紫外线。黄色、橙色和浅红色的尽量不用。最好选择标签上明确标注100％防紫外线的产品。

再次，还要注意以下问题：检查两个镜片是否有色差、镜片屈光度是否超标等。可以手拿太阳镜的两脚对着日光灯，让镜面的反光条平缓滚动，如果发现镜面反射的日光灯影出现波浪状、扭曲状，证明镜片不平整，这样的镜片会损伤视力。另外，粉红、蓝、绿或其他鲜艳颜色，可能会扭曲佩戴者的视觉，使人看不清某些颜色，汽车驾驶员等选择时须谨慎。

从光学角度考虑，专家推荐棕色、灰色和绿色太阳镜，因为这几种颜色对防紫外线有帮助，而且佩戴时不会造成视觉颜色偏差。颜色太浅的太阳镜滤光作用差，太深了又影响视力。有一个窍门，消费者在挑选时戴着太阳镜照镜子，能隐约看到瞳孔说明颜色深浅适度。

2. 镜架的选择

对很多人来说，戴太阳镜主要是为了美观，因此根据自己的脸型特点选一副合适的太阳镜就非常重要了。

（1）圆型脸

圆型脸选方形的眼镜架，可以使你的脸看上去稍有棱角。最好不要选择圆形镜架，否则会使你的脸显得更圆。

（2）倒三角型脸

倒三角型脸下巴尖细，避免佩戴宽大的眼镜架，否则只会夸大额部，而选择细小的眼镜架在视觉上会起到缩小额部宽度的作用。

（3）三角型脸

三角型脸额头较窄，这种脸型如选择一些方形的镜架，就会使你的狭窄前额显得阔一些，从而协调了面部轮廓。

（4）方型脸

方型脸如果是脸型偏长，就可以选用一些较阔的镜架，视觉上可起到缩短脸型的作用。如果脸型不是太长，则选择比较精致细小的镜架，如镜片较小的椭圆形镜架可以使面部看上去柔和一些。

3. 款式的选择

太阳镜式样较多，有大方、椭圆、六角、斜方等样式。在挑选时，尺寸可适当大一些。旅游太阳镜大都没有屈光度，可不受瞳孔距离的限制，镜面稍大一些可以使视野更加开阔，但也要使眼镜臂的重量平均分散于耳朵及鼻梁上。一般说来，旅游眼镜要比普通眼镜略大 4～6mm 为佳。

选择旅游眼镜，除了造型要美观、式样要大方外，其镜片也很有讲究。旅游眼镜的镜片基本上是塑胶片分别染色而制成的。同一块镜片上，上深下浅，分有浅红、紫色、灰色、褐色、黄色及绿色。挑选时要考虑与佩戴者的肤色相协调。例如，红色镜片会使一位面色发黄的人让人看来有一双红色肿胀的眼睛，但若是肤色较红的人戴着，又会使眼睛显得深凹。苍白皮肤的人戴一副绿色镜片，看起来有一对下陷的眼睛，但是古铜色的人戴上就漂亮极了。苍白皮肤的人不能戴灰色镜片，若戴上一副褐色镜片，就会令人觉得有热情及健康的外表。假如您是一位相貌粗犷的男性，建议您购买宽边身、大方型旅游眼镜，戴上这种眼镜可以使您显得稳重、端庄。如果您是一位面庞清秀、文雅的女青年，可选用带有翘角椭圆形的旅游眼镜，这样就会显得更加清秀，风度翩翩。

4. 价格的选择

挑太阳镜时，除了看外观是否漂亮、做工是否精细、是否有国家有关部门的质检报告、防紫外线情况如何之外，应充分考虑到制造成本、销售服务等环节。二三十元的太阳镜，其质量往往是无法保证的。到较大的眼镜专卖店或大商场的眼镜专柜去选购，一般可以使产品在质检、卫检等方面得到较好的保证。

太阳镜的镜片有普通塑料胶片镜片、树脂镜片及采用偏光技术的镜片。地摊上许多便宜的太阳镜片多是胶片的，而专业眼镜店里则多为树脂的，其透光性比胶片的好，偏光镜片档次更上一层，价格也稍贵一些。另外，不要小看镜架，如果用的材料不好（比如普通塑料、没有处理好的金属等），会使皮肤磨损感染，当然镜架用料好价格上也贵一些。

7.4.4　名牌太阳镜

1. RAY-BAN（雷朋）

雷朋太阳镜产地为美国，款式既休闲，又传统，它的镜片是强化玻璃的，防紫外线，非常耐磨。眼镜的颜色很多，镜架有金属架和板材架两种。大致可以分为三类：运动用太阳镜、绅士型太阳镜和淑女型太阳镜。绅士型代表的是一种保守、高贵的形象，淑女型代表的是潇洒、飘逸和现代女性之美，运动型除了体育运动之用外，主要表现运动员的阳刚、健康、反应灵敏的气质。

2. VERSACE（范思哲）

范思哲太阳镜原产地为意大利，以休闲系列为主，眼镜的颜色有黑色、灰色、蓝色。它的镜片是树脂片，防紫外线，镜架有金属架和板材架两种，秉承了此品牌的一贯艳丽、性感和奢华的风格，在注重艺术感表达的同时，更加注重浪漫怜悯的情调，充分体现了透明的魅力。时尚太阳镜充满了飞扬的动感，水果色的透明注塑质料，多彩的镀反射膜不碎镜片，力度十足的喷砂金属表面处理，劲酷的弧形帐面镜形，是现代众多时尚旅游者的选择。

3. CD 太阳镜

CD太阳镜原产地奥地利，它的所有产品都是限量生产的，其造型一般比较传统、正规，非常适合在正式场合佩戴，也是一些中年以上的成功人士的首选和挚爱，只是近些年才推出了青年系列。它的镜片是树脂片，防紫外线。镜架有金属架和板材架两种，其中板架的材料特殊，为 OPTYL 材料。眼镜主要有黑色、蓝色和咖啡色。

4. GUCCI（古姿）

原产地为意大利，它的产品以休闲系列为主，款式新潮，眼镜的颜色、种类繁多，有黑色、灰色、红色、蓝色、绿色等。它的镜片也是树脂片，防紫外线，镜架有金属架和板材架两种。

7.4.5　佩戴太阳镜应注意的问题

太阳镜只宜在烈日下戴，阴天和在室内没有必要戴。有的人把太阳镜当作装饰品，不管光线强弱都戴着，有的人把近视镜换上变色镜片，整天戴在眼睛上。长时间不科学地佩戴太阳镜，会产生头痛、不能久视等症状，严重时将导致视力下降、视觉模糊。有些深颜色镜片不但不能滤除紫外线，反而会导致紫外线大量进入眼内，损伤晶状体，严重时导致白内障。青光眼患者不适合佩戴太阳镜，因为太阳镜减弱了光线，患者为了能看清楚，瞳孔被迫放大，将导致眼压升高。司机开车时，戴变色太阳镜不利于安全驾驶。专家建议，因需要而长期佩戴太阳镜的人应定期到医院检查眼睛。

近视眼配太阳镜时也应该注意，与正常视力相比，近视眼者的选择范围就要小得多了，但还是有几种方法可以选择：可在原有的眼镜上加配一副带夹子的镜片，俗称套镜，这种套镜在人进入室内后，可把镜片往上翻起，使用比较方便；近视屈光在 600 度以下的，可选择变色近视镜片，然后再配一副镜架就行了，相当于再配一副眼镜的加膜处理，在原有的镜片上加一层膜，即成了有色近视眼镜。而戴隐形近视镜的人可以按照正常视力选择太阳镜。

本 章 小 结

本章主要介绍了几种相对于传统的旅游商品而言较为时尚的旅游产品，通过对睡袋、帐篷、旅游鞋、数码照相机、数码摄像机、太阳镜的不同类型和功能的介绍，使消费者在选择商品之前有一个大概的了解，然后根据不同的需求，选择不同类型的商品。当戴上太阳镜，背上睡袋、帐篷，胸前挂着数码照相机或摄像机，足下蹬着舒适的旅游鞋徜徉于山野林间、冰川雪地时，一个词可以形容——Modern。

思考与讨论

1. 论述如何根据个人需求挑选睡袋。
2. 试述旅游鞋在使用过程中应注意的问题。
3. 试述数码照相机和摄像机较传统照相机及摄像机的优势。
4. 简述如何根据颜色挑选适合自己的个性化太阳镜。
5. 简述佩戴太阳镜时应注意的问题。

第8章 烟 草

【本章要点】

1. 烟草的分类;

2. 卷烟的分类;

3. 卷烟品质的鉴定。

全世界约有 10 亿人与烟草为伴。在全球控烟运动风起云涌的今天,对烟草的评价基本上是毁誉参半。从来没有任何一种植物像烟草这样对人类社会产生如此重大的影响。在旅游业迅速发展的今天,烟草作为一项旅游商品为越来越多的旅游者所喜爱。

8.1 烟 草 概 述

自从 15 世纪哥伦布把烟草作为观赏植物和药品带到欧洲,烟草的种植便逐渐普及。迄今世界约有 130 个国家种植烟草,中国更是以 3455 万大箱的年产量而位居世界第一产烟大国。由于烟草可以调节人的情绪,让人在享受其香味的同时产生一些创作方面的灵感,而且又是在社会交往中不可缺少的应酬品,使之成为一种普遍的旅游商品。

8.1.1 烟草的分类

烟草有不同的分类方法:按植物品种可以分为红花烟草和花烟草两大类;根据调制方法分为烤烟、香料烟和晾晒烟。

1. 按植物品种分类

被人们栽培食用的烟草植物有两个品种。

(1)烟草

烟草又叫红花烟草,是一年生或二三年生草本植物,宜种于较温暖地带。

(2)花烟草

花烟草又称堇烟草,是一年生或两年生草本植物。与其他红花烟草在植物分类上不同，植株比红花烟草矮小，生长期短，耐寒力强。我国种植黄花烟草的地区主要在东北、兰州、新疆等地，大多用来加工制为斗烟和水烟。

2. 按调制方法分类

（1）烤烟

烤烟在昏暗、潮湿、闷热的烤房中，要经过三个时期：一是变黄期，烟叶变为全黄，叶内含物向有利于吸食方面变化；二是定色期，烟叶由金黄到叶肉全干，固定住烟叶在变黄期获得的色泽和品质；三是干筋期，排除主脉中水分使全叶干燥，这时烟叶终于初步变成喷香的"黄金叶"。

（2）香料烟

香料烟要经过凋萎变色期和定色干燥期的调制过程，才能成型。调制后的烟叶还要用复烤机复烤，以利于烟叶以后的储存和品质改进。调制结束，按照不同类型的烟叶对原料进行分类，由品种性状、栽培和调制方法综合作用而形成，在外观品质、化学成分、烟气特点上构成复杂的不同商品类型。

（3）晾晒烟

晾晒烟也叫土烟，加工成烟制品的方法较简单，把田间已生长成熟的烟叶采摘扎把挂在屋檐下晾晒干燥后即成烟叶，手工制成相当于现在的雪茄烟和烟丝，用简单的烟具抽吸，或进行规模生产，用于制造烟制品，如制造雪茄烟、烟丝、鼻烟、嚼烟等。白肋烟和雪茄烟都属于晾晒烟。这里的雪茄烟指制造雪茄的原料，即作为烟叶的雪茄烟。

白肋烟原产于美国，由于叶片的茎、脉呈乳白色而得名。它属一种深褐色晾烟，调制方法是建盖能控制温湿度的晾棚，把生长成熟的烟叶挂在晾棚内调制晾干。这种烟叶香气浓郁，尼古丁含量较高，是生产混合型卷烟的主要原料。种植白肋烟的国家有美国、日本、巴西等。我国于1956～1966年先后在山东、河南、安徽等省试种。进入20世纪80年代以来，又先后在湖北、重庆等地种植白肋烟，烟叶品质有所提高，已用于生产混合型卷烟。

8.1.2 烟草制品的分类

烟草制品可分为以下六种类别：

1）纸卷烟。包括卷烟和香烟两种。

2）雪茄烟。填充用的填芯烟，将烟芯包起来的中束烟，最外一层的外包烟。

3）头烟。装在烟斗中燃吸，要求有芬芳的香气、适当的气味和良好的燃烧性。

4）旱烟和水烟。将烟叶制成烟丝装在烟杆上吸用，烟叶有充足的油分和良好的气味。

5）鼻烟。将烟叶研成粉末，置鼻中嗅用。

6）嚼烟。烟叶被制成烟饼、烟丝、烟片嚼用。

除了上述六种烟制品外，还有流行于新疆等地的莫合烟、药物香烟（在卷烟中添加中草药或中草药的提取物形成的卷烟，是中国特殊的烟制品，又称为"疗效型"香烟，世界上消费最多的是纸卷烟、雪茄烟、药物香烟和斗烟。

8.1.3　烟具

神探福尔摩斯的烟斗、伟人斯大林的烟斗、纪晓岚的长烟杆等，这些不但是烟具也是他们个性的体现，同时又是一种艺术品、纪念品和收藏品。

1. 烟斗

烟斗是英国探险家沃尔特佩爵士首先根据印第安人的启示制成的，以后便成为英国绅士的特征而流行，这一习惯后传入美国。烟斗的消费层次很明显，从价廉的木雕烟斗到上层社会使用的昂贵珍品、装饰品和收藏品。烟斗发展至今还是以木雕为主，而以隔热性能佳、保燃性能好的根雕烟斗为名贵，根雕烟斗又以接近自然形态和色泽者为佳。这也反映了人类在向文明进步发展的同时，对古朴自然仍然存有偏爱。值得注意地是，烟斗几乎成为男性的"专利"，反映了烟具的主流是带有男性化的而很少有脂粉气的高雅制品。

2. 烟嘴

烟嘴的发展与烟斗有所不同。由于烟草及其制品不直接在烟嘴内燃烧，材质使用范围就广泛得多，古朴高雅的有竹木、角质、象牙等雕刻品，也有昂贵的玛瑙、玉石制品，一般的除了适用的竹木制品外，还有金属和塑料等制品。烟嘴对消费层次的反映也极为明显，如象牙、玉石等高档烟嘴一般为富有的消费者所拥有，一般消费者在要求美观适用的同时，则选用价廉物美的塑料、玻璃及金属等工业制品。随着工业的发展，部分工业品，如假象牙制品达到了以假乱真的水平。而农村使用的大多为就地取材的自我加工的竹木烟嘴，古朴自然，也别有情趣。有趣的是富有的消费者使用烟嘴，一般是喜爱清洁和显示其高雅身份，而一般消费者则是注重其节约烟草。

3. 旱烟杆

在由烟斗、烟嘴的发展派生出的众多的烟具中结合得最全理、流传最广的当推旱烟杆。早期旅行多是步行或以马代步，旱烟杆应是由便于携带的短烟杆，逐步发展成为一种类似棍棒工具的长烟杆，既可击蛇驱兽，还可拒敌防身。但旱烟杆一进入富有的上层社会情况就不同了。翡翠烟嘴玉石斗，斑妃杆镶金银，极尽豪华美观，再加上烟袋烟荷包等附件，手执一杆，上步三摇，气派十足。更有的烟杆长至自己无法点火，还得让别人来服侍。烟具不同，其主人身份不同，莫过如此。

4. 水烟袋

随着吸食习惯的改变和烟具制造工艺的发展，出现了水烟袋和水烟筒。烟气透过水层过滤，变得更醇和凉爽，加之水流翻动的咕咕之声，更为吸食者增添情趣，所以水烟筒和水烟袋一问世就受到了吸食者的喜爱。

5. 水烟筒

水烟筒是流行在云南、贵州、四川和两广的烟具。水烟袋的效果已如前所述，但在烟气变淡时量则嫌不足，水烟袋就能产生相对量大得多的烟气。水烟袋和水烟筒都是通过袋筒里的清水，用嘴吸，使筒内产生负压，而使烟气通过水层吸入口中。水烟筒早期为烤竹易破裂，又出现了金属水烟筒。但具有特色的烤竹水烟筒仍为消费者所喜爱。云南的水烟筒最大，其次是贵州、四川、两广和福建。

6. 土耳其烟壶与土耳其烟罩

烟具的发展受社会环境和生活习惯的影响也较为明显。如土耳其烟壶就较为典型，伊斯兰教义一般不吸浓味烟草，香料烟不仅吸味醇和气味芳香，其旁流香气尤为明显，所以撒于火堆上既可用又可吸，这就是早期出现的烟罩。穆斯林席地而坐的习惯很适应围绕火堆或火塘而坐，伴随着交谈，人手一管，共吸一炉烟，其乐无穷。追求清凉舒适的烟气是吸烟者一致的享受，烟罩很自然地发展成烟壶，而享受多管烟壶的多为平民百姓，达官贵人是不屑与平民百姓平起平坐的，所以单管小烟壶的制造就精美得多，装饰也华丽得多。

7. 鼻烟壶

为了装放鼻烟粉末便出现了鼻烟壶。鼻烟壶一出现就以其质地精良、做工考究而成为烟具珍品。从史籍看，自康熙开始，到后来的雍正、乾隆等几代皇帝差不多都嗜好鼻烟，而对鼻烟壶的爱好更胜一筹，所以御制鼻烟壶也就每每创新，画工精细，线条工整，流畅自然。据史料记载，雍正帝对画珐琅鼻烟壶的制造很积极，每个设计由他亲自造型图案，钦定制作黑地白梅花和红地白梅花鼻烟壶。

现在，鼻烟已在大多数地区消失了，这种行为也随之消失了。然而，新的形式在新的条件下生成，仍会被大众接受和采用。

现在与烟直接有关和间接相关的器具越来越多，也越来越精，烟文化的范围也必然越来越得以扩展，烟的道具作用也会越来越大。

8.2 卷　烟

8.2.1　卷烟的分类

卷烟是目前市场上最为流行的烟草制品，各式各样，种类繁多，根据不同的标准可以划分为不同的类别。

1. 根据制造原料香型划分

（1）烤烟型

原产于美国弗吉尼亚州，国际上称弗吉尼亚型烟，也叫美烟。由于这种烟叶是在烤房内装上火管加温烘烤的，所以叫烤烟。烟叶经烘烤后，叶片色泽金黄，光泽鲜明，味香醇和，是世界各国生产卷烟的主要原料。烤烟型卷烟的主要原料为烤烟，其他类型的烟制品在生产中也需使用烤烟。烤烟的主要生产国家有中国、美国、加拿大、印度、津巴布韦等国。中国烤烟产量约占烟叶总产量的80％以上，烤烟生产主要集中在云南、河南、贵州、山东等省。烧烟型卷烟以清香著称，是以单一烤烟为主要原料，一般使用上中等烟叶制造，用料考究，另外加香料，以烟叶香气为主。

（2）混合型

以烤烟和晾晒烟中的白肋烟、香料烟等复合加工而成，烟质以浓味为主，香气浓郁，劲头适中，焦油含量较低，余味舒适，目前在国际市场上最为流行。

（3）雪茄型

这里的雪茄烟指制造的原料，即作为烟叶的雪茄烟。制作雪茄的原料烟叶要求很严，分为包叶烟、叶烟和芯叶烟三种。其中要求最严的是包叶烟，要求叶片薄而轻，叶脉细，组织细密，弹力与张力强，颜色均匀而有光泽。这种包叶烟一般都要专门种植，最好是遮阴栽培，采摘后在房中晾干，属于晾烟中的一种。我国包叶烟的产地以四川为主，而以浙江桐乡所产品质最好。

（4）晒烟型

使用晒晾烟和香料烟为主要原料。

（5）新混合型

利用传统的中医药优势，结合现代卷烟制造及加香技术研制出的一种低毒、可预防或治疗某些疾病的新型卷烟。在卷烟中加入人参、黄芪、金银花等几种中草药或其提取物，吸味协调，使卷烟具备一定的预防和缓解疾病作用。

2. 根据外包装分类

1）纸包装型。包括纸包装卷烟、纸包装雪茄。

2）烟叶包装型。是指用烟叶作为外包装的雪茄烟。

8.2.2 雪茄

雪茄源自古巴。15 世纪末哥伦布率领他的船队抵达中美洲巴哈马群岛，看见土著人用独木舟运载晒干的树叶，十分好奇。经打听他们到达的这个地方土语称为"Colba"，那些干叶则名为"cojo-ba"，如用拉丁文拼音，便是"Cuba"和"cohiba"。土人把"cohiba"捆为一团，用火燃烧后会产生浓郁奇特的香味，并以竹管噏吸这些浓烟为乐。哥伦布回到欧洲后，把发现新大陆的喜讯告知所有欧洲人，而他的水手兄弟们则把吸烟的习惯带回了老家，雪茄就这样传到了欧洲。

雪茄由三部分组成：茄衣、茄套和茄心。

1. 茄衣

茄衣是雪茄中最昂贵的部分，茄衣烟叶的品质是决定雪茄品质的关键。用来制作顶级雪茄的茄衣叶子是专门指定的科罗霍烟草。

一般茄衣的熟成需 12～18 个月，熟成期越长，茄衣的味道越佳。而对茄衣烟叶的另一项要求是柔软而有韧性，这样方便卷烟。优质的茄衣极富弹性，没有突出的叶脉。

非古巴的手制雪茄，其茄衣可能来自美国的康涅狄格州，或者喀麦隆、苏门答腊、厄瓜多尔、洪都拉斯、墨西哥、哥斯达黎加或尼加拉瓜。但无论产自何地，其品种与品质都需要在工序中严格保证。

2. 茄套

雪茄的第二层是茄套，它的功能是将雪茄卷在一起。茄套通常选用烟草植株上半部分日照较多、材质较粗的叶子，其张力足以把由三种、甚至四种不同烟叶卷成的茄心固定在一起。

3. 茄心

茄心一般选用三种不同类型的烟叶，根据其长短经手工折叠而成。这种处理茄心的方式，通常被称为"书列式"——如果用刀把雪茄纵向切开，茄心就能如书页般层层展开。在较粗大的雪茄中，如蒙特克里斯托的 NO.2，则使用四种不同类型的叶子。

取自烟草植株顶部的浅叶，颜色深而味道浓郁，这主要是由于日照时间长而油脂过多。它们至少需要熟成两年以上的时间，才能用来制作雪茄。由于燃烧较慢，浅叶总是放在雪茄的中部。

各种品牌雪茄的口味和尺寸，全视这些特质迥异的茄心烟叶的精确搭配而定。味道醇厚的雪茄如拉蒙·阿万斯，其茄心浅叶的比例较高；口味温和的雪茄如乌普曼，其茄心多用干叶和淡叶。尺寸小的雪茄通常不含浅叶。为确保茄心组合的稳定，制造商需要从不同的种植园搜罗烟叶，并囤积大量的熟成烟叶。高级雪茄的内芯多采用雪茄型的晒红烟；低级雪茄烟的内芯由各种烟叶配合而成。内芯烟叶以红褐、深棕色最好，褐黄和棕色次之，青色，黑色最次。雪茄烟的外包皮，是包在外层的大片烟叶。要有一定的韧性，叶身薄而大，组织细致，颜色以青灰为最好，雪茄烟的香气必须具有雪茄型的晒、晾烟香气；气味要求浓而不辣，醇而不淡，不得有严重的苦味；燃烧时要求均匀，不散灰。

雪茄烟根据色、香、味以及卷制和装潢可分为特级、一级、二级、三级四种。根据气味强度又可分浓香型、中香型和淡香型三种。雪茄烟的储存期限一般不超过两年，否则影响品质。

8.2.3　卷烟名品

我国的卷烟有其独有的特色，许多国外旅游者在中国的旅游过程中，都会购买我国卷烟作为馈赠亲友的礼品。同时也介绍了几个国际知名品牌的雪茄作为旅游者在购买时的选择对象。

1. 珍品白沙

烤烟型 20 支软盒包装，焦油量 15mg，烟气烟碱 1.1mg，香气更醇和、更饱满，余味更足，口味在精品二代的基础上进一步提升。包装采用华贵蓝，配以镭射烟标及精美压纹，尽显产品尊贵特质。

2. "大红鹰"系列

纯"金"叶片，所有卷烟全部用上等成色烟叶的叶子制成，并以专业员工手工选叶、一流设备自动提纯来保证叶片纯度；自内"瓢"香。工艺专注于烤烟的内在"气质"研究。每一支卷烟其原真、淡雅的烟草清香在点燃时做到由内而外均匀飘逸，可谓"留香无痕"，超"醇"口感。恬淡、醇和是其对感官的最佳传递，清醇悠远中，余香袅袅。

3. 钓鱼台

钓鱼台精制香烟传承云南高档卷烟的卓越品质。钓鱼台精制香烟精选国内外优质烟叶及天然香精香料，利用现代卷烟工艺技术精制而成，烟丝色泽金黄油润，自然烟香透发，吸味生津醇和余味舒适纯净，包装设计精美厚重，属卷烟中的上乘精品。

4. 铂金红塔山

烟支长度 84mm，焦油含量 10mg，烟碱量 1.0mg。选用玉溪优质烟叶为主料，配以从世界各地精选的上乘烟叶，采用一系列独有的精细加工手法，应用能选择性吸附烟气中有害成分的特殊滤嘴和使烟气更柔和、舒适的以麻为原料生产的卷烟纸，铂金红塔山具有透发的烟草本香，香气醇和、细腻、自然丰满、回味甘甜，并做到低焦油、低烟碱、低一氧化碳，安全性大大提高，是以创新科技生产高品质产品的经典之作。

5. 锦绣黄山

锦绣黄山硬盒焦油含量 14mg，烟碱量 1.2mg，是安徽中烟公司隆重推出的第一形象品牌，是蚌埠卷烟厂科研人员集近 10 年的科研成果，运用全新的设计理念和创新技术设计而成的。其香气清雅，绵长，飘逸，烟草本香突出；烟气柔和、细腻、顺畅；余味舒适、甘甜；生理强度适中，意境缥缈而回味无穷。与同类产品比较有着很高的安全性，其 TSNA、CO 等有害物质在全国同类产品中处于较低的水平。

6. 玉溪

烟支长度 84mm，焦油含量 11mg，烟气烟碱量 1.0mg，系运用无害生物肥料及生物治虫法打造出的"绿色品牌烟叶"。经过严格地化学分析，选择某一株某一片最精华的部分烟叶为原料。所选烟叶经过 3 年时间的自然醇化，并将生物和微生物技术应用于醇化过程，使烟叶香气显露，烟香醇和自然，烟气细腻。各种高科技减害降焦技术和加长过滤嘴技术的应用，使铂金·玉溪真正做到了低焦油、低烟碱和低一氧化碳，安全性大大提高，成就了铂金·玉溪丰浓自然、飘逸至醇的自然烟草香和低危害，达到了铂金·玉溪舒适感、满足感、幽雅感三感合一的品烟至高境界。

7. 多米尼加雪茄

多米尼加位于古巴的东面，有着与古巴相似的气候和适合烟叶种植的各种条件，尤其是在锡巴奥河（Cibao River）谷地。在过去的15年里，多米尼加已成为高品质手制雪茄的一个主要出口国，特别是出口到美国，每年至少有6 000万支，约占美国手制雪茄市场的一半。这自然吸引了许多雪茄大生产商，如联合雪茄公司（Consolidated Cigar）的通用雪茄公司（General Cigar）的生产帕塔加斯品牌和生产唐迭戈和普里莫·德尔累伊（Primo delRey）品牌的投入。联合雪茄公司更是将其生产线从加那利群岛迁移到了多米尼加。大多数多米尼加境内种植的烟草仅供茄心（filler）之用，而所有的茄衣（wrapper）的大部分茄套（binder）则从美国（康涅狄格州）、喀麦隆（用来制造帕塔加斯雪茄）、巴西、洪都拉斯、墨西哥和厄瓜多尔等地进口，甚至有些茄心也是从国外购买来的。福恩特（Fuente）家族现在正在致力于扩大多米尼加境内的烟草种类，目前不仅成功培育出了最难伺候的茄衣，而且成功地运用在了自制雪茄上。

8. 康涅狄格谷地雪茄

康涅狄格谷地的沙制沃土（在3m多高巨大的帐篷里，创造出适合各种种植顶级烟草的环境）和所采用的古巴雪茄种子，造就了世界上少数最顶尖的茄衣之一，称为康涅狄格遮叶（Connecticut Shade）。这种叶子的种植成本高，因此每磅售价高达40美元，连带使每支雪茄价格提高约50美分到1美元。这里的烟草的生长周期从3月份开始，而收获则要到8月份。烟草干燥的程序和古巴采用的大致相同，只是多了使用煤气炉仔细加热。康涅狄格的茄衣主要用于马卡努多（Macanudo）雪茄和多米尼加制的大卫多夫（Davidoffs）等雪茄。

9. 古巴比那尔德里奥及布埃尔塔阿瓦霍雪茄

虽然康涅狄格、多米尼加和洪都拉斯三地的烟叶生产商不太赞同，但古巴生产的烟草的确是世界上公认为最好的，尤其是以比那尔德里奥省布埃尔塔阿瓦霍地区的烟草的品质最佳。位于古巴西端的比那尔德里奥是古巴的第三大省，坐落在山与海之间，指向墨西哥尤卡坦半岛，地势连绵起伏，遍野青翠，树木葱茏。它史前时期是在海平面以下，与东南亚、南路易斯安那州和佛罗里达州极其相似。哈瓦那附近鲜有文明工业化的发展，60万居民的生活居住条件可以说还很原始。但当地的农业条件如气候、降雨量和土壤（红色沙质沃土）非常适合烟草种植，因此烟草业也成为当地最重要的产业。烟草种植园大多是小规模的（许多为私人所有，将烟草以公订间隔买给政府），一小块一小块地散布在平原上，总种植面积约为 40 000 公顷。革命前，大烟草公司拥有大面积的土地，但现在大多数种植园规模仅局限于 2～4 公顷，只有少数达到 60 公顷以上。烟草收成后，烟草种植园通常用来种植玉米。布埃尔塔阿瓦霍地区占比那尔德里奥省的大部分面积，烟草在这里自由生长。令人感到惊奇的是，最好的雪茄，人们称为哈瓦那（Havanas 或 Habanos）的雪茄，都集中产在圣胡安·马丁内斯和圣路易斯（San Luis）两镇之间。此地茄衣的种植区不足 1000 公顷，而茄心和茄套的生产区约为 2000 公顷。埃尔科罗霍（ElCorojo）是这里最著名的烟草种植园之一，它以种植罗霍茄衣而闻名，而奥·约·德蒙特雷种植园则以其茄心而享誉业界。

10. 丹纳曼小雪茄

丹纳曼小雪茄是巴西的一种特别的雪茄。1867 年，德国人丹纳曼在巴西创办了丹纳曼烟草公司，现已成为雪茄界的巨头。丹纳曼最独具匠心的是开发了短芯叶机制雪茄，并且将雪茄的口味加以丰富——用丹纳曼的甜味型小雪茄高贵的烟草芳香同干邑结合，形成了另一种情调的香味。

8.2.4　真假卷烟的质量鉴定与检测

目前，假冒烟已成为一个公众关注的社会问题，真假卷烟鉴定工作也越来越得到各方面的重视。由于卷烟自身情况复杂多变及假冒手段和形式的千变万化，有人试图通过烟丝化学成分分析来判断卷烟真假的方法很难得到令人满意的结果。十余年来的卷烟真假鉴定的实践证明，浙江省烟草质量监督检测站提出的感官法鉴别真假卷烟可以获得令人满意的准确度。

感官法是通过人的感官和借助一些简单的工具（直尺、放大器、紫外识别器）对卷烟制造工艺、烟丝、原辅材料各个方面进行鉴别，通过科学的分析、推理，对照卷烟实物标样，作出真与假的定性判定。从表面上看，感官法鉴别真假卷烟仅是一项"看看和抽抽"的简单工作，而事实上是一项由掌握真假卷烟鉴别技术的专门人员，综合了卷烟质量检验（包括内在、外在等）、卷烟制造工艺、各种卷烟特点及真假卷烟鉴别技巧等多方面内容的工作，具有很强的科学性要求。"感官法"是应用人体感官进行检验的方法，相对于仪器分析法，对人员素质要求要高得多，因此，培训具有相当水平的鉴定人员，是真假卷烟感官鉴别法作为检验方法在正规检验中应用的必不可少的前提条件。

1. 感官法鉴别内容

感官法鉴别内容包括卷烟的条包、小包、烟支、烟丝及吸味等五个方面中涉及质量要求和制造工艺的各个环节，具体为商标印刷、包装材料质地、制造工艺、烟丝质量四个方面。

2. 鉴别方法和步骤

应用感觉器官，通过目测、评吸和一些必要的定量测定，对照正宗样品的制丝、卷接、包装的工艺规律、特点及吸味风格，对被检验卷烟的商标印刷、制造工艺、包装材料质地、烟丝质量四个方面进行全面的检验，判断该卷烟的条包、小包的商标印刷、包装材料（外包壮族透明纸、拉线、烟盒、烟标、铝箔纸、封签等）质地是否符合正宗产品要求，是否系伪造或回收品重新使用，包装工艺是否符合要求；烟支的钢印印刷及卷接工艺是否符合要求；烟丝的制造工艺、配方结构，评吸的烟味风格和吸味质量等是否与正宗产品相符等。在逐项作出判断，取得足够的证据后，综合各种情况，进行科学、合理的分析、推理，然后对卷烟真假作出定性鉴定结论。

具体步骤如下：

1）条包鉴定。首先，看条盒的商标印刷及材料质地：根据各个牌号的商标印刷的不同特征及材料质地进行鉴别，判断条盒是否系伪造。其次，看透明纸：透明纸质地、透明纸搭口工艺、拉线头形状、大小及工艺质量。再按照条包包装设备的工艺特点进行鉴别。如果条盒为真，重点注意条盒两端面透明纸是否有二次粘封痕迹，条盒正面与其中一端而边界处的透明纸是否有刀割痕迹，透明纸拉线是否有刀割痕迹，判断条盒是否系真品回收使用。

2）小包鉴定。首先，看小盒的商标印刷及材料质地：根据各个牌号的商标印刷的不同特征及材料质地进行鉴别，判断小盒是否系伪造。再看透明纸：透明纸质地、小包上、下端透明纸粘封工艺、拉线头形状大小及工艺质量。最后，按照小包包装设备的工艺特点进行鉴别。如果烟标为真，重点注意小盒上、下端透明纸是否有二次粘封痕迹，若为翻盖烟，在翻盖背面是否有翻过的折痕。判断小盒是否系真品回收使用。

3）铝箔鉴定。铝箔纸质地，铝箔纸上图案印刷质量，铝箔纸的包装方式，铝箔纸与烟盒的粘连工艺等。

4）商标鉴定。名烟的条包和小包商标一致，图案、字迹清晰。假烟图案印刷粗糙，颜色深浅不一，字迹模糊，有的字母残缺不全，汉语拼音或英文字母有错漏现象。

　　5）烟支鉴定。水松纸、卷烟纸质地、大钢印和小钢印图案的印刷质量及烟支的卷接工艺。名烟滤嘴切口整齐，无毛茬。烟支卷制粗细均匀，软硬适中，钢印、机号、月份字迹清晰，位置上下整齐。烟支表面干净，搭口处无烟末。

　　6）烟丝鉴定。丝的颜色、光泽；烟丝的配方结构、制造工艺等。名烟的烟丝梗很少，并经膨胀处理，烟丝油润光泽。假烟烟丝有明显烟梗，甚至在烟丝中混有杂物，烟丝无光泽，呈青褐色。

　　7）吸味鉴定。根据牌号的档次，与真品对比评吸。名烟因烟叶经充分发酵和科学配方处理，吸烟时香味纯和，劲头适中，刺激性小，余味舒适。假烟烟叶一般均未经发酵处理，吸时喉感辛辣，杂味明显，余味苦涩。

　　3. 理化及卫生鉴定

　　据分析检测结果，烟丝燃烧产生的烟气是一种气溶胶，它分为气相和微粒相两部分：气相占 92%，微粒相占 8%。气相中氮约占 58%，氧占 12%，二氧化碳占 13%，一氧化碳占 3.5%，其余为挥发性物质，包括水、低分子量烃、醛类及杂环化合物等，焦油是在微粒相中。

　　我国轻工部 1985 年颁布的卷烟国家标准，规定卷烟的烟气中焦油含量分为低、中、高三个档次：每支烟的焦油含量小于 15mg 为低焦油烟；15～25mg 为中焦油烟；25mg 以上为高焦油烟。并规定从 1987 年 1 月 1 日起，生产的卷烟应在烟盒上标明焦油含量。我国从 2004 年起对卷烟所含的危害人类健康的焦油量进行了明文规定，最大的含量不能超过 15mg。少量尼古丁有兴奋刺激的作用，能使呼吸加快、心率加速、血压升高，但一支烟的尼古丁含量达到 2.6mg，它在血液中的浓度变化能引起吸烟的欲望并且具有成瘾性。所以卷烟中的尼古丁含量一般都在 1.0～1.5mg。

8.2.5　卷烟的成分

　　烟草中含有以下几种主要成分。

　　（1）糖类

　　糖分越高品质越好，优质烟草含糖约在 20%～26%。

　　（2）油脂，烟草的内部香味和外观油分主要是来自所含的油脂，烟叶以含油脂高者为好。

　　（3）蛋白质

　　蛋白质含量的多少与烟草的品质优劣成反比，优质烟的蛋白质含量在 10% 以下。

　　（4）生物碱

　　烟草中含有多种生物碱，能刺激人的中枢神经。

（5）矿物质

烟草中的矿物质包括磷、钾、镁、硫等。其中钾的含量最高，能增强卷烟的燃烧力和阴燃持火力。

烟草中被确定为不利于健康的成分主要有尼古丁、焦油、一氧化碳、自由基等。

1. 尼古丁

尼古丁是烟草中特有的生物碱。少量的尼古丁可使神经系统兴奋，也能使肾上腺素分泌增加，心率加快，小动脉痉挛。成人口服 4mg 就会出现中毒现象，50mg 可以致死。长期吸烟的人，由于尼古丁对某些组织和器官的经常毒性刺激，易患慢性支气管炎、冠心病、血管硬化、消化不良或胃病、视觉障碍、记忆力减退等疾病。

2. 焦油

卷烟中的焦油成分复杂，其中一些化学物质可以致癌或诱发癌症，如多环芳香烃、苯并芘，尤其是 3，4-苯并芘及亚硝胺等。环芳香烃和亚硝胺是烟焦油中的两类诱发细胞基因癌变的罪魁祸首，被视作卷烟中的主要致癌物质；酚类、醛类、苯胺类等毒性物质，除对呼吸道有直接的刺激外，还通过肺部吸收进入人体，危害肝、肾器官。

3. 一氧化碳

烟草中的多糖类（淀粉、纤维素、果胶）是烟支燃烧时产生一氧化碳的主要来源，蛋白质、羧酸类、羧基化合物以及以盐类形态存在的某些碱类也有助于一氧化碳的热解合成。CO 进入血液同血红蛋白结合形成碳氧血红蛋白，与氧气争夺血红蛋白，从而使血液的正常携氧功能发生障碍，吸烟者血液中一氧化碳浓度增加，会使机体长期处于低血氧状态，造成机体短暂缺氧，对心脏和大脑造成慢性损害。

4. 自由基

吸烟产生的自由基能消耗体内大量抗氧化剂，导致贫血性心脏病、高血脂、高血压等疾病。

8.2.6 科学吸烟

就社会现状来看，在短时期内杜绝吸烟几乎是不可能的事情，所以我们应正确对待吸烟。既然吸烟不能避免，就要尽量做到健康吸烟、科学吸烟，最大努力提高吸烟的积极作用，阻止危害作用的发挥。

1. 有选择地吸烟

注意吸烟方式的科学性，要遵循选择原则，在有无滤嘴烟之间选择有滤嘴烟；在低焦油烟与高焦油烟之间选择低焦油烟；在混合型烟与烤烟型烟之间选择烤烟型烟；在高中档烟与低档烟中选择高中档烟。

2. 饮食调节

对身体健康的影响，可以通过饮食来调节，维生素 C 和维生素 E 在体内可以协同起来共同防止细胞膜的脂质过氧化造成的细胞损伤，缓解和恢复体内自由基产生和清除的平衡，起到预防疾病的作用。

3. 不吸饭后烟

饭后人体热量大增，吸烟会使胃酸分泌受到抑制，妨碍食物消化，影响营养吸收。还会给胃及十二指肠造成直接损害，使胃黏膜的血管收缩或直接刺激黏膜，引起酸碱度平衡失调，使胃肠功能紊乱，血液循环加快，引起腹部痉痛等症状。

4. 不吸入厕烟

厕所里氨的浓度很高，氧的含量不足，烟草在低氧下燃烧不全，会产生更多的一氧化碳。

5. 不吸药后烟

服药后吸烟会影响许多药物的疗效，减少药物在血液中的浓度。

6. 不吸霉变烟

霉烟中含有黄曲霉素、黑曲霉素、烟曲霉素等十几种致病霉素。

7. 不在特殊工作环境吸烟

吸烟能增强工作环境中有害物质对人体器官的毒害，烟气中的放射性元素积累在体内，可以削弱机体免疫防御系统的抵抗力。

本 章 小 结

　　随着人们生活水平的提高，卷烟消费者对"吸烟与健康"的要求也越来越高。如何在满足吸食要求的同时把卷烟对健康的影响降到最低限度，已成为烟草行业研究的主要课题之一，降低卷烟中焦油含量是各烟草企业发展的主要方向。近年来，我国烟草行业在降低卷烟焦油研究方面已下了很大的工夫，相信降低卷烟焦油量的研究会取得更大的成绩，使作为旅游商品的烟草更受众多旅游者的喜爱。

思考与讨论

1. 根据调制方法将烟草分类。
2. 试述不同种类烟草的特性。
3. 如何鉴别真假卷烟？
4. 试分析古巴雪茄的特性。
5. 简述烟草制品的分类。

第9章 软 饮 料

【本章要点】

1. 我国茶叶的分类；

2. 茶叶的感官质量评定；

3. 几种名品咖啡的特点；

4. 花色咖啡的饮法；

5. 果汁饮料的分类。

9.1 茶 叶

茶叶是中华民族的国饮。在我国，制茶、饮茶已有几千年历史。茶的主要品种有绿茶、红茶、乌龙茶、花茶、白茶、黄茶。茶有健身、治疾之药物疗效，又富欣赏情趣，可陶冶情操。品茶待客是中国人高雅的娱乐和社交活动；坐茶馆、开茶话会则是中国人社会性群体茶艺活动。它发乎神农，闻于鲁周公，兴于唐朝，盛在宋代，如今饮茶嗜好已遍及全球，成了风靡世界的三大无酒精饮料（茶叶、咖啡和可可）之一，并将成为 21 世纪的饮料大王。目前，全世界已有 50 余个国家种茶，寻根溯源，世界各国最初所饮的茶叶，引种的茶种，以及饮茶方法、栽培技术、加工工艺、茶事礼俗等，都是直接或间接地由中国传播出去的。因此，从古到今茶叶一直是我国传统的旅游商品，深受世界各地旅游者的喜爱。

9.1.1 我国茶叶的分类

茶叶有各种不同的分类方法，根据制造程序、发酵程序及形状三种标准可将茶叶分为各种不同的种类。

1. 按制造程序不同分类

按制造程序的不同可以将茶叶分为基本茶类和再加工茶类。

（1）基本茶类

基本茶类又根据其不同的制作工艺分为以下种类：

1）绿茶：绿茶又称不发酵茶。以茶树新梢为原料，经杀青、揉捻、干燥等典型工艺过程制成的茶叶，保持了茶叶原先的自然本色。其干茶色泽和冲泡后的茶汤、叶底以绿色为主调。是我国产量最多的一类茶叶，也是我国主要的出口茶类。

绿茶较多地保留了鲜叶内的天然物质。其中茶多酚、咖啡碱保留鲜叶的85％以上，叶绿素保留50％左右，维生素损失也较少，从而形成了绿茶"清汤绿叶，滋味收敛性强"的特点。绿茶按其干燥和杀青方法等制造工艺的不同，一般分为炒青、烘青、晒青和蒸青绿茶。

① 蒸青绿茶。蒸青绿茶干茶呈深绿色、茶汤黄绿色、叶底青绿色。名品有"仙人掌"、"煎茶"和"玉露茶"等。

衢州玉露茶产于常年云雾、山清水秀的钱塘江上游——乌溪江库区。它以良种茶树新梢为原料，由衢江区大山茶叶有限公司精制而成，是上等的无公害茶中之极品。"大山牌"衢州玉露茶具有绿翠鲜活、香气高、汤色嫩绿明亮、芽叶成朵、滋味醇和等特点。该产品自1997年以来连年被评为浙江省一类名茶。

仙人掌茶的外形扁平似掌，色泽翠绿，白毫披露，观之令人赏心悦目；开水冲泡之后，芽叶舒展，嫩绿纯净，似朵朵莲花挺立水中，汤色嫩绿，清澈明亮；清香雅淡，沁人肺腑，滋味鲜醇爽口，初啜清淡，回味甘甜，继之醇厚鲜爽，弥留于齿颊之间，令人心旷神怡，回味隽永。

② 晒青绿茶。晒青绿茶色泽墨绿或黑褐，汤色橙黄，有日晒气味。云南大叶种制成的"滇青"品质最好，此外还有"川青"、"陕青"、"桂青"等。晒青绿茶继续再加工紧压可制成青砖、康砖、沱茶、方茶等。

滇青是采用大叶种茶树的鲜叶，经过杀青、揉捻后，经太阳自然晒干而成的优质晒青茶。选用晒青毛茶未经过后熟阶段直接筛制而成，分为春蕊、春芽、春尖、甲配、乙配、丙配和春玉等花色等级，是云南绿茶中别具一格的优秀产品。滇青茶有经久耐泡的特点，除可作一般茶叶冲泡饮用外，还宜作烤茶冲泡饮用。

青砖茶外形为长方砖形，色泽青褐，香气纯正，滋味尚浓无青气，水色红黄尚明，叶底暗黑粗老。每片青砖重2kg（其中洒面、二面占0.125kg，里茶1.75kg），大小规格为34cm×17cm×4cm。青砖茶饮用时需将茶砖破碎，放进特制的茶壶中加水煎煮，茶汁浓香可口，具有清心提神、生津止渴、暖人御寒、化滞利胃、杀菌收敛、治疗腹泻等多种功效，陈砖茶效果更好。

③ 烘青绿茶。烘青绿茶根据原料老嫩和制作工艺不同又可分为普通烘青和细嫩烘青。

普通烘青茶通常用来制作花茶，直接饮用的不多。主要品类有"闽烘青"、"浙烘青"、"徽烘青"、"苏烘青"等。

细嫩烘青茶以细嫩芽叶为原料制作而成，多数条索紧细卷曲、色绿、白毫显露、香高味鲜醇、芽叶完整，如"黄山毛峰"、"太平猴魁"、"华顶云雾"、"高桥云峰"等，这类烘青多为名茶。

黄山毛峰产于安徽黄山，这里山高林密，日照短，云雾多，自然条件十分优越，茶树得云雾之滋润，无寒暑之侵袭，蕴成良好的品质。黄山毛峰采制十分精细，制成的毛峰茶外形细扁微曲，状如雀舌，香如白兰，味醇回甘。

太平猴魁的外形是两叶抱芽，平扁挺直，自然舒展，白毫隐伏，有"猴魁两头尖，不散不翘不卷边"之说。叶色苍绿匀润，叶脉绿中隐红，俗称"红丝线"。花香高爽，滋味甘醇，有独特的"猴韵"。品饮时，可体会出"头泡香高，二泡味浓，三泡四泡幽香犹存"的意境。高香醇味，回味鲜甘，汤色清澈，叶底黄嫩。猴魁茶共分猴魁、魁尖、尖茶一至五级共七级，以猴魁为首。曾在 1915 年巴拿马万国博览会上荣获金质奖章。

华顶云雾，又名天台山云雾茶，产于浙江天台山华顶峰梵宫古刹周围。由于产地气压较低，茶芽萌发迟缓，于谷雨前后采摘一芽一、二叶初展。成品茶外形细紧略扁，色泽绿润；香气浓郁持久，滋味浓厚鲜爽；汤色嫩绿明亮，叶底嫩匀绿明；清而带甘甜，饮之口颊留芳；畅人心脾，经泡耐饮，冲泡三次犹有余香，充分显示高山云雾茶的天然特色。

④ 炒青绿茶。炒青绿茶是经过高温杀青，使鲜叶中的酶在高温炒制过程中被杀死，其叶色不变，汤色清澈淡绿。形状有长条形、圆珠形、针形等，是由于在干燥过程中受到机械或手工力作用不同形成的，所以又可以分为长炒青、圆炒青、细嫩炒青三种。

长炒青的主要品种有"珍眉"、"特珍"、"贡熙"、"秀眉"、"凤眉"等。其中，珍眉条索细紧挺直或其形如仕女之秀眉，色泽绿润起霜，香气高鲜，滋味浓爽，汤色、叶底绿微黄明亮。

长炒青中的圆形茶，精制后称贡熙。外形颗粒近似珠茶，圆叶底尚嫩匀。

雨茶原系由珠茶中分离出来的长形茶，现在雨茶大部分从眉茶中获取，外形条索细短、尚紧，色泽绿匀，香气纯正，滋味尚浓，汤色黄绿，叶底尚嫩匀。

圆炒青的主要品种是"珠茶"。驰名中外的绍兴平水珠茶是浙江省独特的茶叶品种，其外形浑圆紧结，色泽绿润、香味浓郁、经久耐泡，被誉为"绿色珍珠"。

嫩炒青主要品种有"龙井"、"大方"、"碧螺春"、"雨花茶"、"松针"等。

龙井茶区分布于"春夏秋冬皆好景，雨雪晴阴各显奇"的杭州西湖风景区，在制作过程中，必须不断地将茶揉搓，因此焙制之后每一片茶叶都变得直且扁平。冲泡后茶水呈美丽的绿色，且散发出炒栗或炒豆的香味。品之味略带涩味，至喉中回甘，香味清淡，回味悠长，乾隆帝就有"无味之味乃至味"的品说。因龙井，既是地名，又是泉名和茶名，加之龙井茶有"色绿、香郁、味甘、形美"

四绝之誉，所以又有"三名巧合，四绝俱佳"之喻。

洞庭碧螺春产于江苏吴县太湖之滨的洞庭山。碧螺春茶叶用春季从茶树采摘下的细嫩芽头炒制而成。高级的碧螺春，0.5kg 干茶需要茶芽 6 万～7 万个，足见茶芽之细嫩。炒制后的干茶条索紧结，白毫显露，色泽银绿，翠碧诱人，卷曲成螺，故名"碧螺春"。碧螺春茶叶除具有外形紧细、卷曲、白毫多；香气浓郁；滋味醇和；饮时爽口，饮后有回甜感觉的特点外，还有兴奋大脑和心脏的作用以及润喉、提神、明目的功效。

2）红茶。红茶以新芽叶为原料，经萎凋、揉捻发酵、干燥等工艺过程精制而成。因其干茶色泽和冲泡的茶汤以红色为主调而得名。红茶在加工过程中发生了以茶多酚促氧化为中心的化学反应，鲜叶中的化学成分变化较大，茶多酚减少90％以上，产生了茶黄素、茶红素等新的成分。香气物质从鲜叶中的 50 多种增至 300 多种，儿茶素和茶黄素结合成滋味鲜美的结合物，从而形成了红茶、红汤、红叶和香甜味醇的品质特征。红茶可以分为以下三种。

① 功夫茶。功夫茶是我国特有的红茶品种，也是我国传统的旅游商品。目前，我国 19 个产茶省（包括试种地区新疆、西藏）中有 12 个省生产功夫红茶。我国功夫红茶品类多、产地广。按地区命名的有滇红功夫、祁门功夫、浮梁功夫、宁红功夫、湘江功夫、闽红功夫（含但洋功夫、白琳功夫、政和功夫）、越红功夫、台湾功夫、江苏功夫及粤红功夫等。按品种又分为大叶功夫和小叶功夫。大叶功夫茶是以乔木或半乔木茶树鲜叶制成；小叶功夫茶是以灌木型小叶种茶树鲜叶为原料制成的功夫茶。其中最为著名的是祁红和滇红。

祁红以香高形秀享誉国际，产于中国安徽省西南部黄山支脉的祁门县一带。当地的茶树品种高产质优，植于肥沃的红黄土壤中，而且气候温和、雨水充足、日照适度，所以生叶柔嫩且内含水溶性物质丰富，以 8 月份所采收的品质最佳。祁红以功夫红茶为主，无论采摘、制作均十分严格，故而形质兼美。祁红外形条索紧细匀整，锋苗秀丽，色泽乌润；内质清芳并带有蜜糖香味，上品茶更蕴含着兰花香，馥郁持久；汤色红艳明亮，滋味甘鲜醇厚，叶底红亮。清饮最能品味祁红的隽永香气，即使添加鲜奶亦不失其香醇。春天饮红茶以之最宜，下午茶、睡前茶也很合适。

滇红制作系采用优良的云南大叶种茶树鲜叶，先经萎凋、揉捻或揉切、发酵、干燥等工序制成成品茶，再加工制成滇红功夫茶，又经揉切制成滇红碎茶。成品茶外形条索紧结、雄壮、肥硕，色泽乌润，汤色鲜红，香气鲜浓，滋味醇厚，富有收敛性，叶底红润匀亮，金毫特显，毫色有淡黄、菊黄、金黄之分。

② 小种红茶。小种红茶以福建所产的"正山小种"或"星村小种"品质最佳，此外还有"烟小种"。初制基本与功夫红茶相同，只在烘干时采用松木烟熏，

所以带有松木烟的香味。外形稍松散粗大，味烈爽口，是我国生产较早的红茶。

③ 碎红茶。碎红茶在揉捻中先把鲜叶切碎，充分揉切破坏叶组织，然后发酵、干燥而成。产品分叶茶、碎茶、末茶。碎红茶对外形要求不高而重内质，要求汤色红艳明亮、香高、味"强、浓、鲜"，富有收敛性。我国功夫红茶产区有一部分已改为生产碎红茶，其中以云南、广西、广东等地所产的大叶种碎红茶质量最好。成品外形细碎，形成颗粒，重实匀净，色泽乌润，金毫显露，内质香气馥郁芬芳；汤色艳红带金圈，滋味浓强鲜爽，饮后回甘。冲泡时应将茶叶放于壶中，以沸水冲泡。

以不同机械设备制成的红碎茶，其总的品质特征，共分为四个花色。

叶茶：叶茶是传统红碎茶的一种花色，条索紧结匀齐，色泽乌润，内质香气芬芳，汤色红亮，滋味醇厚，叶底红亮多嫩茎。

碎茶：碎茶外形颗粒重实匀齐，色泽乌润或泛棕，内质香气馥郁，汤色红艳，滋味浓强鲜爽，叶底红匀。

片茶：片茶外形全部为木耳形的屑片或皱折角片，色泽乌褐，内质香气尚纯，汤色尚红，滋味尚浓略涩，叶底红匀。

末茶：末茶外形全部为砂粒状末，色泽乌黑或灰褐，内质汤色深暗，香低味粗涩，叶底暗红。红碎茶产区主要是云南、广东、海南。广红茶为我国第二大茶类，出口量占我国茶叶总产量的 50% 左右，客户遍布 60 多个国家和地区。其中销量最多的是埃及、苏丹、黎巴嫩、叙利亚、伊拉克、巴基斯坦、英国、爱尔兰、加拿大、德国、荷兰及东欧各国。

3）乌龙茶。乌龙茶又称青茶、半发酵茶，是中国诸大茶种中特色鲜明的种类，往往是"茶痴"的最爱。乌龙茶综合了绿茶和红茶的制法，品质介于绿茶与红茶之间，既有红茶的浓鲜味，又有绿茶的清香。因产地不同，品质差异也很显著，主要分为以下类别。

① 闽北乌龙茶。闽北乌龙茶主要有"武夷岩茶"、"水仙"、"大红袍"、"肉桂"等。

武夷大红袍，因早春茶芽萌发时，远望通树艳红似火，如红袍披树，因此得名。大红袍素有"茶中状元"之美誉，乃岩茶之王，产于福建省武夷山市。大红袍为千年古树，现九龙窠陡峭绝壁上仅存 4 株，于每年 5 月 13 日至 15 日高架去梯采之，产量稀少，被视为稀世之珍。武夷大红袍，属于单枞加工、品质特优的"名枞"，各道工序全部由手工操作，以精湛的工艺特制而成。成品茶香气浓郁，滋味醇厚，有明显"岩韵"特征，饮后齿颊留香，经久不退，冲泡 9 次犹存原茶的桂花香真味，被誉为"武夷茶王"。

武夷肉桂，又称玉桂，产于福建省武夷山市境内著名的武夷山风景区，由于它的香气滋味有似桂皮香，所以在习惯上称"肉桂"。该茶是以肉桂良种茶树鲜叶，用武夷岩茶的制作方法而制成的乌龙茶，为武夷岩茶中的高香品种。鲜叶经萎凋、做青、杀青、揉捻、烘焙等十几道工序。肉桂外形条索匀整卷曲；色泽褐绿，油润有光；干茶嗅之有甜香，冲泡后之茶汤，特具奶油、花果、桂皮般的香气；入口醇厚回甘，咽后齿颊留香，茶汤橙黄清澈，叶底匀亮，呈淡绿底红镶边，冲泡六七次仍有"岩韵"的肉桂香。

② 闽南乌龙茶。闽南乌龙茶主要有"铁观音"、"奇兰"、"黄金桂"等。

以铁观音茶树鲜叶和其制茶工艺制成的铁观音茶，采用半发酵的方法制成，有"重如铁，美如观音"之美称。铁观音茶质高超，独具风韵，其成品茶外形条索卷曲，肥壮团结，沉重匀整，色泽油亮，带砂绿色，红点明显，具有蜻蜓头、螺旋体、青蛙腿，砂绿带白霜，汤色金黄，浓艳清澈，叶底肥厚明亮，呈绸面光泽，滋味醇厚甘鲜，回甘悠长，香锐而浓，素有"茶中之王"和"绿叶镶红边，七泡有余香"之誉。

③ 广东乌龙茶。广东乌龙茶主要有"凤凰单枞"、"凤凰水仙"、"岭头单枞"等。

岭头单枞茶采摘标准为一芽二至三片叶，经晒青、凉青、碰青、杀青、揉捻、烘干等程序精制而成。其成品茶具有外形条索微弯曲，色泽黄褐似鳝鱼色，内质香气花蜜清高，滋味醇爽回甘，汤色橙红明亮，叶底笋色红边明亮（也称朱边绿腹）等特征，是当今乌龙茶类的极品。

凤凰单枞，属乌龙茶类。产于广东省潮州市凤凰镇乌岽山茶区。一般于午后开采，当晚加工，制茶均在夜间进行，经晒青、晾青、杀青、揉捻、烘焙等工序，历时 10 小时制成成品茶。单枞茶外形条粗壮，匀整挺直，色泽黄褐，汪润有光，并有朱砂红点；冲泡清香持久，有独特的天然兰花香，滋味浓醇鲜爽，润喉回甘；汤色清澈黄亮，叶底边缘朱红，叶腹黄亮，素有"绿叶红镶边"之称。具有独特的山韵品格。

④ 台湾乌龙茶。台湾乌龙茶主要有"冻顶乌龙"、"包种"等。

冻顶茶，被誉为台湾茶中之圣。产于台湾省南投鹿谷乡。它的鲜叶，采自青心乌龙品种的茶树上，故又名冻顶乌龙。冻顶为山名，乌龙为品种名。冻顶茶品质优异，在台湾茶市场上居于领先地位。其上选品外观色泽呈墨绿鲜艳，并带有青蛙皮般的灰白点，条索紧结弯曲，干茶具有强烈的芳香；冲泡后，汤色略呈柳橙黄色，有明显清香，近似桂花香，汤味醇厚甘润，喉韵回甘强，叶底边缘有红边，叶中部呈淡绿色。

文山包种成品茶外形自然卷曲，茶汤金黄，有天然幽雅芬芳气味；入口滋味甘润、清香，齿颊留香久久不散。它具有香、浓、醇、韵、美的特色，素有"露凝香"、"雾凝春"的美誉。它还含有丰富的营养保健成分，可强心、利尿、消除疲劳，有解除尼古丁及酒精中毒的功能，更有清除血脂、防止血管硬化的妙效。

4）白茶。白茶属轻微发酵茶，主产于福建省。白茶的干茶表面密布白色茸毫，其品质特征的形成，一是采摘多毫的幼嫩芽叶制成；二是制法上采取不炒不揉的晾晒烘干工艺。白牙茶纯为毫芽，不带梗蒂，肥壮长大，形状如针，以"白毫银针"最为著名。白叶茶"白牡丹"、"贡眉"、"寿眉"等相对品质较次于白牙茶。

① 白毫银针，简称银针，又称白毫。因其成品多为芽头，满披白毫，色白如银，纤细如针，因此得高俏雅名。白毫茶是属于仅有的白茶品种中之极品，同君山银针齐名于世。产于福建省福鼎县太姥山麓。银针成品茶芽肥壮，满披白色茸毛，色泽鲜白，闪烁如银，条长挺直，如棱如针，汤色清澈晶亮，呈浅杏黄色，入口毫香显露，甘醇清鲜。其性寒，有解毒、退热、降火的功效，被视为治疗麻疹的良药。

② 白牡丹，以绿叶夹银白色毫心，形似花朵，冲泡后绿叶托着嫩芽，宛若蓓蕾初放，故此得名。目前产区分布于政和、建阳、松溪、福鼎等县。其原料采自政和大白茶、福鼎大白茶及水仙等优良茶树品种，选取毫芽肥壮、洁白的春茶加工而成。白牡丹毫心肥壮，叶张肥嫩，呈波纹隆起，叶绷向叶背卷曲，芽叶连枝，叶面色泽呈深灰绿，叶背遍布白茸毛；香毫显，味鲜醇；汤色杏黄或橙黄清澈；叶底浅灰，叶脉微红；性清凉，有退热降火的功效。

5）黄茶。黄茶的品质特点是黄汤黄叶，制法特点主要是焖黄过程，利用高温杀青破坏酶的活性，其后多酚物质的氧化作用则是由于湿热作用引起，并产生一些有色物质。变色程度较轻的是黄茶；程度重的则形成了黑茶。

① 君山银针。君山银针产于岳阳洞庭湖的青螺岛，曾有"洞庭帝子春长恨，二千年来草更长"的描写，是具有千余年历史的传统名茶。君山银针全由没有开叶的肥嫩芽尖制成，满布毫毛，色泽鲜亮，香气高爽，汤色橙黄，滋味甘醇，虽经久置，其味不变。冲泡时尖尖向水面悬空竖立，如鲜笋出土，继而徐徐下沉，像雪花下堕，头三次都如此，有很高的欣赏价值。

② 蒙山黄芽。蒙山黄芽产于四川省名山县蒙顶山山区。其芽条匀整，扁平挺直，色泽黄润，全毫显露；汤色黄中透碧，甜香鲜嫩，甘醇鲜爽；叶底全芽嫩黄。它是黄芽类名茶极品。

③ 北港毛尖。北港毛尖产于湖南省岳阳市北港。鲜叶一般在清明后五六天开园采摘，抢晴天采，不采虫伤、紫色芽叶、鱼叶及蒂把。鲜叶随采随制，其加工方法分锅炒、锅揉、拍汗及烘干四道工序。其外形呈金黄色，毫尖显露，茶条肥硕；汤色澄黄，香气清高，滋味醇厚，甘甜爽口。

④ 沩山毛尖。沩山毛尖产于湖南省宁乡县水沩山的沩山乡。采摘一芽一叶

或一芽二叶，无残伤、无紫叶的鲜叶，经杀青、焖黄、轻揉、烘焙、熏烟等工艺精制而成。其中熏烟为沩山毛尖的独特之处。形微卷成块状，色泽黄亮油润，白毫显露，汤色橙黄透亮，松烟香气芬芳浓郁，滋味醇甜爽口，叶底黄亮嫩匀。

⑤ 霍山黄芽。霍山黄芽产于安徽省霍山县，因用细嫩芽叶、经焖黄工序制成，故此得名，属黄茶类极品名茶。芽叶挺直匀齐，色泽黄绿，细嫩多毫，形似雀舌；汤色明亮黄绿，带黄圈，叶底嫩黄；滋味浓厚鲜醇，甜和清爽，有熟板栗香，饮后有清香满口之感。

6）黑茶。黑茶因茶色黑褐而得名，一般是以较粗老的毛茶为原料，经杀青、揉捻、堆积做色、干燥的工艺流程制作而成。根据产地的不同又可分为以下几类。

① 湖南黑茶。湖南黑茶的生产经杀青、初揉、渥堆做色、复揉、干燥等多道工序而成。一般分为四个等级，高档茶较细嫩，低档茶较粗老。湖南黑茶的名品有"黑砖"、"花砖"、"湘尖"、"茯砖"等。

中茶牌花砖茶，由湖南省安化白沙溪茶厂生产。全部采用安化产二、三级黑毛茶，经科学方法处理精制而成。色泽乌黑油润，成泥鳅条，汤色澄黄，有松烟香味。精制按春夏茶配比，经淘除劣异、蒸汽软化、高压定型、缓慢干燥等工序制成。成品平整光滑，棱角分明，色泽黑褐，香气醇正，滋味纯和尚浓，汤色红黄尚明，叶底黑褐较硬。

② 湖北老青茶。湖北老青茶主要以"青砖"为代表。

③ 四川边茶。四川边茶包括"康砖"、"金尖"、"茯砖"、"方包茶"等。

康砖外形色泽棕褐，香气纯正，滋味醇和，汤色红浓，叶底花杂较粗；金尖外形色泽棕褐，香气平和，滋味醇和，水色红亮，叶底暗褐粗老。

特制茯砖砖面色泽黑褐，内质香气纯正，滋味醇厚，汤色红黄明亮，叶底黑褐尚匀。普通茯砖砖面色泽黄褐，内质香气纯正，滋味醇和尚浓，汤色红黄尚明，叶底黑褐粗老。

④ 滇桂黑茶。滇桂黑茶有"普洱沱茶"、"七子饼茶"、"紧茶"等。

普洱茶，产于云南省西双版纳傣族自治州。西双版纳旧属普洱县管辖，所产茶叶均由普洱县集散，故此得名。以其鲜叶为原料，经特殊工艺制作而成的普洱茶，香味浓郁，耐泡，汤黄明亮，香气清幽，滋味醇浓。其品种有散茶及以散茶加工成型的沱茶、方茶等紧茶。散茶外形肥大、紧直、完整，色泽黑褐或褐红，汤色红浓明亮，滋味醇和回甜，具有特殊的陈香气，耐储藏，以越陈越香著称，适于烹用泡饮。普洱茶具有明显的药疗效果，醒酒第一，消食化疾，清胃生津。

七子饼茶，又称圆茶，是将茶叶加工紧压成圆饼形，每7块包装为1筒，故此得名。云南省西双版纳傣族自治州勐海县勐海茶厂生产的七子饼茶，以普洱散茶为原料，经筛、拣、高温消毒，蒸压定型等工序制成，成品呈圆饼形。其外形结紧端正，松紧适度，表面匀整，汤色红黄明亮，香气浓郁持久，滋味醇厚爽口。

（2）再加工茶类

对基本茶类的茶叶进行再加工，如窨花后形成花茶、蒸压后形成紧压茶、浸提萃取后制成速溶茶、加入果汁形成果味茶、加入中草药形成保健茶、把茶叶加入饮料中制成含茶饮料。因此再加工茶类也有六大类，即花茶、紧压茶（黑砖、茯砖、方茶、饼茶）、萃取茶（速溶茶、浓缩茶）、果味茶（荔枝红茶、柠檬红茶、猕猴桃茶）、药用保健（减肥茶、杜仲茶、甜菊茶）和含茶饮料。再加工茶主要分为花茶、紧压茶等。

1）花茶。花茶是我国的特产，它是在成品茶的基础上经过窨花而成，主要产地集中在福州、苏州、金华、台湾。花茶的品质主要取决于茶坯（花茶的茶叶原料，窨花的茶坯，主要是烘青绿茶）品质、鲜花的种类和数量以及窨花技术和次数。高级花茶均要求香气鲜灵、浓郁清高，滋味浓厚鲜爽，汤色清澈、淡黄、明亮，叶底细嫩、匀净、明亮。

花茶的名品有茉莉花茶、玉兰花茶、珠兰花茶、玳玳花茶、柚子花茶、桂花茶、玫瑰花茶等以鲜花命名的花茶；也有把鲜花和茶名合在一起而命名的，如茉莉毛峰、珠兰大方等；还有把窨花的次数加在名称之前的，如三窨一提茉莉毛峰。

① 茉莉花茶。茉莉花茶香气馥郁芬芳，清鲜甘美，最受广大消费者的欢迎，产量最多。

金华茉莉花茶，简称金华花茶，产于浙江省金华市，以精制茶用茉莉花窨制而成。其品种有茉莉毛峰茶、茉莉烘青花茶、茉莉炒青花茶，以茉莉毛峰品质最佳。茉莉毛峰茶的特点为：全身银毫显露，芽叶花朵卷紧；色泽黄绿透翠，汤色金黄清明；茶香浓郁清高，滋味鲜爽甘醇；旗枪交错杯中，形态优美自然。

"京华"茉莉花茶，是按照北京人自清代以来就喜爱饮香片（花茶）的传统习俗，从江苏、浙江、福建、安徽、四川等主要产茶区选进优质原料，采用独特配方，精制加工，拼配而成。"京华"茶品的特点是：融汇了主要产茶区各香型茶叶的不同特色与韵味，扬长弃短，集优质于一身，使其成为适应北京人口味、独具特色的、多品种规格的茉莉花茶系列。成品外形紧结美观，香气浓郁，滋味醇厚，汤色清澈，是花茶中上乘饮品之一。

② 玉兰花茶。玉兰花茶香气浓烈、余香甘厚。茉莉花茶窨花时需要少量玉兰花打底，以增加香气浓烈程度。它是继黄山毛峰茶烘青坯精制加工后，以鲜茉莉花、珠兰花、玉兰花经工艺窨制而成。其花茶条索紧实，香气鲜灵，滋味醇厚，叶底绿黄。

③ 珠兰花茶。珠兰花茶香气馥郁清雅，鲜纯爽口。因珠兰性喜温暖、娇弱、

栽培较为困难，故产量不及前两种花茶。

歙县珠兰花茶，产于安徽省歙县，有珠兰黄芽峰、珠兰大方、珠兰烘青等品种。其窨制工艺分两个阶段：一为制茶坯；二为窨花，又称"熏花"。花茶的档次因制坯原料品质高低而异，用毛峰、大方毛茶制坯窨制的花茶属高档名茶；用烘青原料窨制的为大宗花茶。珠兰花香浓而不烈，清而不淡，故其窨制的烘青珠兰花茶清香幽雅，鲜纯爽口，外形条匀齐，色泽深绿光润，冲后整朵成串，汤色黄绿清明，叶底芽叶肥壮柔软。

④ 玳玳花茶。玳玳花茶香气浓厚纯正，余香强烈，是良好的暖胃剂。

⑤ 柚子花茶。柚子花茶香气清香纯正，回味略涩。

2）紧压茶。紧压茶是以黑毛茶、老青茶、做庄茶及其他适制毛茶为原料，经过渥堆、蒸、压等典型工艺过程加工而成的砖形或其他形状的茶叶。紧压茶的多数品种比较粗老，干茶色泽黑褐，汤色澄黄或澄红，在少数民族地区非常流行。紧压茶有防潮性能好、便于运输和储藏、茶味醇厚、适合减肥等特点。

云南边销茶属紧压茶类，因其主要供应边疆少数民族饮用而得名。产于云南省大理、昆明、景谷、勐海、盐津等市、县的紧压茶以滇南茶区大叶种晒青毛茶或滇东北茶区小叶种晒青毛茶为原料，经筛拣、蒸压等工序加工而成。其成品外形紧结端正，汤色橙黄，滋味醇和，香气持久，适于冲泡及烹饮，能够长期保存。

2. 按发酵程度分类

茶叶按发酵程度的分类如表 9-1 所示。

表 9-1　茶叶按发酵程度的分类

不发酵茶	半发酵茶					全发酵茶
绿茶	青茶（乌龙茶）					红茶
发酵程度 0％	15％	20％	30％	40％	70％	100％
龙井、碧螺春等	清茶	茉莉花茶	冻顶茶	铁观音	白毫乌龙	红茶

9.1.2　茶叶品质的感官审评

茶叶质量的感官审评应从其外观、香气、颜色、滋味、叶底五个部分来综合评审。

1. 外观

将茶叶均匀地平伏在审盘中，审评茶叶的外形、条索、色泽、芽尖白毫、嫩度、整碎及净度。根据茶叶的轻重程度不同，能把大小、长短、碎末等有次序地分布在不同层次。一般粗大的茶叶多浮于上层；重实较细小的茶叶或碎末多分布在下层；中层多为较匀整的茶叶。

从外观上辨别，红茶以短齐而不碎杂、紧结而不松薄者为佳。其他茶叶，以叶身细长卷曲鹰鼻者为上品，佛手形次之，叶短而舒直且夹杂梗和粗叶的，便是下等货色了。

市面上常见的干茶的主要形状有以下几种：

1）针形：叶条圆而且直。

2）雀舌形：叶形扁直而长，叶片覆盖叶尖。

3）条形：叶形细长有苗锋。

4）螺钉形：叶顶扁而两端尖。

5）圆珠形：紧束如圆球。

6）扁形：叶片形如扁豆。

7）花朵形：芽叶相连处如花托形状，叶尖微散。

8）环钩形：叶弯曲如钩。

2. 香气

可以先对茶叶的香气进行干闻，冲泡之后再进行湿闻。审评香气的类型、高低、长短、清浊、纯杂以及是否带油臭、焦味、烟味、青味、陈味、霉味等其他杂味。对于湿茶香气的审评主要区别香味的高低、持续时间的长短、纯正、有无异味等。湿闻茶中的香气是闻留在杯中的茶叶，只需稍稍掀开杯盖，接近鼻子，闻后仍旧盖好，放在原位。茶叶的香气在热、温、冷时的差别很大，一般情况下热时香气高，区别比较明显；但温冷时闻香，可以闻其特殊的香气和香气的持久性。

3. 汤色

审评茶汤的颜色、亮度、清浊度及是否混浊晦暗。红茶的汤色以红艳明亮者优；绿茶的汤色主要是由茶多酚中的黄酮类产生的黄绿色，有少部分是叶绿素分解的绿色，绿茶的汤色以碧绿清澈者优；乌龙茶以橙黄或金黄明亮者优；紧压茶的汤色因原料不同有所区别，以明亮浓者优，沱茶、普洱茶则以黄亮者优；花茶以浅黄明亮者优。

4. 滋味

审评茶汤的浓稠、淡薄、甘醇、鲜爽、苦涩、活性、刺激性、收敛性等。茶叶的香气与滋味密切相关。品茶汤时，不要直接咽下，用舌头在口腔内打转几次后，再吐出。品质好的茶叶，入口后有微苦之感，但很快就有甘甜清爽的感觉。红茶以醇厚甘甜为优；绿茶先感稍涩，而后转为甜；乌龙茶无红茶苦味，也无绿茶涩味，兼有红绿茶的甘甜醇厚的感觉；紧压茶应以醇厚者为优。

5. 叶底

审评茶渣的色泽、叶面展开度、叶片芽尖是否完整无破碎，并以此来判别茶青原料品质、老嫩、均匀性及发酵程度。茶叶叶底色泽和软硬，反映鲜叶的老嫩。叶底的色泽还与汤色有密切关系，叶底色泽鲜亮与浑暗，和汤色的明亮与浑浊一致。茶叶叶底柔软则说明鲜叶比较细嫩，粗老的鲜叶，叶底比较粗硬。

9.1.3 茶叶的饮法

1. 绿茶的饮法

（1）赏茶
取一杯量的茶叶，放在无异味的白纸上，观看茶叶的形态。
（2）泡茶
上投法，指冲泡外形紧结的名茶，如龙井、碧螺春、都匀毛尖、蒙顶甘露、庐山云雾、福建莲芯、凌云白毫、涌溪火青、高桥银峰、苍山雪绿等，先将85～95℃的开水冲入杯中，然后取茶放入水中，不用加盖茶叶就会自动往下沉，这即是一开茶。干茶吸收水分，逐渐展开叶片，芽似枪、剑，叶如旗；茶香缕缕上升，令人心旷神怡。茶叶如果细嫩多毫汤中的散毫就会多，这是嫩茶的特色。茶凉至适当的温度，即可小口品尝，缓慢吞咽，在饮时不宜一杯全饮完，应在尚余三分之一水量时，加入水，称之为二开茶。一般饮到第三开时茶味就已淡，再续水就无味了。

中投法，指冲泡叶条松展的名茶，如六安瓜片、黄山毛峰、太平猴魁、舒城兰花等。这些茶叶不易在水面下沉。泡时先将茶叶放入杯中，倒入 90℃开水至茶杯的三分之一，稍停 2 分钟左右，等干茶吸水伸展后再冲水到杯满即可。

2. 红茶的饮法

（1）功夫茶的饮法
将功夫红茶适量放入杯中，然后冲入沸水，几分钟之后，即可品味。一般来说，一杯茶叶通常可泡 2～3 次。在品功夫茶的时候，应慢慢品味，吃出茶的醇味。
（2）快速饮法
红茶的快速饮法主要是针对碎茶、袋泡红茶、速溶红茶和红茶乳晶、奶茶汁等。泡袋装红茶时一杯一袋，倒入水后慢慢抖动茶袋，使茶汁溶出后就可以取出茶袋。一般冲泡一次，最多两次茶汁就很淡了。"酸如柠檬，辛如肉桂，甜如砂糖，润如奶酪"，红茶常被人们用来调饮。所以除了上述的两种单独的饮法外，还可以在茶汤中加入调料，比较常见的是加入糖、牛奶、柠檬片、咖啡、蜂蜜或香槟等。也可以同时加入几种调料，制作不同滋味的清凉饮料。

3. 乌龙茶的饮法

（1）洗茶具

泡茶之前先用沸水把茶具淋一遍，在泡饮的过程中还要不断淋洗，使茶具保持相当的热度。

（2）分茶

为了避免堵塞壶口，应把茶叶按粗细分开，并将中小叶放在最上面。

（3）洗茶

循着壶的边缘将水缓慢倒入，以免将"茶胆"冲破，冲水时要使壶内茶叶翻腾。当水盖过茶叶时要将水立即倒掉。

（4）冲茶

洗过茶之后，冲入第二次水，水倒入九成即可，开水应从高处冲下，这样可以促使茶叶充分散香，然后盖上壶盖再用沸水淋壶身，大约泡 2～3 分钟，这样一杯香醇的乌龙茶就泡好了。

（5）斟茶

用食指压住壶顶，中指、拇指夹住壶把手，开始轮流注入杯中，每杯先倒一半，逐渐加至八成，这是为了使各杯茶的气味均匀。在斟茶时应低行，避免茶汤失香和散味。

（6）品茶

先闻香再品味，闻香时慢慢由远及近，又由近及远往返几遍，会觉阵阵茶香扑鼻而来，然后再慢慢品其味，达到香味最佳。

9.1.4 茶叶的特性及成分

1. 茶叶的特性

（1）吸湿性

茶叶中含有多种有机成分，如糖类、蛋白质、茶多酚、果胶质等都是一些亲水性的成分，能引起茶叶吸潮。茶叶干燥后，形成了多孔性组织结构，也能引起茶叶吸潮。所以当空气中相对湿度超过茶叶水分的平衡状态时，茶叶就会从空气中吸收水分，而发潮变霉。

（2）陈化性

新茶叶随着存放时间的延长，尤其在不适宜条件下，茶叶就会出现陈味。不仅新茶香气消失，而且因茶叶的收敛性降低而使茶味淡薄，茶汤色泽变暗、变深，透析度降低，茶汤中的茶多酚和固形物含量也有明显的下降。

（3）吸附异味性

茶叶的多孔性组织和有机成分中的亲水性，使茶叶具有较强的吸附性。它吸收鲜花的香气可窨制花茶；同样，如遇到异味，例如与化妆品、调味料（花椒、大料等）放在一起，茶叶就会沾有化妆品或调料的气味。茶叶吸收异味后，不容易使异味消失，严重时还会完全丧失茶叶的饮用价值。因此包装、运输、储藏、销售时，都应十分注意勿使茶叶沾有异味。

2. 茶叶的成分

（1）化学组成

茶叶的化学成分及其含量如表 9-2 所示；茶叶中的各种矿物质及其含量如表 9-3 所示。

表 9-2　茶叶的化学成分及其含量

成分	含量（100g 干物中）
蛋白质	0.2～0.3g
游离氨基酸	1～4g
咖啡因及其他植物碱	3～5g
儿茶素类及其他茶多酚	10～30g
果胶质	3～6g
还原糖	1～4g
粗脂肪	2～7g
粗纤维	8～15g
灰分	5～6g
有机酸	≤3g
色素	≤1g
维生素类	0.6～1.0g

表 9-3　茶叶中的各种矿物质及其含量

成分	含量（100g 干物中）
钾	1.5～1.8mg
碘	45～120 μg
钙	0.5～0.6mg
磷	0.2～0.3mg
镁	0.1～0.15mg
铝	500～2000ppm
锰	400～2000ppm
氟	90～350ppm
锌	30～75ppm
铜	8～20ppm
硒	1.0～1.8ppm

（2）保健成分及功效

茶叶具有以下几种功能：降低血脂、预防心血管疾病、强化微循环；预防高血压；降低血糖、预防糖尿病；预防龋齿、消除口臭；杀菌、抗病毒、改善肠道细菌微生物相；抗细胞突变、抗癌；利尿、提神醒脑、消除疲劳、增强耐力；延缓衰老。

茶叶中的保健成分及其功效如表 9-4 所示。

表 9-4　茶叶中的保健成分及其功效

成分	生理作用
儿茶素类及其氧化缩合物	抗氧化、抗突然变异、防癌、降低胆固醇、降低血液中低密度脂蛋白、抑制高血压、抑制血糖上升、抑制血小板凝集、抗菌、抗食物过敏、肠内微生物的改善、消除口臭
黄酮醇类	强化微循环、抗氧化、降血压、消除口臭
咖啡因	中枢神经兴奋、提神、强心、利尿、抗喘息、代谢亢进
杂链多糖类	抑制血糖上升（抗糖尿）
维生素 C	抗坏血病、抗氧化、防癌
维生素 E	抗氧化、防癌、抗不妊
胡萝卜素	抗氧化、防癌、增强免疫力
皂素	防癌、抗炎症
氟	预防蛀牙
锌	防止味觉异常、防止皮肤炎、防止免疫力下降
硒	抗氧化、防癌、防止心肌障碍
锰	抗氧化、酶的辅因子、增强免疫力

9.2　咖啡　可可

随着咖啡这一有着悠久历史的饮品在世界的广泛流行，咖啡正在被越来越多的中国人所接受。无论在家里，还是在办公室或是各种社交场合，不少人在品着咖啡，它逐渐与时尚、现代生活联系在一起。遍布世界各地的咖啡屋成为人们交谈、听音乐、休息的好地方，咖啡逐渐地发展为一种文化，被众多的旅游者所追求。

9.2.1　咖啡

咖啡是将咖啡树的种子烤成棕色，磨成粉而制成的饮料。

咖啡树是生长在热带和亚热带地区的一种常绿树木，叶子长卵形，花白色有香味，在叶腋处结有多个樱桃似的鲜红浆果，果实的红皮较厚，其中有黄色凝胶状的果仁。果仁是两粒的，其接面扁平，称为平豆；果仁为一粒者，略近球形称为圆豆。因圆豆少，价格比平豆昂贵。

咖啡原产于非洲埃塞俄比亚南部咖法省一带。咖啡一词来源于"咖法"这个地名。13世纪传入阿拉伯，17世纪传入欧洲，后又传到亚洲、非洲，现在已是一种世界性饮料。巴西、哥伦比亚、爪哇、阿拉伯等地盛产咖啡。巴西的咖啡产量占世界第一位，有"咖啡国"之称。

9.2.2 咖啡名品

1. 牙买加蓝山

牙买加蓝山咖啡在近两个世纪以来一直是世界各地咖啡鉴赏家们最满意的上品，被誉为"国王的咖啡"。虽然牙买加咖啡的产量在世界咖啡总产量占微不足道的比例，但是它却可以卖到世界上最高的价格。

牙买加蓝山咖啡是采取水洗法处理的咖啡豆，在最后脱去咖啡豆表面的薄膜之前要将咖啡豆放在袋子里储藏20个星期左右。蓝山咖啡生豆个头比较大，而且大小均匀，通常采用的包装是容量为70kg的木桶，并附带有出口许可证和产地证明。

2. 夏威夷科纳

夏威夷是美国唯一一个种植咖啡的州，科纳咖啡出产于夏威夷岛科纳地区的西部和南部，它的优良品质得益于适宜的地理位置和气候。咖啡树生长在火山山坡上，地理位置保证了咖啡生长所需要的海拔高度；深色的火山灰土壤为咖啡的生长提供了所需的矿物质；气候条件亦十分适宜。这使得科纳咖啡的产量非常高，可达到2240kg/km^2。

科纳咖啡口味新鲜、清冽，中等醇度，有轻微的酸味，同时有浓郁的芳香，品尝后余味长久。科纳咖啡具有一种兼有葡萄酒香、水果香和香料香的混合香味。

3. 巴西波旁山度士

巴西是世界上最大的咖啡生产国，素有"咖啡国"之称。巴西种植的咖啡既有历史悠久的阿拉比克咖啡，又有年轻健壮的罗伯斯特咖啡，那里有近40亿棵咖啡树。巴西咖啡产量约占世界咖啡总产量的35%。

巴西咖啡通常采用晒干法或半水洗法处理。巴西咖啡的种类有多种，但是大多数为低酸度、口感柔滑，这样的咖啡豆最适合与其他单品咖啡豆混合来制作意大利浓缩咖啡，它能在浓缩咖啡的表面形成金黄色的泡沫，并使咖啡带有微甜的口味和悠长的余味。

巴西波旁山度士是世界著名的单品，亦是最著名的一个阿拉比克种咖啡。对于巴西波旁山度士咖啡来说，它既没有特别出众的优点，又没有明显的缺憾，这种咖啡口味温和而滑润、酸度低、醇度适中，有淡淡的甜味。

4. 哥伦比亚特级

哥伦比亚咖啡是世界上少有的仅以国家名称命名的咖啡，那里的咖啡树都属于阿拉比克种，这些咖啡树喜欢生长在海拔高和气温比较低的地方，而且这种咖啡树的生长周期比较长，因此也造就了它颗粒小、味道醇的特点。

哥伦比亚的咖啡产区位于安第斯山脚下。最好的哥伦比亚咖啡是哥伦比亚特级，这种咖啡醇度中等、酸度低、口味偏甜，有最佳的风味和令人喜悦的芳香。

5. 埃塞俄比亚哈拉尔

埃塞俄比亚咖啡被人称誉为"旷野的咖啡"，一杯埃塞俄比亚咖啡能带给你从未有过的原始体验。咖啡这个词来源于"Kaffa"，这是埃塞俄比亚的一个地名，这里是最早种植咖啡的地方。

埃塞俄比亚人用不同的方法处理咖啡，因而不同方法处理的咖啡豆冲泡出的咖啡在口味上有着十分复杂的区别。由此，可以说每一杯埃塞俄比亚咖啡的口味都有区别，甚至不会喝到两杯味道完全相同的咖啡。但从总体上说，埃塞俄比亚咖啡酸度适中，醇度适中，有酒味和原野芬芳，有些干法处理咖啡可能会有土腥味，有时还可能会在埃塞俄比亚咖啡中发现一点点檀木的香味。

埃塞俄比亚咖啡中著名的是哈拉尔咖啡，此咖啡具有一种混合风味，味道醇厚，中度或轻度的酸度，最重要的是它有几乎最低的咖啡因含量，大约是1.13％。哈拉尔咖啡通常可以分为三种：长豆哈拉尔、短豆哈拉尔、单豆哈拉尔。其中长豆哈拉尔最受欢迎，品质也最好。

6. 肯尼亚 AA

肯尼亚种植的咖啡主要是阿拉比克的波旁咖啡树，肯尼亚咖啡和它的近邻也门摩卡和埃塞俄比亚哈拉尔咖啡口味十分相近，它们都有别致的酒味和悠长的余味。难得的是肯尼亚咖啡具有埃塞俄比亚咖啡和也门咖啡所具有的醇厚和浓滑。它比埃塞俄比亚咖啡的口味清淡，比也门摩卡醇度高，所以一般适宜深度烘焙。

肯尼亚咖啡的等级可以分为 AA 和 AB 等。其中肯尼亚 AA 是肯尼亚咖啡中最高的等级，也是世界上品质最好的阿拉比克咖啡豆。它口味醇厚，有强烈的酒香味，这种咖啡的酸味非常微妙，要仔细品尝才能感受到。

7. 也门摩卡

也门摩卡是世界上最古老的咖啡之一，但是直到最近，也门摩卡才逐渐被人们看成世界上最好的和最美味的咖啡之一。由于也门地处阿拉伯半岛的最南端，因此，有时候几乎所有的也门咖啡和阿拉伯咖啡都被称为摩卡咖啡，有时埃塞俄比亚出产的哈拉尔咖啡也被称为摩卡咖啡。

摩卡咖啡通常是这样定义的：咖啡生豆呈淡淡的橄榄绿色，有特别的酸味，原本应从也门的摩卡港运出。可见摩卡咖啡的名字主要来自于也门的摩卡港。

摩卡咖啡的特点在于它果香浓郁，有明显的酒味、辛辣味和坚果味。也门摩卡咖啡的口味特点比较鲜明，酸味较强，而且有明显的巧克力的味道，咖啡越浓，巧克力的味道就越容易被品尝出来。

8. 苏门答腊曼特宁

亚洲咖啡最著名的产地要数马来群岛的各个岛屿：苏门答腊岛、爪哇岛、加里曼丹岛、苏拉威西岛和新几内亚岛。而其中印度尼西亚产的咖啡更是享有盛名。在印尼，咖啡通常不会冠以"印度尼西亚"的名字，而会在咖啡前加上出产咖啡的岛屿的名字，人们通常将苏门答腊曼特宁、爪哇和苏门答腊安科拉看成是世界上最好的咖啡之一。因为它们品质优良、价格公道，尤其是曼特宁，产量很低，但仍以中等价格出售。

苏门答腊曼特宁咖啡口味浓重、酸度高、馥郁而有活泼的动感，还非常滑润。曼特宁咖啡也许是世界上最醇厚的咖啡，此外这种咖啡还有一种淡淡的泥土芳香。

苏门答腊曼特宁有两个著名的品种，它们是苏门答腊曼特宁 DP 一等和典藏苏门答腊曼特宁。DP 为何意，无人知晓，但有一点是肯定的，在印度尼西亚所有咖啡中等级为 DP 的，是最昂贵的。

9.2.3 花式咖啡

向咖啡中加入简单的牛奶或巧克力，或者加入更复杂也更新奇的东西，比如酒、水果甚至是各种香料，就可以改变咖啡的味道，做成各色花式咖啡。花式咖啡友善大方，它包容了不同单品的特立独行，更显示了混合者的智慧。它平易近人，但朴实的外表丝毫不能掩盖内在的丰富。一杯之中，原野芬芳、密林清幽、海洋波浪，各异的风情拉着你的思绪瞬间就可越过万水千山。

1. 意大利浓缩咖啡

20 世纪 30 年代，意大利人发明了专门煮意大利浓缩咖啡的机器，同时发明了这种别致的煮咖啡的方法，即让热水在极大的压力下通过咖啡粉末。咖啡豆通常是阿拉比克咖啡豆，但选择自由度很大，甚至有些用作意大利浓缩咖啡的咖啡豆是几种阿拉比克豆的混合。但为了混合出最佳效果，最好用口味互补或者相反的咖啡豆，如芳香清淡的就应该和醇度高的混合。一杯上好的意大利浓缩咖啡最重要的标志是它表面有一层浅驼色的乳剂，这是由咖啡中的脂肪、水和空气在萃取过程中混合而成的。通常煮一小杯意大利浓缩咖啡需要 7g 咖啡粉和 40～65mL 水，如果要咖啡更浓一点，可以减少水量。

2. 卡布奇诺

这种咖啡是将因蒸汽而发泡的牛奶注入咖啡中，再洒上一些巧克力和肉桂。这时咖啡的颜色类似修道士的头巾，所以称之为卡布奇诺。制作泡沫状的牛奶是制作 Cappuccino 的关键，有丰富的小气泡才是最佳的 Cappuccino。

3. 拿铁咖啡

拿铁咖啡是意大利浓缩咖啡与牛奶的经典混合——一小杯 Espresso 和一杯牛奶。拿铁咖啡中牛奶多而咖啡少，这与 Cappuccino 有很大不同。拿铁咖啡的做法很简单，就是在刚刚做好的意大利浓缩咖啡中加入接近沸腾的牛奶。如果在牛奶上再加上一些打成泡沫的冷牛奶，就成了一杯美式拿铁咖啡。如果不加入热牛奶，而直接在意大利浓缩咖啡上装饰两大勺牛奶泡沫，就成了被意大利人叫做 Espresso Macchiato 的玛奇哈朵咖啡。

4. 摩卡咖啡

也门的摩卡有巧克力风味，所以人们把加入巧克力的意大利浓缩咖啡叫做摩卡咖啡。把三分之一的意大利浓缩咖啡、三分之一的热巧克力和三分之一的热牛奶依次倒入马克杯，就成了摩卡咖啡。热巧克力也可以自己制作，只要把巧克力和糖放在平底锅中一同熔化就可以了。最后在上面覆盖上一些打成泡沫的奶油，然后洒上巧克力碎末或甜可可粉。它的特点就在于驯服了 Espresso 的浓烈、包容了巧克力的甜美，更融合了牛奶的柔滑。建议用杯壁稍微有些向外倾斜的咖啡杯来盛，因为用这样的咖啡杯，保证你第一口就可以喝到杯中的全部内容：牛奶在舌根，巧克力在中间，而浓缩咖啡在舌尖，瞬间你就能体会到包容的乐趣。

5. 爱尔兰咖啡

爱尔兰咖啡是含酒精咖啡的代表。调配爱尔兰咖啡要用坚固的玻璃杯，或是高脚的厚壁玻璃酒杯。首先向杯中倒入热水，反复几次后，玻璃杯就会变热；然后将砂糖、爱尔兰威士忌和黑咖啡按顺序倒进玻璃杯，用咖啡匙搅拌，使糖充分溶解，这时仍然将小咖啡匙保留在玻璃杯中；最后将一团奶油放在咖啡顶端，让奶油顺着咖啡匙柄的背面滑到咖啡中。这样，一杯爱尔兰咖啡就像冬晨冉冉升起的太阳，它会让你全身很快泛起暖意，思绪也会不由自主地随意飞扬。

6. 冰咖啡

冰咖啡是日本人的一大发明，无论是用蒸汽加压咖啡制作的冰咖啡，还是用美式咖啡制作的冰咖啡，以及花色冰咖啡，品尝冰咖啡的人越来越多，而且不受气候季节变化的影响。

在冰咖啡中漂浮巧克力冰激凌，也可以用掺有榛子坚果的意大利冰激凌来替代，调制出一个美妙的冰激凌咖啡，在这杯冰激凌咖啡上面点缀一些搅打奶油，再浇上含有咖啡利口酒的巧克力沙司。

9.2.4 可可

可可树生长于热带非洲西海岸、南美北部及西印度群岛等高温多湿地带。多为野生和小规模种植，高约 10m 的常绿乔木，全年都开花结果实。主干及主枝上到处有淡红色小花，约有 1/10 可结果实，果实为长 15～35cm、直径 5～12cm 的长椭圆形，果实外皮颜色因品种不同，呈黄橙到暗紫色，将厚纤维外皮剥去，内有 25～50 个种子，则为可可原料。全世界 4/5 的可可粒都在 9 月～次年 3 月间收获。可可的加工品分为可可豆、可可块、可可粉、可可脂等。

1. 可可豆

将附有多汁果肉的种子放入木箱，盖以香蕉叶使之发酵，汁液从箱底流出，胚芽因发酵烧死，果仁呈赤褐色，丹宁因氧化而苦味减少，同时有芳香产生。经日光晒 3～8 日，得到水分在 8％的可可豆。也可以水洗，并用 50℃以下的干燥机干燥。

2. 可可块

可可块经发酵、干燥、选粒，则可在 100～135℃内焙炒，以 120℃约半小时为最宜，即可产生特有的芳香、色泽和风味。减少了苦味和刺激味，水分减少

1/3，焙炒后压碎、脱皮、去胚芽、加压磨碎。因其含有约 50％ 的可可脂，磨碎时即得可可浆，冷却后则为苦巧克力即可可块，再经压榨可分为可可脂与可可粉。

可可脂的熔点为 30～34℃，较人体体温低，入口即化，有滑润细腻感。

苦巧克力另配砂糖、油脂、乳制品即得甜巧克力。

3. 可可粉

100kg 的可可块可榨得 40kg 的可可脂、60kg 的可可粉。可可粉粒愈细，色泽越佳，沉淀量亦少，溶解度就越大。

9.3 清凉饮料

清凉饮料是不含酒精的饮料，包括碳酸饮料、果汁饮料、糖浆类、蛋白饮料和矿泉水。同茶叶的清香、咖啡的香浓和可可的滑润细腻相比，清凉饮料则以其清凉爽口给旅游者独特的感受。

9.3.1 碳酸饮料

凡含有碳酸气的不含酒精的饮料都叫碳酸饮料。它有清凉、解渴和解除疲劳的功能，也叫清凉饮料。因为其中加有甜味剂、酸味剂，亦称合成饮料。碳酸饮料分为果汁型碳酸饮料、果味型碳酸饮料、可乐型碳酸饮料、低热量型碳酸饮料和其他型碳酸饮料。

1. 果汁型碳酸饮料

果汁型碳酸饮料是在产品中添加一定量的原果汁（不低于 2.5％ 的比例）的碳酸饮料。这类汽水，如桔汁汽水、橙汁汽水、菠萝汁汽水或混合果汁汽水等，因为添加了一定量的原果汁，除了具有相应水果所特有的色、香、味之外，还有较高的营养成分。这种饮料原果汁的营养丰富、滋味纯正和碳酸饮料的凉爽宜人、口感独特为一体，香气协调柔和，滋味纯正、爽口，有的产品还有少量果肉沉淀。

2. 果味型碳酸饮料

果味型碳酸饮料是以食用香精为主要赋香剂，原果汁含量低于 2.5％ 的碳酸饮料，如桔子汽水、柠檬汽水等。这类汽水色泽鲜艳，价格便宜，具有清凉感，其品种繁多，产量最大，可以用不同的香精和着色剂，模仿水果的色泽和香型，调制多种果味汽水。

3. 可乐型碳酸饮料

可乐型碳酸饮料特指含有焦糖色、可乐香精或类似可乐果和水果香型的辛香、果香混合剂的碳酸饮料。香气协调柔和，味感纯正、爽口，有清凉、刹口感，由于味道独特，人们对这类产品往往有自己的偏爱，尤其可口可乐、百事可乐、非常可乐等知名品牌引导了消费方向。

4. 低热量型碳酸饮料

低热量型碳酸饮料是以甜味剂全部或部分代替糖类的各型碳酸饮料和苏打水，其热量不高于 75kJ/100mL，具有与品名相符的色泽，香气较协调柔和，味感纯正、爽口，有清凉感。

5. 其他型碳酸饮料

还有一些碳酸饮料含有植物油提取物或以非果香型的食用香精为赋香剂，以补充人体运动后失去的电解质、能量等，如姜汁汽水、运动汽水等。其中运动饮料是指营养素的成分和含量能适应运动员或参加体育锻炼、体力劳动人群的生理特点、特殊营养需要的饮料。

由于温度增高使二氧化碳气化，产生刺激并带走人体热量，所以给饮用者以清凉感。首先，是调节风味，在饮料中碳酸起到调节溶液 pH 值的作用，使饮料中各种原料风味更协调；其次，起防腐作用，碳酸可使 pH 值下降，耐酸菌除外，其他的微生物均难以繁殖和生存，二氧化碳的存在使容器内缺氧，许多嗜氧菌也无法生存，二氧化碳使容器内有一定的压力，压力也能破坏微生物的生长条件甚至使其死亡。同时二氧化碳改善了风味，参与提供了酸性环境，赋予了碳酸饮料特有的泡沫奔涌的外观。这些特性可以使汽水、汽酒类饮料具有较好的防腐能力，从而延长了保质期。所以碳酸饮料的二氧化碳含量是一个重要的特征性质量指标。

9.3.2 果汁饮料

果汁饮料是以天然果汁为基础，经过不同的配方和不同的方法制成，它是不含二氧化碳气体、不含酒精的一种饮料。常见的果汁饮料有以下两种。

1. 天然果汁

天然果汁分为纯天然果汁和稀释天然果汁。

纯天然果汁由新鲜成熟果实榨出的果汁不稀释、不浓缩、不发酵制成，可加糖和维生素 C，但不能加其他添加物，亦可用两种以上的果汁混合。

稀释天然果汁饮料由天然果汁稀释，稀释度必须在 30％以上，可加糖液、维生素 C 和柠檬酸调节糖酸度以供直接饮用。稀释天然果汁饮料按其稀释度主要有以下几种：

1）60％果汁饮料为直接果汁饮料。

2）50％果汁饮料。

3）40％果汁饮料为稀释果汁饮料。

4）30％果汁饮料。

2. 加工果汁饮料

加工果汁饮料有以下几种。

（1）果浆

果浆由低水分高黏度浆果所榨汁，不加糖、不稀释、不浓缩、不添加任何物质制成。饮用时可添加所喜欢的物质。

（2）浓缩果汁

由天然果汁浓缩而得，不添加任何物质。有二倍、三倍、四倍、五倍、六倍浓缩果汁之分。饮用时可随意添加所需物质。

（3）人造果汁饮料

果汁、果浆含量在 6％以下，并添加色素、防腐剂、乳化剂、香料、糖酸等，或者完全不含天然果汁，仅由水果香精调制。

（4）粉末果汁

以糖、淀粉等配以酸、色素、香精制成，完全不含有原果汁的果汁粉或含有一定量果汁的粉末。人们饮用时加水调制即可。其形状有块状、粉状和粒状，还有泡型固体饮料，如桔子茶、姜汁茶、VC 泡型饮料等。

（5）蔬菜汁

由新鲜蔬菜加水蒸煮或榨汁而得，可加糖、盐、维生素 C 调配后直接饮用。

9.3.3 蛋白饮料

1. 乳酸饮料

牛奶中加以乳酸菌使其发酵后加以砂糖、乳酸、香料等混合均匀后装瓶杀菌而得。还有完全不经发酵，仅在脱脂乳中加以乳酸、砂糖、香料而制成蛋白饮料。

2. 酸奶

在牛奶中加乳酸菌使其发酵凝固而成。因不经杀菌,仍存在着大量的乳酸菌,对人体有保健作用,深受各国消费者欢迎。

3. 豆奶

豆奶是一种古老而有保健作用的饮料。其作法是在传统的豆浆中调制麦芽、果汁、奶粉等形成的一种多品味的复合型饮料。

9.3.4 矿泉水

矿泉水有含二氧化碳和不含二氧化碳两种。矿泉水是由地壳深处喷射出的,经过地壳内的高温高压的长时期的处理,并含有地质层中各类常量和微量稀有元素。因而对许多慢性疾病有治疗作用,对健康人有保健作用。矿泉水因是地壳深处之水,所以无污染,是最干净的水。因各处地壳、山脉的矿物组成不同,所以各地的矿泉水都有自己独到的主要成分,其风味、口感、疗效各不相同。

矿泉水按如下方式分类。

1. 按生成方式分类

(1) 天然矿泉水

系天然的或人工开出的地下矿脉涌出的泉水。水中含有天然无机盐的浓度在1000mg/L以上,或者含游离二氧化碳的浓度在250mg/L以上。矿泉水均由所在地直接包装,有时也按水中矿物质含量的多少而添加或除去某些矿物质。

关于矿泉水的规定,目前世界上仍存在着两种观点。以德国为代表的观点,认定矿泉水的某些化学成分或温度必须达到某一规定的标准,而无需规定其医疗效果;以法国为代表的观点,则对矿泉水的矿物质含量不作规定,但却严格规定,凡是矿泉水都必须由医疗机构通过临床证实,确有疗效,然后经过法定手续报政府批准才能算是矿泉水,否则,只能算是泉水,后者只要在化学上和细菌学上安全就可以。因此,法国矿泉水一定要经过政府批准才能出售,新产品要在商标上注明批准的政府级别和批准日期。

(2) 人工矿泉水

在优质泉水或蒸馏水中,加入各种无机盐使之溶解,模拟天然矿泉水,并充入二氧化碳,然后包装。

（3）混合矿泉水

几种不同天然矿泉水，根据其矿物质的含量和组成，按一定比例配制而成。

（4）天然泉水

天然露头或人工开出一般泉水，矿物盐含量较低。

（5）软水

把矿化度低的矿泉水、自来水或井水经离子交换树脂处理，除去钠、钙、镁等离子而制成的硬度低的水。

（6）苏打水

在优质自来水中人工充入二氧化碳，还可加入某些无机盐类。

（7）矿泉饮料

用天然矿泉水或人工矿泉水、各种果汁香精香料、糖等物质配制而成的饮料。

综上所述，真正的矿泉水与一般泉水和饮用水是有很大区别的。一般的泉水都很难达到 1 000mg/L 的矿化度和 250mg/L 的游离二氧化碳含量。所以天然矿泉水是很少见的。迄今为止，我国天然矿泉水露头并不多，已发现的有广东省龙川矿泉、黑龙江省五大连池矿泉、辽宁省皮子窝矿泉、辽宁省鞍山汤岗子矿泉等十几个天然矿泉。有些泉水水源矿化度低，游离二氧化碳含量小，但水质良好，清凉可口，又无任何污染，只要经过人工矿化、充入二氧化碳，就可制成能与天然矿泉水相媲美的人工仿制矿泉水。人工矿泉水生产很有发展前途。

2. 根据矿物质成分分类

（1）碳酸氢钠泉

碳酸氢钠泉矿化度为 1000mg/L 以上，阳离子一半以上为钠离子，阴离子一半以上为碳酸氢根离子。这种矿泉又可细分为：

1）单纯碳酸氢钠泉，泉水中碳酸氢钠含量很高，其他成分则较少。

2）碳酸—碳酸氢钠泉，是指含游离二氧化碳的、矿化度为 1000mg/L 以上的碳酸氢钠泉。此外还有芒硝—碳酸氢钠泉、食盐—碳酸氢钠泉等。我国著名的龙川矿泉水就属于碳酸—碳酸氢钠泉，这是一类最主要的饮用矿泉水。

（2）重碳酸碱土泉

泉水矿化度为 1000mg/L 以上，阴离子以碳酸氢根为主，阳离子以碱土金属钙、镁离子为主。

这种矿泉又分单纯重碳酸碱土泉、碳酸—重碳酸碱土泉、食盐—重碳酸碱土泉、芒硝—重碳酸碱土泉等。

（3）食盐泉

食盐泉包括单纯食盐泉、碳酸—食盐泉、碳酸氢钠—食盐泉等。这种矿泉矿化度为 1 000mg/L 以上，但大部分矿物质为食盐。

（4）硫酸盐泉

硫酸盐泉包括芒硝泉、石膏泉等，泉水中的阴离子主要为硫酸根离子。

（5）单纯温泉

单纯温泉水温高，矿化度不高。

本 章 小 结

本章通过对茶叶、咖啡、清凉饮料、矿泉水的分类和功能及其性质的介绍，使旅游者更详细地了解这些软饮料的不同特征，并通过茶叶的清香、咖啡的醇厚、清凉饮料的清爽甜美，带来不同的味觉感受和心情体会。

思 考 与 讨 论

1. 按照发酵程度对茶叶进行分类，并且简述其不同特性。
2. 结合教材内容分析茶叶的保健作用。
3. 论述自己所喜爱的咖啡特性。
4. 简述花式咖啡的特性。
5. 对碳酸饮料分类，并讨论其特性。

第10章 酒　　类

【本章重点】

1. 酒的起源；
2. 酒的分类与酒品风格的形成；
3. 中国各类酒的原料、分类方法与品质鉴定；
4. 世界五大蒸馏酒的分类、特点与名品介绍。

世界各民族、各地区酒类品种繁多，酿造方法多样，消费方式迥异。酿酒、饮酒是具有悠久历史的文化现象，这一切浸染于民俗、民风之中，形成了众多富有特色的酿饮文化，构成了旅游者采购酒水的心理。

10.1　酒水的基本知识

10.1.1　酒的起源

在我国，有史以来不乏关于酒的起源的记载，综合起来，主要有两种。一是杜康造酒说：杜康将未吃完的剩饭，放置在桑园的树洞里，剩饭在洞中发酵后，有芳香气味传出，这就是酒的做法。曹操曾说："何以解忧，唯有杜康"，自此之后，认为酒就是杜康所创的说法似乎更多了。二是史籍中有多处提到仪狄"作酒而美"、"始作酒醪"的记载，似乎仪狄乃制酒之始祖。也有人认为"仪狄作酒醪，杜康作秫酒"，这是讲他们酿的是不同的酒。"醪"，是一种糯米发酵而成的"醪糟儿"，味甜，多产于江浙一带。现在的不少家庭中，仍自制醪糟儿。醪糟儿洁白细腻，稠状的糟糊可当主食，上面的清亮汁液颇近于酒。"秫"，是高粱的别称。杜康作秫酒，指杜康造酒所使用的原料是高粱。可见杜康是高粱酒的创始人，而仪狄则是黄酒的创始人。其实酒最早是天然产物，人类不是发明了酒，而是发现了酒。酒里最主要的成分是酒精，谷物中的淀粉在酶的作用下，逐步分解成糖，并且发酵成酒精，自然地转变成谷物酒。水果和乳汁也可以发酵成酒精。酒的产生，丰富了人们的生活和文化，随着历史的发展，它的影响在逐渐扩大。

10.1.2 酒品的分类

世界上酒的品种繁多，其分类方法也不一，我们可以从以下几个方面来划分。

1. 按原料划分

根据酿酒所用原料的不同，酒可以划分为以下三类。

（1）粮食酒

粮食酒是以粮食为主要原料生产的酒，如高粱酒、糯米酒、包谷酒等。

（2）果酒

果酒是以水果类为原料生产的酒，如葡萄酒、苹果酒、橘子酒、香槟酒等。

（3）代粮酒

代粮酒是用粮食和果类以外的原料，如野生植物淀粉原料或含糖原料生产的酒，习惯称为代粮酒。例如，用龙舌兰、薯干、木薯、芭蕉芋、糖蜜等为原料生产的酒均为代粮酒。

2. 按生产工艺划分

按照生产工艺的特征，酒可以分为以下三大类。

（1）蒸馏酒

蒸馏酒指在生产工艺中，必须经过蒸馏过程才能取得最终产品的酒，如我国的白酒以及外国的白兰地、威士忌、伏特加等。

（2）发酵酒

发酵酒又称为非蒸馏酒，指在生产过程中经过滤形成的最终产品，如黄酒、啤酒、葡萄酒和其他果子酒等。

（3）配制酒

配制酒是用蒸馏酒或发酵酒为酒基，再人工配入甜味辅料、香料、色素或浸泡药材、果皮、果实、动植物等而形成的酒，如果露酒、药酒、滋补酒等。

3. 按发酵特征划分

按发酵特征，酒可分为以下三类。

（1）液态法白酒

液态法白酒即采用酒精工艺来生产的白酒，其产品均是普通白酒。

（2）半液态法白酒

半液态法白酒主要为两广一带的米烧酒和黄酒。

（3）固态法白酒

固态法白酒是采用我国传统固态法发酵工艺酿制的白酒，如大曲酒、小曲酒均在此列。

4. 按酒精含量的多少划分

按酒精含量的多少酒可分为以下三类。

（1）高度酒

高度酒又称烈性酒，酒精含量在 40％以上，如我国各类高度的蒸馏酒、白兰地、伏特加等。

（2）中度酒

中度酒的酒精含量在 20％～40％之间，多数露酒和药酒（即配制酒）都是中度酒，但是蒸馏酒的酒度在 40％以下时，均称为低度蒸馏酒。

（3）低度酒

低度酒的酒精含量在 20％以下，如啤酒、黄酒、葡萄酒等。

5. 按商品特性划分

按商品特性划分，酒可分为白酒、黄酒、果酒、啤酒、药酒和配制酒等六类。这六类酒中，根据酒的颜色又可分为有色酒和无色酒。黄酒、果酒、啤酒、药酒和配制酒属于有色酒；白酒属于无色酒。一般有色酒的酒度比较低，无色酒的酒度要高些。

有色酒从口味上根据甜淡的程度可分为甜型、半甜型、干型和半干型。甜的叫甜型或半甜型，不甜的叫干型或半干型。"干"从英文 Dry 译出。无色酒，如茅台酒、董酒、西凤酒等，因无色透明，通常称为白酒。因此，白酒并非白色的酒。

此外，还有按商品价值来分的高级酒、中级酒、大路酒（普通酒）；按酒液是否能产生气泡来分的起泡酒（又称发泡酒，如啤酒、香槟酒）、非起泡酒（又称非发泡酒）等。

10.1.3　酒品风格的形成

任何一种酒品都有其独特的风格，不同的酒品其风格各异，甚至同一品种的酒，其风格也会不同。酒品的风格由很多因素形成，它包括酒品的色、香、味以及酒体等。了解和掌握酒品的风格特点就必须从它的色、香、味、体等方面进行综合评估。

1. 酒的颜色

色彩能有力地表达感情、传递信息，使人获得美的享受，酒品给人的第一感觉和印象就是它的颜色。酒品的颜色不但丰富多彩，而且变化大，从众多的诗词中便可略见一斑，如李贺的"小槽酒滴珍珠红"、杜甫的"鹅儿黄似酒"、白居易的"倾如竹叶盈尊绿"等，描写的是珍珠般闪亮的红酒、鹅雏般嫩黄的黄酒、竹叶般青绿的绿酒，真是丰富多彩，美不胜收。此外，还有金黄色的酒、琥珀色的酒、碧绿色的酒、咖啡色的酒等。我国习惯上把用谷物发酵后蒸馏出来的无色透明的酒叫"白酒"，而将所有带颜色的酒称之为色酒，但很多进口的蒸馏酒如白兰地、威士忌等也都带有一定的颜色，而这些酒又不能称之为色酒。因此，我们又将所有带有色彩且酒精度较低的酒称为色酒，如葡萄酒、黄酒、各种利口酒等。酒品的颜色形成有以下几条途径。

（1）来自酿酒原料

很多果酒的酿造原料中含有色素，酿出的酒也就带有不同的颜色。如红葡萄酒，在葡萄经过压榨发酵过程中，果皮里的色素不断析出进入酒液里，因而使得酿成的红葡萄酒大多呈宝石红色，红葡萄酒的这种颜色是葡萄皮的颜色。酒原料的自然本色能给人以纯朴清新之感，显得朴实无华。因此，一般情况下酿酒者都要尽量使酒液保持酿造原料的本色。

（2）酒品在陈酿过程中自然生色

酒在陈酿过程中由于温度、介质的改变，从而改变酿酒原料的本色。如蒸馏白兰地酒在橡木桶内陈化后，改变了原来的无色透明状，变成金黄色。

（3）人工或非人工增色

人工增色是生产者为了取悦顾客而在酒液中添加一定的色素或调色剂，以此来改善酒品的风格。

2. 酒的香气

酒品香气形成的原因十分复杂，它除了生产原料本身的香气外，还受生产过程中外来香气、发酵和陈酿过程中容器香气等的影响。

中国白酒的酒香比较复杂，香气十分丰富，因为芳香成分中含有清雅香气的乙酸乙酯、丁酸乙酯、庚酸乙酯、辛酸乙酯、异丁醇、异戊醇等，有些成分虽香味不大，但有溶解其他香气成分的定香作用，如乳酸、乳酸乙酯等。中国白酒概括起来可以分五种香型，即酱香型、浓香型、清香型、米香型和兼香型。

（1）酱香型

酱香型又称为茅香型，以贵州茅台酒为代表。这类香型的白酒香而不艳，低而不淡，醇香幽雅，不浓不猛，回味悠长，倒入杯中过夜，香气久留不散，且空杯留香，令人回味无穷。酱香型白酒是由酱香酒、窖底香酒和醇甜酒等勾兑而成的。所谓酱香是指酒品具有类似酱食品的香气，酱香型酒香气的组成成分极为复杂，酱香主要是由高沸点的酸性物质与低沸点的醇类组成的复合香气。

（2）浓香型

浓香型又称泸香型，以四川泸州老窖特曲为代表。浓香型的酒具有芳香浓郁、绵柔甘冽、香味协调、入口甜、落口绵、尾净余长等特点，这也是判断浓香型白酒酒质优劣的主要依据。构成浓香型酒典型风格的主体是乙酸乙酯，这种成分香气突出。浓香型白酒的品种和产量均属全国大曲酒之首，全国八大名酒中，五粮液、泸州老窖特曲、剑南春、洋河大曲、古井贡酒都是浓香型白酒中的优秀代表。

（3）清香型

清香型又称汾香型，以山西杏花村汾酒为主要代表，清香型白酒酒气清香、芬芳醇正，口味甘爽协调，酒味纯正、醇厚绵软。酒体组成的主体香是乙酸乙酯和乳酸乙酯，两者结合成为该酒主体香气，其特点是清、爽、醇、净。清香型风格基本代表了我国老白干酒类的基本香型特征。

（4）米香型

米香型酒指以桂林三花酒为代表的一类小曲米液，是我国历史悠久的传统酒种。米香型酒蜜香清柔、幽雅纯净，入口柔绵、回味怡畅，给人以朴实纯正的美感。米香型酒的香气组成是乳酸乙酯含量大于乙酸乙酯，高级醇含量也较多，共同形成它的主体香。这类酒的代表有桂林三花酒、全州湘山酒、广东长东烧等小曲米酒。

（5）兼香型

兼香型又称复香型，即兼有两种以上主体香气的白酒。这类酒在酿造工艺上吸取了清香型、浓香型和酱香型酒之精华，在继承和发扬传统酿造工艺的基础上独创而成。兼香型白酒之间风格相差较大，有的甚至截然不同，这种酒的闻香、口香和回味香各有不同香气，具有一酒多香的风格。兼香型酒以董酒为代表，董酒酒质既有大曲酒的浓郁芳香，又有小曲酒的柔绵醇和、落口舒适甜爽的特点，风格独特。

以上几种香型只是中国白酒中比较明显的香型，但是，有时即使是同一香型的白酒其香气也不一定完全一样，就拿同属于浓香型的五粮液、泸州老窖特曲、古井贡酒来说，它们的香气和风味也有显著区别，其香韵也不相同，因为各种名酒的独特风味除取决于其主体香含量的多寡外，还受各种香味成分的相互烘托和平衡作用的影响。

3. 酒的口味

酒品的口味是消费者普遍关注的酒品风格，酒味的好坏也反映了酒品质量的好坏。人们习惯用酸、甜、苦、辣、咸等来评价酒的口味风格。

（1）酸

酸味是针对甜味而言，指酒中含酸量高于含糖量，英语里常用"Dry"一词表示，因此酸型通常又称为干型，如干白葡萄酒、半干型葡萄酒等。酸味型酒常给人们醇厚干洌、爽快的感觉。目前，酸型酿造酒尤其是葡萄酒越来越受消费者的喜爱，如天津的王朝半干白葡萄酒，销量逐年上升，主要借助于其独特的口味和上乘的品质。青岛华东葡萄酒酿酒公司生产的全干型单品种年份葡萄酒"青岛意斯林"更是酸而不涩、酸而不过、酸而不苦，入口爽净，被外宾称为"中国最好的葡萄酒"。

（2）甜

甜味是酒品口味中最受欢迎的，而且以甜为主要口味的酒数不胜数。酒品中甜味主要来自酿酒原料中的麦芽糖和葡萄糖，特别是果酒中的含糖量尤其高。甜味能给人以滋润圆正、纯美丰满和浓郁绵柔的感觉。

（3）苦

苦味是一种独特的酒品风格，在酒类中苦味并不常见，比较著名的比特酒（Bitters）就是以苦味为主。啤酒中也保留了其独特的苦香味道，适量的苦味能给人起到净口、止渴、生津、开胃等作用。但是苦味有较强的味觉破坏功能，切忌滥用。

（4）辣

也称为辛。辛辣口味使人有冲头、刺鼻等感觉，尤以高浓度的酒精饮料给人的辛辣感最为强烈，辛辣味主要来自酒液中的醛类物质。

（5）咸

咸味在酒中也很少见，但少量的盐类可以促进味觉的灵敏，使酒味更加浓厚。以墨西哥特基拉酒为例，饮用时就必须加入少量盐粉，以增加其独特的风格。

除上述几种常见的口味外，还有与苦味紧密相连的涩味，以及与众不同的怪味等。

4. 酒体

酒体是对酒品风格的综合表现，但国内和国外品酒界人士对酒体的解释却不一样。在中国，专家们普遍认为酒体是色香味的综合表现，是对酒品的全面评价，国外一些专家则认为酒体是专指酒品的口味，侧重于单项风格的评价。其实，一种酒品酒体的好坏应该是对酒品风格概括性的感受，酒体讲究的应是协调完美，色香味缺一不可。酒中所含的各种物质决定了酒品风格的千变万化，其主要因素如下。

（1）水

酿酒离不开水，水是构成酒成品的主要因素之一。优良的水质不仅能提高酒的质量，还能赋予酒以特殊的风味。我国劳动人民自古以来对酿酒用水都很重视，把水比作"酒之血"，许多名酒厂都选建在有良好水源的地方，所谓"名酒所在，必有佳泉"。啤酒对水的要求很高，啤酒中90％以上的成分是水，特别是用以制麦芽和糖化的水与啤酒品质有密切关系。

（2）酸类物质

酒中的酸类含量与白酒的风味有极大关系，酸类是白酒的重要口味物质，酸量过少，酒味寡淡，后味短；但酸量过大，酸味露头，酒味粗糙，甚至入口有尖酸味，从而使酒的风味和品质严重下降。以中国白酒为例，一般含酸量不得超过$0.06\sim0.15g/100mL$。白酒中含有20多种有机酸，它们有的能够直接影响酒的风味和品质，如乙酸是刺激性强的酸味；丁酸过浓会有"汗臭"气味；乳酸能增加白酒的醇厚性，起调味作用，过多则呈涩味。

（3）酯类物质

酯类物质是在酒精发酵过程中产生的，它是一种芳香物质，在白酒中能增加香气，因此，一般比较芳香的酒含酯量都较高，酒类中含各种酯类30多种，其中乙酸乙酯稀薄时呈梨的清香，是我国清香型白酒的主体香气，而丙酸乙酯能赋予白酒一种特殊的米香，是桂林三花酒的香气。

（4）醛类物质

酒液中醛类物质含量极少时可以增加芳香，但它们是造成刺激性和辛辣味的主要成分，因此，一般白酒中总醛量不得大于$0.02g/100mL$。如果酒品中出现酒味辣燥、刺鼻现象，并有焦苦味出现，那必定是酒中含糠醛较高的缘故（一般高于$0.03g/100mL$就会出现上述现象）。

（5）醇类物质

酒精发酵过程中，会形成微量的高级醇，由于它像油状物质，故称为"杂醇油"。白酒香味中需要有一定量的高级醇，它呈苦、涩和辣味。杂醇油有很大的毒性，如果饮入含杂醇油多的酒类，能引起剧烈的头晕，易使人酩酊大醉，因此，我国规定酒中杂醇油含量不得超过$0.15g/100mL$。

此外，酒液中含有的铅、氰化物，以及甲醇等都是有毒物质，含量过高会严重危害人体健康。

10.2 中国酒类介绍

10.2.1 黄酒

中国的黄酒，也称米酒，属于酿造酒，是世界三大酿造酒（黄酒、葡萄酒和啤酒）之一。酿酒技术独树一帜，是东方酿造界的典型代表。

1. 黄酒名称的由来

黄酒属于酿造酒，酒度一般为15°左右。黄酒，顾名思义指黄颜色的酒。所以有的人将黄酒这一名称翻译成"Yellow Wine"。其实黄酒的颜色并不总是黄色的，也有黑色、红色和白色的黄酒。黄酒实际上是用谷物酿成的，故称为"米酒"比较恰当。现在通常用"Rice Wine"表示黄酒。

2. 黄酒的酿造原料

黄酒是用谷物作原料，用麦曲或小曲作糖化发酵剂制成的酿造酒。在历史上，黄酒的生产原料在北方用粟（在古代，是秫、粱、稷、黍的总称，有时称为粱，现在称为谷子，去除壳后叫小米）。在南方，普遍用稻米（尤其以糯米为最佳原料）为原料酿造黄酒。在清朝，南方绍兴一带的黄酒称雄国内外。

3. 黄酒的分类

（1）根据黄酒的含糖量分类

1）干黄酒。干黄酒的含糖量在5%以下，部分干黄酒的糖分还不到1%。干黄酒主要有浙江绍兴的元红酒、加饭酒和金华的寿生酒以及大部分的普通黄酒。这些酒又称为辣口酒。

2）半甜黄酒。半甜黄酒的含糖量在5%～10%。半甜黄酒主要有浙江绍兴的善酿酒、福建老酒、江苏惠泉酒等。

3）甜黄酒（甜口酒）。甜黄酒的含糖量在10%以上。甜黄酒主要有绍兴的香雪酒、福建的沉缸酒、江苏的醇香酒、江西的封缸酒等。

（2）按地区分类

1）江南黄酒。江南黄酒是以糯米（或粳米）为原料，用酒药、麦曲为发酵剂酿制的黄酒，主要是绍兴酒，简称绍酒，又名老酒即鉴湖名酒，因产于我国浙江绍兴而得名。它是我国名酒中的佼佼者，其色、香、味具有独特的风格。绍兴酒的起源很早，早在《吕氏春秋》上就有这样的记载："越王之栖于会稽也，有酒投江，民饮其流而战气百倍。"会稽是绍兴过去的名称，可见在 2400 年以前的战国时代，绍兴人民就会酿酒。绍兴酒质量优良，别有风味，一向驰名于国内外，绍兴加饭酒连续四届被评为全国名酒，并获国家金质奖。绍兴酒的主要品种有元红酒、加饭酒、花雕酒、善酿酒、香雪酒等 10 多个名牌黄酒。

2）福建黄酒。福建黄酒是以糯米和粳米为原料，用红曲和白曲为糖化剂酿制成的黄酒。红曲霉在制曲中产生深红色的色素，所以成曲呈褐红色，用此曲制酒，能耐高温，酒色是红黄色，叫红曲黄酒。在制酒过程中，需要糖化发酵时，常加白曲（米曲），制法同绍兴加饭酒。著名的有福州老酒、龙岩沉缸酒、温州乌衣红曲黄酒、福州红曲黄酒、闽北红曲黄酒、福建粳米红曲黄酒。

3）北方黄酒。北方黄酒以糯黄米、小米为原料，用麦曲、药曲为糖化剂酿制而成。著名的有山东即墨老酒、兰陵美酒、大连黄酒、山西黄酒、京津及东北西北各地产的黄酒。

4）吉林清酒。吉林清酒是以大米为原料，用纯种米曲霉和清酒酵母菌为糖化发酵剂制得的一种酒。这是一种改良黄酒，口味类似绍兴淋饭酒，在日本称为清酒。由于生产方法比较合理，因此生产周期较短，出酒率比一般黄酒高。

（3）按酿造方法分类

1）淋饭酒。淋饭酒是指将蒸熟的米饭用冷水淋凉，然后拌入酒药粉末，搭窝，糖化，最后加水发酵成酒，口味较淡薄。这样酿成的淋饭酒，有的工厂是用来作为酒母的，即所谓的"淋饭酒母"。

2）摊饭酒。摊饭酒是指将蒸熟的米饭摊在竹箅上，使米饭在空气中冷却，然后再加入麦曲、酒母（淋饭酒母）、浸米浆水等，混合后直接进行发酵。

3）喂饭酒。用这种方法酿酒时，米饭不是一次性加入，而是分批加入。

（4）按酿酒用曲的种类分类

黄酒还可按酿酒用曲的种类来分，如小曲黄酒、生麦曲黄酒、熟麦曲黄酒、纯种曲黄酒、红曲黄酒、黄衣红曲黄酒、乌衣红曲黄酒等。

4．著名黄酒简介

（1）加饭酒

厂家：浙江绍兴酿酒厂。

酒度：18°以上。

糖分：2％以下。

总酸：0.46％以下。

品质特点：酒色橙黄明亮、香气浓郁、口味醇厚、风味特美。

据考察，春秋时，绍兴已盛产黄酒。1901 年获得南洋劝业会金质奖章，

1915 年获得巴拿马赛会金质奖章，1925 年、1936 年在国内商品展览会上获得金质奖章和奖状，解放后，连获第一、二、三、四届评酒会的全国名酒。

（2）沉缸酒

厂家：福建省龙岩县酒厂。

酒度：20°。

糖分：20％。

总酸：0.3％～0.45％。

品质特点：酒色褐红、清彻明亮、芳香幽郁、酒质醇厚、入口甘美、无黏稠感。

此酒已有 160 多年的历史，获全国第二、三、四届评酒会的全国名酒之称。

10.2.2　白酒

白酒是中国蒸馏酒的俗称，我国白酒的销售量居酒类产量第二位。它在人民生活中有特殊的地位，无论是喜庆丰收、欢度佳节、婚丧嫁娶、迎宾宴友，还是医药保健等都离不开它，并在酒类产品中消耗量最大。白酒的适量饮用可以振奋情绪、促进血液循环，有杀菌、去腥、防腐作用。在我国，一些高档酒极具艺术性，有很高的艺术内涵和收藏价值，近年来酒类收藏已成为一种极具时尚的收藏。

1. 白酒的主要原料

（1）谷类及果实

凡是含有淀粉或糖分的农副产品和无毒无异味的植物均可用来酿酒，主要有高粱、大米、玉米、大麦、小麦、茯苓及薯类等。

（2）酒曲

酒曲又称曲子，是淀粉原料的糖化剂，对白酒的出酒率、品质、风味起着重要的作用，主要有大曲、小曲、麸曲等。

1）大曲。大曲是用小麦或大麦、豌豆等原料经自然发酵制成。糖化菌中以曲霉菌为主，还有根霉、毛霉、酵母和少量醋酸菌、乳酸菌。大曲酿造的白酒，香味浓厚，品质较高，名酒、优质酒和较好的白酒都使用大曲。因曲坯外形似大块砖，故得名大曲。

2）小曲。小曲又名药曲，因曲坯形小而得名。它是用大米、米糠、中草药加入隔年陈曲经自然发酵制成，其主要菌种是根霉、少量毛霉、酵母等。小曲兼有糖化和发酵作用。小曲酿造的白酒酒味醇厚，回味久长，属米香型白酒。小曲酿酒用曲量少，出酒率高。

3）麸曲。麸曲是以麸皮为主要原料，加入适量的新鲜酒糟或其他疏松剂、曲霉菌经培养繁殖而成的一种散状曲。麸曲菌种纯净，节约粮食，适用于多样原料的白酒生产，并且生产周期短，便于机械化，酒质具有一般大曲酒的优点。

2. 白酒的品质指标

（1）感官指标

酒的感官指标包括色、香、味、格四个方面。鉴定感官质量时，酒温最好在21～30℃，时间为上午 9：00～11：00，下午 3：00～5：00 较好。

1）颜色。无色透明、清亮、无悬浮物，允许有微黄色但不允许酒色发暗、失光和浑浊。

2）滋味。醇厚、无怪味、不苦、不酸、无外来异味和强烈刺激味。

3）香气。醇香协调，芳香扑鼻，饮后有余香。常用直接闻香法、滤纸法、手握法、手掌法和空杯法来鉴定。

4）风格。经眼观其色，鼻闻其香，嘴尝其味，综合色、香、味三方面印象，确定其风格。各种香型的酒都有独特的风格。

（2）理化指标

酒的理化指标包括酒精和酒度两项。

1）酒精。学名叫乙醇，化学分子式为 C_2H_5OH。酒精在常温常压下为无色透明液体，可以与水无限混溶。标准状态下，乙醇的沸点为 78.3℃，冰点为 −114℃。

2）酒度。酒度表示酒精含量的多少，标准酒度是指在 20℃的条件下，每100mL 酒液中含有酒精的毫升数，通常用 "％ Vol" 或 "GL" 表示。当每100mL 酒液中含有 1mL 酒精时，其酒度就是 1°、"1％ Vol" 或 "1GL"。标准酒度是法国化学家盖·吕萨克发明的，又称盖·吕萨克法。甲醇和乙醇的风味很相似，但甲醇对人的视神经影响很大，对人体有较强的毒害作用。粮食白酒中甲醇含量应小于 0.04g/100mL，薯干等原料制成的白酒中甲醇应小于 0.12g/100mL。过量摄入则使人体中毒，可致残致亡。

酒精对人体的安全限量，目前发达国家，如美国、日本均以 0.8g 酒精/kg 体重为统计标准值。例如，60kg 体重的人能喝多少酒精不伤身体？根据上述标准计算得：0.8×60＝48（g）酒精，那么 48g 酒精换算成酒液该是多少？我国目前采用的是标准酒度法，即 100mL 的酒液里含 1mL 的酒精，酒度为 1°。因此，酒度与酒精数的计算公式为

$$100：酒度＝酒液：酒精数$$

例如：60kg 体重的人能喝多少 55°的五粮液不伤身体？

$$100：55＝X：48$$

$$X = 4\ 800 \div 55 \approx 87.27$$

即 60kg 体重的人能喝 87mL 的 55°五粮液不伤身体，也就是不超过 100g 即可。

3. 著名蒸馏酒简介

（1）茅台酒

厂家：贵州茅台酒股份有限公司。

原料：精选高粱，小麦高温曲。

酒度：48°、50°、53°、55°系列酒度。

香型：酱香型代表。

品质特点：有独特的"茅香"，香气柔和幽雅、郁而不猛，虽敞杯不饮，香气持久不散，饮后空杯留香。酒液纯净透明、入口醇香馥郁、酒感柔绵醇厚、回味悠长、余香绵绵。

此酒具有 270 多年的历史，曾在 1915 年的巴拿马万国博览会上，被评为世界名酒，解放后在全国第一、二、三、四届评酒会上，均被评为全国名酒。酒质优美，风味独特，深受国内外消费者欢迎，被誉为国宝。

（2）汾酒

厂家：山西杏花村汾酒厂股份有限公司。

原料：高粱，大曲（青茬曲）。

酒度：55°等。

香型：清香型代表。

品质特点：清香纯正、醇甜柔和、自然谐调、余味净爽。

此酒历史悠久，约在 1400 年前，汾阳县杏花村即以酿酒闻名。汾酒以地缸发酵，清洁卫生，幽雅纯正，色、香、味长期以来有"三色"的美称，在我国第一、二、三、四届评酒会上被评为全国名酒。

（3）五粮液

厂家：四川省宜宾五粮液股份有限公司。

原料：高粱、玉米、糯米、大米、小麦。纯小麦制曲，方法特殊，制成"包包曲"。

酒度：55°等。

香型：浓香型代表。

品质特点：香气悠久、酒味醇厚、入口甘美、入喉净爽、各味协调、恰到好处。

该酒原名杂粮酒，1952 年改为五粮液。在我国第二、三、四届评酒会上，均被评为全国名酒。此酒开瓶时喷香扑鼻，入口时满口生香，饮用时四座皆香，饮用后余香不尽，有留香之感。

（4）剑南春

厂家：四川剑南春（集团）有限责任公司。

原料：高粱、大米、糯米、玉米、小麦，小麦制曲，大曲为糖化发酵剂。

酒度：50°等。

香型：浓香型。

品质特点：芳香浓郁、醇和回甜、清冽净爽、余味悠长。

唐代喜好以"春"命酒，绵竹是当时剑南道的一个大县，由此得名——剑南春。它创始于清康熙年间，酒度有 60°、52°两种，52°为出口规格。

（5）古井贡酒

厂家：安徽古井贡酒股份有限公司。

原料：高粱，小麦、大麦、豌豆制曲。

酒度：55°。

香型：浓香型。

品质特点：清彻如水晶，纯香如幽兰，回味经久不息。

此酒以甘甜的古井水酿成，在明代万历年间，曾作过贡品，故名古井贡酒。在全国第二、三、四届评酒会上被评为全国名酒。

（6）洋河大曲

厂家：江苏省泗阳县洋河酒厂。

原料：糯高粱，大曲（高温曲）。

酒度：优质洋河大曲 55°。
　　　　出口洋河大曲 45°～50°。

香型：浓香型。

品质特点：醇香浓郁、入口绵甜、甘爽味净。

此酒有 300 多年历史，曾获巴拿马国际博览会金质奖章和奖状。

以洋河镇著名的"美人泉"优质软水酿造，被誉为"福泉酒浓香美，味占江南第一家"。

（7）董酒

厂家：贵州遵义振业董酒（集团）有限公司。

原料：以糯高粱为主要原料，用麦曲、小曲为糖化发酵剂（麦曲、小曲中均加中药材）。

酒度：55°。

品质特点：酒质晶莹透亮、敞杯芳香扑鼻、入口甘美清爽、饮后香甜味长。

酒厂坐落于遵义市北的董公寺，因而得董酒之名。在全国第二、三、四届评酒会上被评为全国名酒。

（8）泸州老窖特曲酒

厂家：四川泸州老窖股份有限公司。

原料：糯高粱，小麦制曲。

酒度：55°。

香型：浓香型。

品质特点：醇香浓郁，饮后尤香，清洌甘爽、回味悠长。

明末清初就已生产，至今沿用330多年的老窖发酵，曾获巴拿马国际博览会金质奖章和奖状，获我国第一、二、三、四届全国名酒称号。

（9）西凤酒

厂家：陕西西凤酒股份有限公司。

原料：高粱，大麦、豌豆制曲。

酒度：55°。

香型：兼香型。

品质特点：色清透明，甜、酸、苦、辣、香五味俱全。甘润芬芳而有回味。

西凤酒以"甘泉佳酿，清洌醇馥"而闻名于世，1909年在南洋赛会上获二等奖，遂蜚声于国际，在第一、二、四届全国评酒会上被评为名酒。以当地产的高粱为原料，大麦和豌豆制曲，以井水为酿造水，用新窖短期发酵酿制而成。酒液清澈透明，香气芬芳、幽雅、馥郁，酒味醇厚、清洌、软绵、甘润，独具风格。原被列为清香型白酒，第四届评酒会定其为兼香型白酒。

（10）全兴大曲酒

厂家：四川全兴股份有限公司。

原料：高粱，小麦曲。

酒度：55°。

香型：浓香型。

品质特点：酒液无色、醇香浓郁、和顺回甜、味净、曲香最为显著。

全兴大曲酒以高粱为原料，小麦制的高温大曲，用陈年老窖，经60天发酵酿制而成。在全国第二、四届评酒会上被评为名酒。

（11）特制黄鹤楼酒

厂家：武汉天龙黄鹤楼酒业公司。

原料：糯高粱、小麦制曲糖化发酵。

酒度：54°。

品质特点：清香型。

以精选糯高粱为原料，用小麦大曲糖化发酵，采用传统清蒸，清烧，地窖发酵，七次蒸馏，取酒，长期储存老熟后出厂。此酒清亮晶莹、醇甜馥郁、回味绵长，是第四届评酒会全国名酒。

(12) 郎酒

厂家：四川郎酒集团有限责任公司。

原料：高粱、小麦，小麦制曲。

酒度：53°～55°。

香型：酱香型。

品质特点：酱香醇净、色清透明、清冽爽口。

(13) 双沟大曲

厂家：江苏双沟酒业股份有限公司。

原料：高粱，大麦、小麦、豌豆制曲。

酒度：55°。

香型：浓香型。

品质特点：清澈透明、芳香扑鼻、醇厚甜美。

10.2.3 啤酒

1. 啤酒概述

啤酒是一种古老的酒，也是世界产量最大的酒种。啤酒营养丰富，含有大量的 CO_2 能消暑降温，并且酒精度低，为广大消费者所欢迎。所以世界各国都在积极发展啤酒生产，特别是发展中国家的啤酒产量正以成倍的速度增长。我国的啤酒产量居世界第一。

啤酒自 11 世纪以来，就以德国为中心向欧洲各国传播。目前德、美、日、澳等国的产量、技术、人均量都居前列。我国的酿造业历史悠久，并以芳香蒸馏酒、绍兴黄酒闻名于世界。但我国的啤酒却是外来酒种，只有几十年的历史。20世纪初先由俄国人在哈尔滨建立啤酒厂，其后德国商人在青岛建立了啤酒厂。我国自己建的啤酒厂是 1915 年北京的双合盛啤酒厂，解放后叫五星啤酒厂，现在叫燕京啤酒厂。

啤酒是用大麦芽和部分粮食经过糖化加入酒花和酵母菌发酵酿制成的一种低酒精度（2%～6.5%）的饮料。它含有丰富的 CO_2，在炎夏有消暑散热的功效。所以它又是一种清凉饮料。啤酒内含有丰富的营养素，被称为"液体面包"。1972 年召开的世界营养食品大会上，啤酒被列为营养食品。它具备了营养食品的 3 个基本条件：含有较多的氨基酸（8 种人体必需的氨基酸它都含有）；发热量较高，1L12°的啤酒，热量可达 1842.194kJ（相当于 250g 面包）；营养成分易被人体消化吸收，有多种 B 族维生素，有益于人体健康。

2. 啤酒的分类

（1）根据出厂前是否加热分类

1）鲜啤酒（生啤酒、扎啤）。啤酒出厂前不经过加热（酵母菌）叫鲜啤酒，因此口味比较鲜爽，但不能长期存放。同时保存期的长短也和过滤质量、无菌条件和保存温度有很大关系。鲜啤酒液容易失光、变酸和浑浊，稳定性差。没有杀菌的啤酒，一般只能保存几天，应就地销售。作为消暑解渴的清凉饮料，多用桶装或大罐散装。低温膜过滤的鲜、生啤酒一般保存期为 3～6 个月。

2）熟啤酒。啤酒装瓶、装罐后再经过巴氏灭菌工序，即在 62℃热水中保持 30 分钟即为熟啤酒，又叫杀菌啤酒。桶装杀菌啤酒，一般采用先杀菌，后装桶的方式。熟啤酒保存期短，不管是哪种类型的啤酒时间越短越好。

在保存中，一定要防止温度忽高忽低的急剧变化。熟啤酒冬天的保存温度不能低于 5℃，否则就可能发生受寒浑浊。夏天温度高于 25℃时也容易浑浊。

（2）根据麦汁浓度分类

1）儿童啤酒。原麦汁浓度 2.5％～5.0％，酒精含量 0.8％～1.8％。

2）低浓度啤酒。发酵前的原麦汁浓度通常只有 4％～9％，酒精含量约为 1.2％～2.5％，适于夏季作清凉饮料，但稳定性差，又叫佐餐啤酒。

3）中浓度啤酒。是啤酒中产量最大的品种，原麦汁浓度在 10％～14％之间，多为储存啤酒，酒度在 3.2％～3.9％。以麦汁浓度为 12°的啤酒最为普遍，它的国家标准酒精含量是 3.5％，但企业生产中，已是 3.5％～4.0％之间的酒精度。

4）高浓度啤酒。原麦汁浓度在 14％～22％之间，酒精含量 4.0％～6.0％，稳定性较好，适宜储存和远销，多为浓色或黑色。

（3）根据酵母性质分类

1）上面发酵啤酒。主要生产国是英国，其次有比利时、加拿大、澳大利亚。著名的上面发酵啤酒有爱尔（Ale）淡色啤酒、爱尔浓色啤酒、司陶特（Stout）黑啤酒、波打（Porpter）黑啤酒。

2）下面发酵啤酒。世界大多数国家采用下面发酵法生产啤酒。著名的下面发酵啤酒有皮尔逊（Pilsen）淡色啤酒、多特蒙德（Dortmund）淡色啤酒、慕尼黑（Munieh）黑色啤酒。

我国生产的啤酒均为下面发酵啤酒，其中著名的淡色啤酒有青岛啤酒、燕京啤酒、哈尔滨啤酒、上海啤酒、雪花啤酒、海鸥啤酒等，黑啤酒有青岛波打啤酒等。

（4）根据啤酒色泽分类

1）淡色啤酒。是啤酒中产量最大的一种，其色度一般以 0.1 摩尔浓度的碘液保持在 0.5mL 左右。又可分为：色度在 0.4mL 碘液以下者，为淡黄色啤酒，在口味上多属淡爽型，酒花香味突出；色度在 0.4～0.7mL 碘液者，为金黄色啤酒，口味清爽而醇和，酒花香味突出；色度在 0.7mL 碘液以上的啤酒为棕黄色啤酒，其口味比较粗重。

2）浓色啤酒。色泽呈红棕色或红褐色，其色度在 1～3.5mL 碘液之间。根据色度深浅，又可划分为 3 种：棕色啤酒色度在 1.0～2.0mL 碘液；红棕色啤酒色度在 2.0～3.0mL 碘液；红褐色啤酒色度在 3.0～3.5mL 碘液。浓色啤酒的特点是麦芽香味突出、口味醇厚、苦味较轻。

3）黑色啤酒。色泽多呈深红褐色乃至黑褐色，色度一般在 5～15mL 碘液之间，产品产量较低。其特点是原麦汁浓度较高，麦芽焦香味突出、口味醇厚、泡沫细腻。苦味则根据产品类型有较大的差距。其黑色来源于炒焦的麦芽。我国生产的啤酒以淡色啤酒为主，黑色啤酒产量较少。

（5）根据啤酒糖度分类

啤酒中的糖分几乎都转变为 CO_2 气体和酒精，含糖量都在 4% 以下，含糖量高了不易保存。干啤酒型的糖分以 2.5% 为界，大于 2.5% 的为普通啤酒，小于 2.5% 的为干型啤酒。

（6）根据啤酒加料分类

1）水果料。菠萝啤酒、草莓啤酒、法国式果汁啤酒（有酸橙、葡萄、苹果味）、带果粒啤酒等，即在啤酒中加什么水果就叫什么果啤。

2）蔬菜料。苦瓜啤酒、姜汁啤酒等。

3）其他类。芦荟啤酒、桃红色柠檬风味啤酒、可乐风味啤酒、绿色甜啤、干型姜啤等。

（7）冰啤

冰啤是根据加工工艺而命名。在啤酒出厂前经冷冻处理，使啤酒结成小冰粒，再经过过滤，啤酒中的水分结冰时，酒中部分杂质随冰被过滤掉，使啤酒更加清亮透明，还可增加啤酒的浓度，这样制出的啤酒在出厂时直接叫冰啤。

3. 啤酒的原料

酿造啤酒的原料主要是大麦芽、啤酒花、啤酒酵母及淀粉辅助原料（大米、玉米、大麦等)。

(1) 大麦芽的作用

麦芽含有糖类和蛋白质,大麦发芽后,内含丰富的糖化酶,是啤酒生产中的糖化剂。

(2) 啤酒花的功能

赋予啤酒香味和爽口苦味;增进啤酒泡沫的持久性和稳定性;与麦汁共沸时能促进蛋白质凝固,有利于澄清;加强麦汁和啤酒的防腐能力。啤酒花属于麻料类,是雌雄异株的宿根多年生的藤状植物。啤酒花的藤枝依靠它所缠上的植物,可长达几米。用于啤酒酿造的是成熟的雌花。

(3) 啤酒酵母菌的精选

啤酒酵母菌是啤酒的发醇剂。

(4) 采用淀粉辅助原料的目的

增加麦汁浓度和降低蛋白质含量,以提高啤酒品质和增强稳定性。

4. 啤酒的感官鉴定

(1) 色泽

根据我国习惯,淡啤酒以淡黄色为好,黑色啤酒为咖啡色而且发亮。

(2) 透明度

要求酒液透明,无失光现象(失光即失去透明度),酒液中不得含悬浮颗粒。

(3) 气味和滋味

应具有明显的酒花香气和爽口的苦味,不得有酸味及怪味。啤酒的苦味是正常的,因消费习惯不同,要求的浓淡也有所不同。

(4) 泡沫

泡沫升起以洁白、细腻、厚实而持久的为好。

(5) 酒度

通常啤酒的商标注明的度数是啤酒的麦汁浓度,即发酵前原麦汁的浓度,也叫糖度。啤酒的酒精含量,是以质量百分数表示的,即 100g 酒液中含的酒精克数。例如:原麦汁浓度为 12°,就说明其 100g 啤酒中含有 3.5g 的酒精,1kg 啤酒中含有酒精量就是 35g。

(6) 防腐能力

啤酒自身防腐能力比其他类酿造酒强。大部分细菌不能在啤酒中生存,霉菌由于缺氧也不能生长。

（7）啤酒的浑浊沉淀

商业零售中的啤酒，有时发生酒质浑浊。其原因有以下几种。

1）啤酒超过了保质期，酒液中的蛋白质发生了变化，聚合成不溶性的蛋白质，就出现浑浊、沉淀。另外运输中过度地摇晃也容易使蛋白质发生浑浊、沉淀。

2）啤酒在运输、储存中暴露在阳光下太久，储藏温度太高，在金属器皿中，酒与金属接触，均可使啤酒发生浑浊，通称氧化浑浊，是不可逆的。添加维生素 C 于啤酒中可延缓酒中成分的氧化，从而提高啤酒的稳定性而又不影响口味。

3）酵母浑浊。通常鲜啤酒易出现酵母浑浊，当熟啤酒杀菌不彻底时也会发生。部分鲜啤酒中存在的活酵母菌在温度超过 15℃ 的条件下保存，酵母就会重新繁殖，使啤酒出现浑浊和沉淀。

4）受寒浑浊。当温度低于 5℃ 时，啤酒中可溶成分因低温而降低了溶解度，并析出微细的颗粒，轻者使啤酒失光，重者会出现较大的凝聚物而发生浑浊、沉淀。在失光阶段，及时将保存温度升到 10℃ 以上，即可消除失光现象而恢复透明度。受寒时间过长，即使升温也难以恢复原来的透明度。受寒沉淀物的主要成分是蛋白质、酒花鞣质和少量金属盐。

5. 著名啤酒简介

（1）青岛啤酒

厂家：山东省青岛啤酒股份有限公司。

原麦汁浓度：12°。

酒精度：3.5°以上。

CO_2 含量：＞0.3%。

品质特点：色淡黄、清彻透明，有光泽，CO_2 充足，泡沫洁白、细腻、厚实、持久挂杯。有明显的酒花香和麦芽的清香，口味柔和清爽，有酒花的特殊苦味，余味纯净。

该厂有 80 多年历史，1954 年开始出口，目前已占我国啤酒类出口量第一位。它是以崂山泉水和舟山地区二棱大麦为原料，酒花是该厂自种的李村酒花。获得我国第二、三、四届全国名酒之称。

（2）燕京啤酒

厂家：北京燕京啤酒股份有限公司。

原麦汁浓度：12°。

酒精度：3.5°。

CO_2 含量：＞0.37%。

品质特点：淡黄色、清亮透明，CO_2充足，泡沫洁白、细腻、持久，酒花香中带有麦芽香，杀口力强。

（3）雪花啤酒

厂家：华润雪花啤酒（中国）有限公司。

原麦汁浓度：12°。

酒精度：3.5°。

CO_2含量：＞0.3％。

品质特点：色浅透明，CO_2充足，泡沫持久，有明显酒花香和麦芽香。苦味适中、刹口力强，有独特风味。

10.2.4 葡萄酒

全世界75％的葡萄与葡萄酒出产在欧洲。生产葡萄酒最多的国家有法国、德国、西班牙、葡萄牙、意大利、美国以及阿根廷和澳大利亚。其中法国葡萄酒工业最发达。我国从汉武帝时代，就开始有了葡萄酒。法国直到公元600多年，才出现葡萄酒，比我国晚七八百年。我国于1892年由华侨张弼士先生在烟台栽培葡萄，建立了张裕酿酒公司，开始了工业化生产葡萄酒。

1. 葡萄酒的分类

（1）按酒的颜色分类

1）红葡萄酒。用果皮带色的葡萄制成，红葡萄酒的颜色主要是由果皮发酵而得。果肉是酿酒的主要成分，即用果皮、果肉混合发酵而成，酒中溶有果皮中的有色物质，使酒色深红、鲜红或宝石红。红葡萄酒含酒精9％～13％，酸度小于0.6g/100mL。

2）白葡萄酒。用白葡萄或红葡萄的果肉制成。色泽淡黄或金黄色，酒精含量在9％～13％之间，低于9°的是大路货即普通酒，它不耐久储。白葡萄酒酒质澄清透明、酒味柔和、突出果香、爽口滑润，不同品种具有不同的风格。

3）桃色葡萄酒。亦叫浅色、粉红色葡萄酒，国外叫玫瑰葡萄酒。在发酵中，使果皮色素浸出一定量后，便除去果皮，果汁继续发酵所得酒为桃色葡萄酒。

（2）按含糖量分类

1）极干葡萄酒。糖分在1％以下。

2）干葡萄酒。糖分在1％～4％之间。原料中的糖分经过发酵转化成酒精，含糖量不超过4％。这样低的含糖量，口腔味蕾细胞已经感觉不到甜味，这种酒不会引起酵母再发酵，也不易引起细菌生长。

3）半甜葡萄酒。当含糖量超过5％小于14％，能感到甜味的都称半甜葡萄酒。天然甜葡萄酒的糖分来自含糖量较高的葡萄,在主发酵尚未完毕时,即停止发酵,使糖分残留下来,但是强化葡萄酒要在发酵后添加葡萄汁或转化糖浆来提高葡萄酒的糖分,直至达到所需要的人为糖度。

4)甜葡萄酒。含糖量大于 14％的葡萄酒叫甜葡萄酒。

(3)按加工方法分类

1)原汁葡萄酒。又叫天然葡萄酒,完全由葡萄原汁发酵而成,不添加其他成分(酒精、糖分),也叫全汁葡萄酒。高档葡萄酒均是全汁葡萄酒。

2)加强葡萄酒。又称高浓度葡萄酒或加浓葡萄酒。加入白兰地或酒精,提高酒精度称为加强干葡萄酒;加入食糖,提高含糖量称加强甜葡萄酒;我国浓甜葡萄酒,实际上是加强甜红葡萄酒。

3)加料葡萄酒。指在葡萄酒中加入药料、香料等。常见的有:味美思、丁香葡萄酒、人参葡萄酒等。

4)按酒液中有无 CO_2 分类,葡萄酒又可分为静酒(不含 CO_2 的葡萄酒统称为静酒)和起泡葡萄酒。起泡酒又分为两类,一类是天然气酒, CO_2 是由发酵产生的,以法国的香槟酒为代表,也叫大香槟酒;另一类是人工气酒, CO_2 是用人工方法添加到酒里去的,如小香槟之类的通常叫气酒。

5)蒸馏葡萄酒。其代表是白兰地。

(4)根据葡萄的成熟度分类

1)青葡萄酒。用未成熟的青葡萄酿成的酒。

2)冰葡萄酒。用冰冻成硬块的葡萄酿成的酒。

3)贵腐葡萄酒。用长了贵腐菌的葡萄酿成,几乎成葡萄干的葡萄酿成的酒。

4)正常成熟的葡萄酿造的酒。

2. 我国葡萄酒的取名

(1)以颜色取名

红葡萄酒、白葡萄酒、桃色葡萄酒(也叫浅色葡萄酒)。国际上通称的白酒、红酒、玫瑰酒,指的就是白葡萄酒、红葡萄酒和桃色葡萄酒。

(2)以葡萄品种取名

解百纳葡萄酒、雷司令葡萄酒、贵人香葡萄酒等。

(3)以加香料取名

丁香白葡萄酒、桂花葡萄酒等。桂花葡萄酒是在玫瑰香葡萄酒中加入桂花酿造而成。

(4)以产地取名

通化葡萄酒、丹凤葡萄酒等。

（5）以某一特点取名

葡萄气酒等。

（6）以公司名取名

长城白葡萄酒、张裕红葡萄酒、王朝干白葡萄酒等。

3. 葡萄酒的质量标准

（1）外观

包括色泽、透明度、泡沫。由于生产的原料、工艺不同，酒体产生的色泽也不同，但要求与果实的颜色相近并富有光泽。白葡萄酒应呈麦秆黄色、晶亮，不能有浅棕褐色。红葡萄酒应呈红宝石色，不应深棕褐色，要晶亮。白兰地的色泽应呈金黄色。

透明度指任何品种的葡萄酒都应澄清、透明、无浑浊、沉淀，也不能有浮悬物。

泡沫要求在杯中起升快、细致、持久，大香槟开瓶时若发出清脆的响声，则表示瓶内 CO_2 的充盈。

（2）香气

具有果实的清香，不应有醋酸气味和其他异味。

（3）滋味

干型葡萄酒的滋味应清快、爽口、丰富、和谐；甜型酒应醇厚浓郁，酸、涩、甘、馥各味和谐，爽而不薄、醇而不烈、甜而不腻、馥而不艳。

（4）浑浊

葡萄酒、果酒中都含有很多有机成分，如酒精、醛类、有机酸、酯类、胶质、蛋白质、色素和单宁等，它们在温度、阳光、射线、振荡的作用下，会凝聚为较大的胶团，从溶胶变为不溶性凝胶，使酒质中出现浮悬胶粒，从而产生失光、浑浊、沉淀等现象。因此保管时要保持地面干燥，防止光线直射酒箱，保持适宜的温度（5～20℃）。

（5）乙醇的含量

葡萄酒的酒度是根据乙醇的容量百分比来表示的，酒度一般在15°左右。

（6）酒变褐色或酒色破坏

葡萄酒的色泽主要来自葡萄各部分及木制桶中的色素，不同色素给葡萄酒以不同颜色。使葡萄酒具有不同颜色的主要物质是花青素和丹宁。色素的变化可以引起红葡萄酒褪色，白葡萄酒变褐。其中影响色素的因素有：温度、光照、空气、金属、微生物等。

（7）味感与气味变化

葡萄酒具有较多的酒精含量和较低的 pH 值，因此仅有少数几种微生物能残存繁殖，其中有酵母、醋酸菌、乳酸菌等。它们的存在会使酒体污浊、沉淀、变酸、有异味。污浊、沉淀、变色、变味均使葡萄酒质量下降，因此一定要加强保管。

4. 葡萄酒的保存及饮用

（1）葡萄酒的酒龄是葡萄酒的味道与品质的标志

白葡萄酒、桃色葡萄酒一般是 2～6 年，红葡萄酒是 4～10 年。一般品葡萄酒时，以稍微提前一些时间饮用为宜。

（2）葡萄酒的放置

红葡萄酒的酒瓶一定要躺着放，瓶塞要经常保持湿润，防止变干，避免空气进入酒瓶内引起酒质的变化，同时可使酒中的沉淀物下沉。

（3）葡萄酒的饮用温度

白葡萄酒、桃色葡萄酒、香槟酒一定要冰镇，特别是香槟酒，一定要将酒瓶放到冷却器里降温。香槟酒的温度以 4～6℃ 最宜；白葡萄酒、桃色葡萄酒以 10℃ 为宜；红葡萄酒以 18℃ 为宜，夏季室温超过 30℃ 时，红葡萄酒可适当冰镇到 20℃ 左右再饮，冬季有的客人要温热红葡萄酒再饮用。

（4）葡萄酒的开启

红葡萄酒在饮用前一小时打开，因为它的香味物释放慢，同时红葡萄酒与空气中的 O_2 反应能使酒品的风味更美好。白、桃色葡萄酒、香槟酒在饮用时再开塞，无论哪种葡萄酒都不要摇动，以免沉淀物泛起。

5. 我国著名葡萄酒简介

（1）烟台红葡萄酒（甜）

厂家：山东烟台张裕葡萄酒股份有限公司。

酒度：16°。

糖分：12%。

总酸：0.6%～0.7%。

品质特点：色似红宝石、透明似晶、果香明显、酒香浓馥、口味醇厚、甜酸适口、微涩、风味独特。在全国评酒会第一、二、三、四届连续被评为全国名酒。

（2）中国红葡萄酒（甜）

厂家：北京东郊葡萄酒厂。

酒度：16°。

糖分：12%。

总酸：0.65%。

品质特点：红棕色、透明、有明显的葡萄果香和浓厚的酒香，饮时味醇和、浓郁、微涩、酒香持久而协调。在第二、三、四届全国评酒会上被评为全国名酒。

（3）沙城白葡萄酒（干）

厂家：河北省沙城白葡萄酒厂。

酒度：12.5°。

糖分：小于4%。

总酸：1.2%。

品质特点：色淡黄微绿、清亮有光、果香悦人、香美如鲜果、酒香浓醇、滋味柔和、怡而不滞。

（4）民权白葡萄酒（甜）

厂家：河南省民权葡萄酒厂。

酒度：12°。

糖分：10%。

总酸：0.6%。

品质特点：色黄明亮，葡萄的果香和陈酿的醇香协调、酸甜适度、柔和爽适、酒质细腻、回味绵长。

（5）烟台味美思（加料葡萄酒）

厂家：山东烟台张裕葡萄酒股份有限公司。

酒度：17.5°～18.5°。

糖分：14.5%～15.5%。

总酸：0.6%～0.7%。

品质特点：棕褐色，清彻透明，有葡萄酒的水果酯香和药材芳香，香气浓郁、协调，味甜、微酸、微苦、柔厚。

此酒用储存两年以上原汁葡萄酒（优质白干葡萄酒）在出厂前6个月，加入藏红花、豆蔻、丁香、肉桂等十多种芳香中药以及白兰地、糖浆、糖色等配制而成，因此又有开胃酒之称，是一种保健酒。在全国第一、二、三、四届评酒会上连续被评为全国名酒。

10.2.5 配制酒

配制酒是以食用酒精、蒸馏酒和各种酿造原酒为基酒，加入一定比例的香料、色料、糖料、果汁、药材等配制而成的一大类饮料酒，如露酒、保健酒、药酒等都是配制酒。

1. 我国配制酒的分类

（1）花果配制酒

以天然的果品、鲜花、香料为主料的配制酒，如桂花陈酒、味美思、玫瑰露酒、马林蜜酒、青梅酒。其特点是口味浓甜，色泽亮艳。

（2）植物药材配制酒

凡以酒基调配植物药材制成的配制酒均属此类。这类酒品种非常多，诸如人参（吉林省长春市"特质人参酒"）、灵芝（浙江岱山海峡牌"灵芝补酒"）、当归（福建永安"当归酒"）等。其实，凡对人体有益的植物皆可以制酒。较著名的有"莲花白"（北京）、"竹叶青"（山西杏花村或杭州金谷牌）、"味美思"（山东烟台）等。

（3）动物药材配制酒

采用白酒或黄酒为酒基，调配动物药材或加配其他芳香物质制成的配制酒。对于喜好勇、猛、强的中国人来说，花样自然是极其繁多的。最平常的是虎骨酒以及蛇类、鞭类酒。一般而言，酒瓶设计较为突出，往往别出心裁，有收藏价值，如"龟蛇酒"（湖南岳阳）、"甲鱼酒"（湖南洪江市）等。另外，还有"荤""素"一家的动植物药材混合配制酒。例如，北京的"虎骨木瓜酒"、天津的"龙凤参鹿三鞭酒"、福州的"人参鹿茸酒"等。

这些动植物的配制酒也可依其性质、功能，分为补性药酒与药性药酒。前者对人体健康有某种滋补作用，后者配用的药材具有防治某种疾病的特殊功效，做成药酒主要是借用酒精提取药材中的有效成分，以增加疗效。

2. 我国配制酒的制法

（1）泡制法

将各种香料直接投入酒精或蒸馏酒中浸泡，使香料中的有效成分溶于酒内形成特定的风味，经过一段时间浸泡后过滤，即为成品。

（2）预制香料法

将各种香料预先制备好或者制成各类香精，再与糖料、酒类、色素等按比例配合。山西竹叶青、广州五加皮酒、北京莲花白酒均为我国的名优配制酒。

3. 著名配制酒简介

（1）竹叶青

厂家：山西杏花村汾酒厂股份有限公司。

酒度：28°、38°、45°等。

糖分：10％。

品质特点：金黄色、微绿、透明，有药材形成的悦人芳香，口味甜绵、微苦、温和、无刺激性感觉。

此酒以汾酒为基酒，加入竹叶、当归、砂仁、檀香、公丁香、广木香等十二味中药材的浸液和冰糖配制而成。竹叶青酒质佳美、醇甜丰满、幽雅芳香。少饮常饮有疏气、活血、保肝、健脾之功效。第二、三、四届评酒会上均被评为全国名酒，是我国配制酒中的佼佼者。

（2）园林青酒

厂家：湖北省园林青（集团）股份有限公司。

酒度：45°。

糖分：9.5％～10％。

品质特点：金黄透亮、药香浓郁、醇和绵柔、药味协调、回味芳香悠久。

此酒以清香型高粱大曲酒为酒基，选用檀香、丁香、当归、砂仁等十二味中药，加冰糖、白糖配制而成。适量常饮，有润肝、健脾、疏气养血之功效。

10.3　世界蒸馏酒

蒸馏酒的种类很多，我国白酒就是一大类蒸馏酒。国际上流行的蒸馏酒，也就是消费量最大的蒸馏酒有五大类：白兰地、威士忌、金酒、伏特加、罗姆酒。在旅游地的饭店、宾馆、商店内，蒸馏酒都是消费者喜欢购买的一类旅游商品。

10.3.1　白兰地

白兰地（Brandy），泛指一切用果实为原料酿造的蒸馏酒。通常把用葡萄或其皮、渣经过糖化、发酵、蒸馏出来的葡萄蒸馏酒叫白兰地。若用其他水果作原料，糖化、发酵蒸馏得到的酒，要在"白兰地"之前冠以该水果之名，如苹果酒的蒸馏酒叫苹果白兰地，樱桃酒的蒸馏酒叫樱桃白兰地等。只有葡萄酒的蒸馏酒直接叫白兰地。

白兰地的原料是葡萄，高档的白兰地从葡萄的品种到加工工艺都十分考究，蒸馏采用壶式蒸馏器，间歇蒸馏两次，所得的酒储存在橡木桶中，经过陈化、勾兑后才能出厂。也可用葡萄皮、渣及葡萄酒的酒脚蒸馏制成白兰地。

1. 白兰地的陈酿和等级

新蒸馏出来的白兰地，品质粗糙，香味尚未成熟，必须在橡木桶中存放，令其陈化，目的在于改善产品的色、香、味。白兰地在木桶中陈化前是无色的，在木桶储存过程中，橡木中的单宁、色素等物质溶于酒中，使酒色逐渐转为金黄色。陈化中空气渗过木桶板进入酒中，引起一系列缓慢的氧化作用，致使白兰地的酸、酯含量增加，越陈越香，陈化过程中酒精挥发使白兰地的酒度降低，所以白兰地需要较长的陈化时间，时间越长，品质越好。

成熟的白兰地储于木桶内最少要 2 年，否则白兰地的名称上必须注明"未成熟"等字样。白兰地的酒龄通常为 3～8 年，有些著名牌子的酒龄长达 25 年，甚至更长。当酒成熟时，酿酒师按要求将酒装好，并在酒瓶上作以标记，写上字母。各字母有不同的代表意义。

E：优良 Excellent   S：高级 Superior
F：精美 Fine   P：浅色 Pale
V：充分 Very   X：超级 Extra
O：陈年 Old   C：干邑 Cognac

白兰地酒瓶上标有 V、S、O、P 和☆等标记，表示的意思是非常高级的储存时间长的酒，即"陈年浅色高级白兰地"（Very Superior Old Pale）的缩写。☆☆☆表示 5 年陈以上；☆☆表示 4 年陈；☆表示 3 年陈。

质量标记由于生产地区、厂家以及品种不同而不同，不同厂家的 XO、VO 等标记代表不同的质量。

2. 白兰地的特点

1）白兰地的酒度在 40°～45°。
2）白兰地色泽金黄透亮，具有浓郁的芳香和酯香。
3）白兰地是全球广受欢迎的酒精饮料，享用方法多种，无论加冰、水、苏打水或调制成鸡尾酒，都一样美味可口。但一般人喜欢净饮，圆肚的白兰地酒杯斟有少量白兰地（约杯量的 1/5），用掌心的热力使酒香慢慢散溢，布满于酒杯中。先看，后闻，最后再慢慢品其精美，仔细欣赏它的色、香、味。
4）白兰地最少要在橡木桶中陈酿 2 年。
5）法国干邑酒（Cognac）是世界著名的白兰地，被誉为"白兰地之冠"，品质最优良，已成为豪华享受的代名词；其次是法国的雅文邑（Armagnac）。

3. 著名白兰地介绍

（1）中国白兰地

1）金奖白兰地（烟台张裕公司）。

2）特制白兰地（北京东郊葡萄酒厂）。

（2）法国名牌白兰地

1）Bisquit（香港译名"百事吉"）。

· 特级　V、S、O、P、Cognac。

· 超级　Fine Champagne Napoloen Cognac。

2）Henness（轩尼诗）。分三星、Fine Champagne、XO、Paradis 四类。

· Jas Hennessy 斧头牌三星白兰地。

· Bras Arme 陈酿 8～15 年。

· V、S、O、P 陈酿 20～25 年。

· Bras Dore 陈酿 30 年。

· X、O 陈酿 40 年。

3）Martell（马爹利）。

· 优质（兰三星）。

· V、S、O、P（Medaillon）高级。

· Cordon Blue 最高级。

4）Remy Martin（人头马）。

· 优　Loris XIII　路易十三。

· 特　Napoleon　拿破仑。

· 超　V、S、O、P20 年陈酿。

5）Augier Fnenes（金路易）。

6）Courooisier Cognac（科涅克）。

· Courooisier Three Star　普通。

· Courooisier V、S、O、P　高级。

· Courooisier Napoleon　特级。

· Courooisier Extra　超级。

7）Armagnac（雅文邑）。

· Sauval。

· Semp。

· Castagnon。

· Chabot。

雅文邑酒色呈琥珀色，发黑发亮，陈年酒香气袭人，留杯许久；酒味醇厚浓郁、回味悠长，酒度 43°。

干邑酒色呈金黄色，清亮有光泽，酒质优雅，口味精细，气息芬芳，品质上乘。陈酿时间愈久，酒香愈加醇和浓郁。世界上最著名、品质最优良的白兰地是干邑的白兰地。雅文邑的白兰地比干邑白兰地口味浓，但没有其精美，糖分也较低。这两个地区的白兰地为世界白兰地之冠。

10.3.2　威士忌

威士忌（Whiskey）最先起源于苏格兰，已有 500 多年历史，是世界上最受欢迎的烈酒之一。它以大麦、黑麦、玉米等谷物作原料，以大麦芽为糖化剂，经糖化、发酵、蒸馏，并在橡木桶中储存陈化 3 年以上，最后勾兑而成。

1. 威士忌的特点

1）威士忌的酒度 40°～45°，以苏格兰威士忌最有名。

2）酒色一般呈琥珀色，金黄透明，气味醇香各异。

3）新蒸馏出的酒必须陈酿于橡木桶中，最少 3 年以上，方可以喝，7～8 年为成品酒，15～20 年为最优质，20 年以上品质下降。

4）威士忌净饮或是加冰、加苏打水、加姜啤饮用风味均佳。一般多作餐后酒、调制鸡尾酒的基酒。

5）通常书写为 Whiskey，只有苏格兰威士忌可以写成 Whisky。

6）苏格兰麦芽威士忌纯粹只用大麦芽，然后用泥炭火焙干。泥炭的品质影响着酒的风味，会使酒略带微妙的烟火味。

7）多数威士忌是采用大麦芽、大麦和其他谷物混合酿成，经过双重蒸馏，精心调配、长时间的陈化，酿造成别具一格的味道香醇的酒。

8）美国威士忌红中带咖啡色，酒味醇香而清甜。原料必须 51％是玉米，并与大麦芽、黑麦混合发酵而成。储放在全新的橡木桶内，陈化 4 年以上。酒度是 45°，喝时多加冰块。

2. 威士忌的分类

威士忌根据产地和风味分为苏格兰威士忌、爱尔兰威士忌、加拿大威士忌和美国威士忌。

1）苏格兰威士忌。远在 1494 年，苏格兰威士忌已有生产。在英国法律管制下，苏格兰威士忌又分为麦芽和玉米威士忌两种。玉米威士忌的酒味淡，生产时间短，成熟后混合调制。苏格兰威士忌有时是 50 多种酒质的大结合，调制出的酒味较为丰富，有浓烈略带烟火味的麦芽威士忌，有清淡幽香的优质谷物威士忌和风格各异的调制威士忌。

苏格兰威士忌有 4 个主要产地：苏格兰高地（High Land）；苏格兰低地（Low Land）、坎贝尔镇（Campbel town）、伊莱地区（Islay）。苏格兰威士忌酒品根据原料可以分为 3 类：麦芽威士忌、谷物威士忌和调配威士忌。

2）爱尔兰威士忌。由大麦芽、大麦片、小麦酿制而成，有时用少量的黑麦制得，通常是一种混合过的纯威士忌。大部分酒龄为 7 年，酒度为 40°。

3）加拿大威士忌，原料为玉米、黑麦和大麦芽，酒度在 40°左右。

4）美国威士忌。包括美国纯威士忌、混合威士忌、波本威士忌、正牌威士忌、黑麦威士忌等。

3. 著名威士忌简介

Black and White（黑牌与白牌）　　White Horse（白马）

Logan De Luxe（白马王 12 年）　　Glen Elgin（鹰谷 12 年）

Lagavulin（高级白马 12 年）　　Chibvas Regal（皇家芝华）

Jack Daniels Black Label（杰克丹尼尔黑方）

Old Grand Dad（老爷爷）　　Four Roses（四玫瑰）

Canadian House（加拿大之家）　　Seagrms（西格兰姆斯）

Seagram's V'O（士鉴特醇威士忌）　　Queen Anne（女王安妮）

10.3.3　金酒

金酒（Gin）又叫杜松子酒，源出荷兰，又叫荷兰白酒。金酒是先用麦芽、玉米、黑麦等原料制成食用酒精，再用稀释的酒精浸泡杜松子和一些香料（芫荽、香橙皮、香柠皮、柠檬皮、桂皮、白芷、甘草、白莴、鸢尾、大茴香、葛缕子和苦杏仁等）数日后，经再次蒸馏配制而成。每一种杜松子酒都有独特的配方。

1. 金酒的特点

1）著名生产地是荷兰与英国。

2）储藏在玻璃缸中，不需陈化。

3）酒度在 38°～50°之间，一般为 40°～42°。

4）无色透明，具有杜松子的香味，味醇微辣。

5）未加甜味料的为干金酒（Dry Gin），配鸡尾酒时多用，如金汤力鸡尾酒。

6）Sloe Berries 是一种金酒，叫黑刺李金酒，不加杜松子而加野生李子。

人工调制的金酒是在 40°的食用酒精中加入杜松子香精（杜松子是松杉科常绿乔木杜松的果实，具有特殊的芳香，将其提纯就得到杜松子香精）。

2. 金酒的分类

（1）荷兰金酒

荷兰金酒是荷兰人的国酒。它是先提炼谷物原酒，经过 3 次蒸馏后，再加入杜松子进行第 4 次蒸馏，最后掐头去尾，便得金酒。荷兰金酒精美，多是单饮。荷式金酒色泽透明清亮，酒香和香料调香的气味突出、风格独特、个性很强、微甜，酒度 52°左右，适于单饮、冷饮或加必打士数滴，不宜做混合酒。荷式金酒常装在长形的陶瓷瓶中出售，新酒叫"Jonge"，陈酒叫"Oulde"，老陈酒叫"Zeer Oulde"。比较有名的荷式金酒有 Bols（波尔斯）、Bokma（波克马）、Bomsma（邦斯马）、Hasekamp（哈瑟坎坡）、Henkes（亨克斯）。

（2）Dry Gin（英国干金酒）

英式金酒生产较荷式金酒简单，用食用酒精和杜松子以及其他香料共同蒸馏（也有将香料直接调入酒精内的）便得英式金酒。用于蒸馏的香料可以是花椒、小茴香、桔皮、甘草、大茴香、鸢尾草、杏仁等。英式金酒既可单饮，又是调制混合酒的主要酒品之一。英式金酒透明无色、清澈带有光泽、酒香调料料香浓郁、口感醇美爽适。世界上有不少国家生产英式金酒。较为有名的产品有 Beefeater（比费特，又译毕发达）、Bols（波尔斯）、Booddles（博德尔斯）、Burnett's（伯内茨）、Gilbey's（吉尔蓓斯）、House of Lords（上议院）、Old Tom（老汤姆）、Old Lady's（老女士）、Pimm's（皮姆斯）、Plymouth（普利莫斯）、Queen Elizabeth（伊丽莎白女王），最为有名的是比费特、波尔斯、伯内茨、戈登斯、探戈雷等。

除荷式、英式金酒之外，还有一些其他类型的金酒，如产于德国威斯特伐利亚州施泰因哈根（Westphalia Srinhager）的 Schinkenhaer（西利西特）、Doornkaat（多享卡特），产于比利时 Jenever 地区的杜松子酒 Bruggman（布鲁克人）、Filliers（菲利埃斯）、Fryns（弗兰斯）、Herte（海特）、Kampe（康坡）、Van Damme（万·达姆），产于法国的 Geneviere（杜松子酒）的 Claessens（克丽森）、Loos（罗斯）、Lafoscade（拉弗斯卡德），产于南斯拉夫的 Brinjevec（布苓吉维克）等。

10.3.4 伏特加

伏特加（Vodka）最初流行于俄罗斯及东欧国家，现在已发展成世界性蒸馏酒品种。

1. 概述

伏特加是一种纯正的烈性饮料酒，以小麦、大麦、玉米、土豆、黑麦等为原料，用大麦或黑麦的麦芽浆糖化，发酵后反复蒸馏，通过白桦木炭的过滤，使之纯正，形成近似纯酒精的制品。其风味、微量成分的种类、数量比其他蒸馏酒都少得多。此酒不需在橡木桶中经过漫长的老熟过程，只需将蒸馏酒精加软化水稀释，便可直接饮用。酒液无色透明，酒度多为 40°、45°或 60°。

伏特加的品质主要取决于酒精与水的品质，某些品种为了具有适当的香气与味道，也需要向基酒中加入少量的调味料（白砂糖、转化糖、柠檬酸、碳酸氢钠、醋酸钠、高锰酸钾等）。

伏特加，原意是水酒，深受俄罗斯人和波兰人的喜爱，可以称得上是这些国家的"国酒"。伏特加酿造工艺的与众不同之处是要进行高纯度的酒精提炼（可达96°），不需陈酿，高纯度酒精用软水稀释至 40°左右即为成品。伏特加酒液透明，晶莹而清亮，除酒香以外，几乎没有什么别的香味，口味凶烈，劲大而冲鼻。

波兰人在酿造伏特加酒的过程中加入的香料较多，如草卉、植物、根茎、皮叶、果实等，赋予了波兰伏特加的不同风格。其中主要有佐波罗卡（Zubrow-ka），这是用一种佐波罗卡的草调香而成的伏特加酒，酒液具有明显的草香，由于草的颜色渗到酒中，有时它又被称为绿色伏特加。

伏特加出自东欧，可近几十年已变成国际性的重要酒精饮料。某些品种由于香型单一，比较适于制作混合酒。消费量较大的国家还有美国、英国、法国、芬兰等。

2. 著名的酒品

Blauer Bison（兰牛，波兰），Wyborowa（维波罗瓦，波兰），Zubrowka（朱波罗卡，波兰）；Bolskaya（波尔斯卡亚，俄罗斯），Gorilka（哥丽尔卡，俄罗斯），Limonnaya（柠檬那亚，俄罗斯），Pertsvoka（伯特索夫卡，俄罗斯），Starka（斯大卡，俄罗斯），Stolichnaya（斯刀利西那亚，俄罗斯），Stolovaya（斯刀罗伐亚，俄罗斯），Zubrovka（朱波罗夫卡，俄罗斯），Moskovskaya（莫斯科卡亚，俄罗斯），Russkaya（俄国卡亚，俄罗斯）；Finlandia（芬兰地亚，芬兰）；Smirnof（斯米诺夫，美国），Silverado（西尔弗拉多，美国），Samovar（沙莫互，美国）；Cossack（哥萨克，英国），Viadivat（夫拉地法特，英国）；Voloskaya（弗劳斯卡亚，法国），Karinskaya（卡林斯卡亚，法国）。

由于伏特加制法简单，不需贮存，杂质含量少，口味较纯正，是一种中低档酒，价格便宜，因而深受欢迎。有时为了改变单调的风味，饮时多加入果汁、汽水、矿泉水，同时也是调制鸡尾酒和其他混合饮料的基酒之一。

10.3.5 罗姆酒

罗姆酒（Rum）又译为朗姆酒，它是甘蔗制糖业的一种副产品，也称糖酒、蜜酒，是从甘蔗废蜜等副产品中进行发酵后的酒精蒸馏液。罗姆酒分两大类：一类酒精度高，色泽深而质浓，味稍甜且芳香，多产于牙买加和其他一些岛屿（马丁尼、千里达、巴巴多斯、新英伦等）；另一类是酒精度小、色淡、味醇的罗姆酒，多产于波多黎各、古巴、处女岛、多米尼加、委内瑞拉、墨西哥、菲律宾、中国广东。其中以牙买加、古巴的罗姆酒最为著名。

波多黎各的罗姆酒是把多种蒸馏过的酒混合后，用柱蒸馏器蒸馏，得到稍甜而淡的酒，酿藏时间为 1～3 年。有白标牌和金标牌两种，金标牌较甜，色深而香味浓（但是次于牙买加罗姆酒）。

罗姆酒生产的特点是选择特殊的生香酵母和产酸的细菌发酵，由于酸和醇的酯化作用，使酒的香气突出，经陈酿后的酒，风味更为香醇协调。陈酿时，一般都在橡木桶中密封储存，优质罗姆酒的储存期多在 15 年以上，储存时酒精度在 50°～60°，销售前加水降到 40°～45°，再经勾兑、调色、调香、调味、过滤等工序方可出厂。在橡木桶中的陈酿，使橡木质酒桶的香味浸于酒中，形成罗姆酒的特殊风格，而采用不同的蒸馏法、混合法以及酿制时的水、土、天气的不同均可得到品质各异的罗姆酒。罗姆酒可供净饮，调制各种饮料，在烹调菜肴、煮食、制作糕饼时也常用。

除了上述五种世界性的蒸馏烈酒外，还有墨西哥生产的 Toguila（特吉拉酒）。此酒是用发酵的暗绿龙舌兰汁蒸馏出的烈酒，有白牌和金牌之分，白牌无色，金牌呈浅琥珀色，可供净饮或调制鸡尾酒用，可以代替金酒。由于风味独特、饮法新奇，深受年轻人喜爱，近年来销售量上升颇快。

本 章 小 结

本章主要介绍酒品的相关内容，包括酒水的基本知识、中国酒类介绍和世界蒸馏酒三部分。其中重点讲述了中国五大酒类各自的分类方式、酿造原料、质量鉴定和著名酒品等内容，世界五大蒸馏酒的特点、分类和名品介绍。

思考与讨论

1. 简述对于酒品风格的形成应如何进行综合评估。

2. 简述黄酒的分类。

3. 啤酒花的功能有哪些?

4. 简述世界五大蒸馏酒的特点。

5. 简述威士忌的分类。

第11章 名贵中草药

【本章要点】

1. 名贵草药分类；
2. 动物类药材的特性；
3. 中成药。

随着旅游经济的不断发展，旅游商品的种类与范围不断扩大。相关统计资料显示，旅游者在旅游过程中，除了购买旅游地的手工艺品、土特产品之外，与国画、京剧并称为中国三大国粹的中药及中成药，越来越受到国内外旅游者的青睐。

11.1 中 草 药

炎黄子孙崇拜的神农氏不仅是农业之神，而且是华夏民族的药王。《安神记》说："神家以赭鞭鞭百草，尽知其平、毒、寒、温之性。"《淮南子》则称："神农尝百草之滋味，一日而遇七十毒。"表明人们的饮食果腹和人体健康存在着密切的关系。人们通过不断地探索，掌握了某些动、植物的医疗、药性作用，构成了世界上独特的中草药体系。公元前2世纪的《神农本草经》共记载了365种草药，到明代李时珍的《本草纲目》，则收录了1892种中药，至清朝的《本草纲目拾遗》中已收录有2600多种，至今有记载的中草药已经超过5000多种。

中草药的性能以四气、五味、升降浮沉及归经来归纳。四气是指相对应的症候的寒热温凉；五味是指药物本身所具有的酸苦甘辛咸；升降浮沉则是指药物进入体内如何发挥药效作用的进一步说明，主要是针对病理变化的不同趋势所呈现的升降浮沉。

11.1.1 中草药的分类

明朝著名的医学家李时珍在《本草纲目》中详细记载并将中草药进行了分类。现在则一般以药物为纲，归为16类。

1. 解表药类

通过疏散解除表邪，治疗表症的药物（属于辛散轻扬品，不宜久煎），主要有麻黄、桂枝、荆芥、防风、藁本等。

2. 祛风湿药类

用于祛风胜湿，治疗风湿痹症的药物，主要有羌活、威灵仙、木瓜、桑枝、桑寄生等。

3. 祛湿药类

祛除水湿之邪，治疗由于水湿作祟引起的各种病症的药物，如藿香、佩兰、金钱草、车前子、海金沙、薏苡仁等。

4. 清热药类

药性寒凉，可清热去火、解毒凉血、清虚热的药物，主要有龙胆草、蒲公英、板蓝根、马齿苋、黄连、银柴胡等。

5. 祛痰止咳药类

能祛除痰涎、有效减轻或抑制咳嗽的药物，主要有白附子、白芥子、枇杷叶、紫菀、款冬花等。

6. 理气药类

用于调理气分、畅通气机，消除气滞和降逆下气的药物，主要有木香、大腹皮、白豆蔻、旋复花、代赭石等。

7. 理血药类

用于通理血脉、促进血行、消散淤血的药物，主要有穿山甲、皂角刺、益母草、王不留行、侧柏叶、旱莲草、三七等。

8. 补益药类

用于补益人体内的气血阴阳不足以提高抗病能力，消除虚弱症候的药物，主要有人参、太子参、西洋参、阿胶、何首乌、山茱萸等。

9. 泻下药类

用于通利大便、润滑肠道，通过泻下排除体内停滞之邪的药物，主要有大黄、芦荟、蕃泻叶、郁李仁、火麻仁等。

10. 消导药类

用于帮助消化、导行食滞的药物，如神曲、山楂、麦芽、鸡内金等。

11. 固泻药类

用于治疗正气不足引起的滑落诸症的药物，如浮小麦、金缨子、海螵蛸、桑螵蛸、肉豆蔻等。

12. 温里药类

用于温补阳气、祛散寒邪、治疗里寒的药物，如干姜、吴茱萸、肉桂、高良姜、附子等。

13. 安神药类

起镇静安神作用，适用于心神不宁所致的心悸失眠等的药物，如酸枣仁、柏子仁、夜交藤、琥珀、珍珠等。

14. 息风药类

用于治疗肝风内动或肝阳上亢所引起的头目眩晕、抽搐、惊厥等的药物，如天麻、石决明、羚羊角、全蝎、白僵蚕等。

15. 芳香开窍药类

芳香开窍药类主要有麝香、牛黄、冰片、苏金香、安息香、石菖蒲等。

16. 驱虫药类

用来驱虫或杀灭肠道内的寄生虫的药物，如生南瓜籽、槟榔等。

11.1.2　名贵草药

目前，最受海内外旅游者青睐的中草药有人参、灵芝、冬虫夏草、藏红花、何首乌、田七等。下面就这些中草药的性能、鉴别方法及制品方面作详细介绍。

1. 人参

人参属五加科，多年生草本植物，俗称棒槌、神草、地精等，因似人形而得名，是滋补强身的良药。自从其神奇功效被人类发现以后，就被誉为医治百病的灵丹妙药。汉代的《神农本草经》记载："人参，味甘，微寒，主补五脏，安精神，定魂魄，止惊悸，除邪气，明目开心，益智，久服轻身延年。"现代医学研究证明，人参的有效成分为人参皂甙，并富含脂肪、糖类、各种氨基酸和多种维生素等营养成分，不仅是滋补强身的良药，而且对治疗心血管疾病、胃病和肝脏疾病、糖尿病、神经衰弱等有很好的疗效。但是人参虽补，多吃也是有毒的。因为人参虽然药性平和，如果长期过量服用，也可以引起胃脘胀满，食欲减退。临床观察证明，长期服用人参，会出现失眠、欣快感，易激动，咽喉刺痒，甚至会产生血压增高等中枢神经兴奋现象，有的还会发生皮疹、清晨腹泻等情况。因此，人参虽有很好的滋补功效，但也不能随便乱服。

（1）人参分类

人参有四大家族：即我国的吉林人参、朝鲜的高丽参、日本的东洋参、加拿大和美国的西洋参。

朝鲜的高丽参，因加工方法的不同，分为朝鲜红参和朝鲜白参。日本的东洋参，又因其形像竹根，称为竹节参。加拿大和美国的西洋参，去皮的叫去皮参、粉光参，未去皮的叫原皮参或面参。

我国的人参有野山参、园参和移山参三种。

1）野山参产于深山老林中。我国东北的长白山是人参的故乡。野生山参对自然条件要求苛刻，因此很不容易采到。吉林省出产的野山参质量最好，故又称"吉林参"。其中，抚松、集安等县人工种植最早，已有 300 多年的历史。吉林人参种植面积达 8400 公顷，鲜参年总产 5167 吨，产量居全国第一位。各种以人参为原料加工制成的中成药、保健品及参花饮露、人参美容霜、人参香皂等几十种产品，畅销国内外。野山参一般都生长了几十年，有的上百年。参龄愈大，参体愈粗、功效愈好，价格也愈昂贵。一枝须根完整的吉林野人参，在国际市场上价值人民币 1.5 万元以上。

2）园参是用野山参的种子进行人工种植而成。园参因加工方法的不同，又分成不同品种。

3）移山参和园参同类，是将幼小的山参移植于园田，或将幼小的园参移植于山野长成的。园参和移山参，其外形和野山参相似，一般需要生长 6～10 年，因生长期短，药力比山参弱，故价格仅是野山参的百分之一。市场上出售的大多是园参、移山参的加工品。

（2）鉴别方法

鉴别真假人参，主要是鉴别它的形、色和味。

1）生晒参外型，真品呈纺锤形的圆柱体，主根肩部有横纹，且具有明显的纵皱，往下逐渐分叉成2～3条侧根，叫做参腿，较短并有弯曲，末端有许多细长的参须。真品人参表面呈灰黄色，横断面呈淡黄白色。品味真品闻之有特殊气味，口尝味微甘又微苦。

2）红参的真品呈圆柱形，体表有纵沟、皱纹，根部可见横纹，下部有2～3条扭曲交叉的参腿，质地较硬，折断面平坦，中间呈浅色的圆形。真品表面半透明，红棕色或深红色，有的参体上部不透明，呈暗黄色斑块。

假人参与真人参外形相似，植物有野豇豆、栌兰、山莴苣、商陆、华山参、莨菪、紫茉莉、桔梗等。它们与真参的主要区别是：根茎部无芦碗；肩无环纹；参身有根点或表皮粗糙；气味微臭或有异味，味淡或有刺激感，或微甘而苦。此外，这些植物也不具有真参的滋补功效和药用价值。

2. 灵芝

灵芝，别名赤芝、木灵芝、灵芝草、瑞草。灵芝外形古雅奇秀，极适于观赏。其子实体质地坚硬，菌盖呈扇形、半圆形或肾形；黄褐色至红褐色，表面有漆状光泽，具有环状横纹皱纹，菌肉近白色或淡褐色，菌柄侧生，较长，为紫褐色。古代称之为"仙草"。性味甘，微苦，微温。有养心安神、止咳平喘之功效。明朝李时珍编著的《本草纲目》中记载：灵芝味苦、性平，无毒，益心气，活血，入心充血，助心充脉，安神，益肺气，补肝气，补中，增智慧，好颜色，利关节，坚筋骨，祛痰，健胃。现代科学研究表明：灵芝还含有丰富的灵芝多糖、灵芝多肽、三萜类、17种氨基酸、蛋白质、生物碱、甘露醇、有机酸以及微量元素 Ge、P、Fe、Ca、Mn、Zn 等，是滋补保健、延年益寿的保健佳品。长期以来，中华传统医学视其为滋补强壮、固本扶正的珍贵中草药。民间传说灵芝有起死回生、长生不老之功效。《神农本草经》中将灵芝列为上品，书中记载"久食，轻身不老，延年升仙"。据东晋葛洪在《抱朴子》中所说，有一种叫"七明九光芝"的灵芝，一入口就"翕然身热，五味甘美"，连食一斤，不但可以"返老还童"，还能"夜视"。但这种灵芝是否确有此神奇作用，尚有疑问。

（1）灵芝的主要功能

1）抗肿瘤。灵芝可显著提高机体的免疫功能，增强患者的抗病能力，抑制癌细胞增长，是癌症辅助治疗的上选药物。

2）保肝解毒。灵芝能促进肝脏对药物、毒物的代谢，有效改善肝功能、保护肝脏。对治疗各种慢性肝炎、慢性中毒有确切疗效。

3) 抗衰老。灵芝含有的多糖、多肽有促进和调整免疫功能和代谢平衡,促进核酸和蛋白质的合成等作用;灵芝多糖能显著促进细胞核内 DNA 合成,明显延缓细胞衰老,延年益寿。

4) 预防心血管疾病。灵芝可有效地扩张冠状动脉、增加冠脉血流量、改善心肌微循环、增强心肌氧和能量的供给,降低胆固醇、低密脂蛋白和甘油三酯的含量。

5) 抗神经衰弱。灵芝对中枢神经系统有较强的调节、抑制作用,具有镇静安神的功效,对神经衰弱、失眠患者有显著的疗效。

6) 治疗高血压。灵芝可使血压降低并具有延长和稳定其他降压药物的效果。

7) 治疗糖尿病。灵芝中的水溶性多糖可以降低非胰岛素依赖型糖尿病的发病率,服用灵芝后可以取代胰岛素抑制脂肪酸的释出,可以改善血糖、尿糖的症状。

8) 治疗慢性气管炎。灵芝有显著的镇静、祛痰、平喘功效。

9) 美容。灵芝能调节皮肤水分、恢复皮肤弹性,使皮肤细腻、湿润,并可以抑制皮肤中的黑色素的形成和沉淀,具有养颜护肤、美容的功效。

因此,灵芝是绿色有机药材,又是我国的特色保健品,目前在旅游市场中广受消费者欢迎。

(2) 灵芝制成品

1) 灵芝孢子粉。灵芝孢子粉可以激活机体单核细胞和巨噬细胞。被激活的单核细胞和巨噬细胞可产生肿瘤坏死因子 TNF,而 TNF 对多种肿瘤细胞有杀伤作用或抑制分裂作用。同时 TNF 通过血管内皮细胞使瘤体内毛细血管处于融溶状态,失去供养能力,使瘤体分化或枯萎。

灵芝孢子粉所含的多糖能提高淋巴细胞的增殖功能,增强 IL-2 活性及吞噬细胞的作用,促使患者存活期延长,主观症状得到改善。因此灵芝孢子粉可以作为良好的旅游商品。

2) 灵芝片。灵芝片富含蛋白质及 17 种氨基酸、生物碱、三萜类化合物、香豆素、多糖肽、有机锗、腺苷类等成分,药理学表明具有镇静、镇痛、增加机体耐寒、耐缺氧能力,有降血糖、降血脂作用,对高、低血压有双向调节作用,对肝脏有解毒、降酶作用,有提高免疫功效、抗肿瘤、吸收紫外线、抗辐射、促进骨髓细胞生长,加速蛋白质、RNA 和 DNA 合成的作用。

3) 灵芝药酒。将灵芝直接浸泡到食用酒精中或浸泡在各类蒸馏酒中,或灵芝干磨成粉,浸在酒中即可。

3. 冬虫夏草

冬虫夏草别名虫草、冬虫草。冬虫夏草菌寄生于蝙蝠科昆虫绿蝙蝠蛾幼虫体内，冬季幼虫浅居土里，菌类寄生其中，吸取营养，直至幼虫体内充满菌丝体而死亡，到了夏季，自幼虫头部生出幼苗，形似草而得名。冬虫夏草主要产于四川、青海、贵州、云南、西藏、甘肃等省区。

（1）性能

冬虫夏草味甘性温，它的主要功效为润肺、止咳、化痰和提高人体免疫力。中医认为冬虫夏草能壮命门之火，益精髓，补肺气，止咳喘化痰，疗虚损。专家指出，虫草以入肺、入脾为主，所以主要用来治疗肺结核或肺虚。近来一些研究表明，它同时也具有提高免疫力的功效，对癌症症状能够起到一定的缓解作用。因此，冬虫夏草作为新一代的能提高免疫力的药品，将受到人们的青睐。青海省的科技工作者研究的制剂"虫草精"、"利肺片"、"虫草速溶茶"、"虫草参芪膏"等相继获省优质产品、部优质产品称号，出口到美国、日本、东南亚各国及我国的港台地区，深受欢迎。

（2）冬虫夏草制成品

1）虫草健身胶囊。虫草健身胶囊以虫草为原料，辅加药食两用的中药成分组成复合配方，其主要功能为调节免疫，改善睡眠。

2）虫草双降片。虫草双降片的主要功能是预防糖尿病，调节血脂，降血糖。

4. 藏红花

藏红花别名西红花、番红花。藏红花并不是因为产于西藏而得名，它原产于西班牙、荷兰等地中海沿岸国家，过去多经过印度进口到我国西藏而销往各地，因此称之为藏红花。我国于 1965 年开始引种试验，由于需求量不断增大，现已在上海、浙江、河南、北京、新疆等 22 个省、市、自治区引种成功。这将在我国形成一个藏红花市场。煮一杯牛奶并加入少量藏红花，可以缓解痛经、下腹疼痛和恶心，对妇女经闭、产后淤血、腹痛等症状有良好疗效。藏红花不仅是名贵妇科良药，还是美容化妆品与香料制品的宝贵原料，被大量应用于药酒、食品、保健品中。

（1）鉴别方法

藏红花作为著名的中草药和旅游商品，因其产量少，价格昂贵，常有伪品及掺假，旅游者在购买时经常上当受骗，现将常见的掺伪品及识别方法叙述如下。

掺杂其他植物的花丝、花冠狭条或纸浆条片等染色后充伪的，可在显微镜下检识；掺有合成染料或其他色素充伪的，可用水试法检识，其水溶液常呈红色或橙红色，而非黄色；掺有淀粉及糊精充伪的，可用理化方法检识，如加碘试液，呈现蓝色或紫红色，水浸后加热，伪品呈糊烂片状；掺杂矿物或植物油，可用滤纸（或吸水纸）挤压，在纸上会留有油痕；掺杂石灰粉或其他不挥发性盐类的，浸入水中，有粉状沉淀。一般可取样少许浸入水中，水面不应有油状物漂浮，水被染成黄色，不显红色，无沉淀，用棒搅动不易碎断，否则就是伪品。

（2）著名产地

藏红花的著名产地是西藏、云南和青海。

5. 何首乌

何首乌又名首乌、地精、赤敛、小独根等，多年生草本植物，根细长，顶端膨大成块状，皮黑色或黑褐色。在国内，何首乌分布于山西、河南、河北、陕西、甘肃、湖北、江西、江苏、广东、云南和四川。

（1）性能

何首乌性味苦、涩，微温。制首乌其味兼甘，入肝、肾，功专于肾，补养真阴、益精填髓，用于治疗肝肾两虚、精血不足所引起的头昏眼花、耳鸣重听、失眠健忘、须发早白、腰膝酸软、梦遗滑精，以及妇女产后带下等症。另外，也可用于治疗疟疾久发不止、气血虚弱之症。首乌生品可以入药，尚有解毒、通便之功效，是我国著名的特色中药材。

（2）名品分类

1）瑞草堂的"首乌茶"，顾名思义，有乌黑头发的功效。首乌茶的主要用途是有补血乌发的功效；有降血脂、抗动脉硬化、抗疲劳、抗衰老作用；有抗辐射、抗菌作用；能防止脂肪肝、肝功能损害，对肝脏有保护作用。

2）目前市场上推出的"皂角洗发浸膏"等产品，强调纯天然价值，深得"何首乌"、"黑芝麻"、"皂角"等传统中草药之精华，具有乌黑头发的作用。

6. 田七

田七，又名三七、滇七、参三七、广三七，俗称"金不换"。田七原产广西，称为广三七，云南产者后来居上，称为滇三七。田七是中药材中的一颗明珠，《本草纲目》中记载："人参补气第一，三七补血第一，味同而功亦等，故称人参三七，为中药中之最珍贵者。"扬名中外的中成药"云南白药"和"片仔癀"，即以田七为主要原料。

（1）性能

田七具有"生打熟补"功效，即服生田七，能活血化瘀，消肿止痛，参治跌打劳伤有效；服熟田七（用鸡油或其他油将生田七炸黄即成熟田七），能补血强身。经科学研究及临床试验证明：田七与人参一样，含有四环三萜等补养成分，而且比人参含量还高，田七所含酮类化合物，能促进血液循环，扩张冠状动脉，降低心脏耗氧量，减轻心肌工作负担。用田七治疗由冠心病引起的胸闷、心绞痛及降低胆固醇和血脂效果甚好。日本医学界还认为田七有抑制癌症的作用。

（2）鉴别方法

鉴别田七的主要方法是：田七主根呈类圆锥或圆柱形，长 1～6cm，直径 1～4cm；表面灰褐色或灰黄色，有断续的纵皱纹及支根痕；顶端有茎痕，周围有瘤状突起；体重，质坚实，断面灰绿色，黄绿色或灰的折色，木部微呈放射状排列；气微，味苦回甜。

田七也有假冒，一般来说假田七主要由下列植物做成。

1）姜科植物高良姜干燥根茎染色而成。

2）姜科植物姜黄的根茎加工品。

3）木薯粉用植物煎液拌和后的加工品。

高良姜加工品呈圆柱形，多弯曲，有分枝，长 3～5cm，直径 0.5～1.2cm；表面血褐色或暗褐色，刮去粗皮者，可见刀痕，环节不明显，有的可见芽或芽痕；质坚韧，不易折断，断面色同表面，纤维性，中柱约占 1/3；气微香，味辛辣。

姜黄呈类圆锥形或纺锤形，具短叉状分枝，长 1～5cm，直径 1～3cm；表面深黄色，粗糙，有皱纹理及环节和支根痕；质坚实，不易折断，断面棕黄色，角质样，内皮层环纹明显，维管束呈点状散在；气香特异，味苦、辛。

木薯粉加工品，形似三七，规格均匀，长 4～5cm，中部直径 2～3cm；表面灰色或灰褐色，无栓皮，凹下部位粘附有泥土，无纵纹及枝根痕，上端中心处有一伪造突起的假茎基，圆滑无茎痕，周围有 4～6 个伪造的瘤状突起；中部往下刻有横向突起的假皮孔，下端有的伪造有分枝。

11.2　动物类药材

在中药中，不仅使用大量的植物作为药材，而且还广泛使用各类动物作为药材。我国最早的《神农本草经》记载了公元 2 世纪前使用的天然药物，其中动物药 67 种，目前我国的药用动物有 1 581 种。随着科学技术的发展以及人们越来越多地开始关注人与自然的和谐发展，人们开始更多地使用草药来代替动物类药材。名贵动物类药材主要有燕窝、麝香、鹿胎、鹿茸、阿胶、熊胆、蜂蜜、蜂王浆及蜂胶等。下面对这些动物类药材的性能、鉴别方法及主要制成品等作的详细介绍。

11.2.1　燕窝

燕窝，又称燕窝菜、燕菜、燕根，是金丝燕及同属燕类用唾液或绒羽与唾液混合凝结而成的巢窝，多筑在海岛的悬崖峭壁上，形似陆地上的燕子窝，故而得名。市面上的燕窝按形状可以分为燕盏、燕条、燕饼、燕丝及燕球；按颜色可以分为白燕、血燕等。燕窝产于我国广东、海南、福建等沿海一带。

1. 性能

据《本草备要》记载："燕窝甘淡平，大养肺阴，化痰止咳，补而能清，为调理虚劳之圣药，一切病之由于肺虚，而不能肃清下行者，用此皆可治之。"千百年来，燕窝一直被人们视为疗肺、肥儿及滋补养颜的极品美食。现代研究发现，燕窝的主要成分为蛋白质、碳水化合物、微量元素及赖氨酸、胱氨酸和精氨酸等。燕窝独特的蛋白质成分中的大量生物活性分子，有助于人体组织生长、发育及病后复原。燕窝中含有的表皮生长因子及水提物质可直接刺激细胞的分裂、再生和组织重建，均对人体的滋补、复原有相当大的作用，大病后用燕窝补身最为适宜。

女性常食燕窝能保养肌肤，使肌肤滋润、光滑、富有弹性。这是香港众多明星热衷于食用燕窝，保持容颜亮丽的一个原因。随着现代经济的发展、人们的生活水平的提高，使得燕窝成为比较普遍的保健药品，也越来越受到旅游者的青睐。

2. 燕窝的鉴别

由于燕窝的价格较高，有不少伪劣、掺假的产品混于市场，常见的假冒材料有鱼胶、猪皮、银耳、鱼翅等。

鉴别真假燕窝要一看、二闻、三拉。

1）看：燕窝应该为丝状结构，由片块结构构成的不是真燕窝。

2）闻：气味特殊，有鱼腥味或油腻味道的为假货。

3）拉：取一小块燕窝以水浸泡，松软后取丝条拉扯，弹性差，一拉就断的为假货；用手指揉搓，没有弹力能搓成浆糊状的也是假货；血燕和黄燕浸泡后变色的是假货。

11.2.2 麝香

麝香，藏语称为"腊资"，又称为寸香、元香、当元子，是哺乳动物林麝或原麝的成熟雄体香囊中的干燥分泌物。在《神农本草经》中被列为上品，是珍贵的中药材。在我国博大精深的中医药中，麝香的用途十分广泛。

1. 性能及用途

麝香具有芳香开窍、通精活血、消炎止痛三大功效，对治疗中风、跌打损伤、惊厥、瘫痪有很好的疗效。近年来的一些研究表明，麝香在治疗肝病、癌症、心肌梗死方面也有很好的作用。除了在中医中药中被广泛使用外，在藏医藏药、蒙医蒙药中，麝香更是被广泛应用。麝香在藏药中被用作药引子，否则疗效就会大打折扣。含麝香的主要药材有片仔癀、安宫牛黄丸、六神丸、云南白药、伤湿膏等。这些也是国外旅游者喜欢购买的中成药。

2. 鉴别方法

由于麝香为名贵中药，掺假现象较多。因此，旅游者在购买麝香时需从以下四个方面鉴别。

（1）鼻嗅

用鼻嗅之，其香芳烈，经久不散，有一种特异的香气。若气味无浓香袭人或有腥气、臭气，则需要辨伪。

（2）口尝

取少许麝香口尝，即有一种刺舌的感觉，并有一种清凉之味直达舌根，且味道纯、香气正，无腥臭异味。若口尝不刺舌、不爽口、香气不纯正、有腥臭味者，则需辨伪。

（3）手捏

在购买整个麝香时，先用手捏整个麝香是否微软，有否弹性和回手感。若微软，有弹性和回手感为真品，反之为伪品。用手捏后再取少许麝香加适量的水调匀，若不脱色、不染手、不粘手、不结块，且香气扑鼻刺眼者为真品，反之则为伪品。

（4）火烧

取少许麝香，置铝箔上隔火烧热，若出现麝香发生跳动、蠕动，迸裂或有爆鸣声，并随即熔化起浊点似珠，膨胀冒泡，不起火焰，不冒火星者为真品，反之为伪品。

3. 名品分类

用麝香制成的中成药主要有：

1）麝香保心丸。麝香保心丸的原材料主要是麝香、人参提取物、牛黄、肉桂、苏合香、蟾酥和冰片等。黑褐色有光泽的微丸，截面棕黄色；味苦、辛凉，有麻舌感，芳香温通，益气强心。主要用于心肌缺血引起的心绞痛，胸闷及心肌梗死。

2）五味麝香丸。五味麝香丸的原材料主要是麝香、诃子（去核）、黑草乌、木香和藏菖蒲等。本品为棕褐色的小丸；具麝香特异的香气，味微苦、涩、麻。具有消炎、止痛、祛风的功效，主要用于扁桃体炎、咽喉炎、流行性感冒、风湿性关节炎、神经痛、胃痛、牙痛等。

11.2.3　鹿胎、鹿茸

1. 鹿胎

鹿胎为妊娠雌性梅花鹿腹中取出的水胎（包括胎鹿、胎盘和羊水）和出生未食乳的胎鹿（包括胎盘，称之"失水鹿胎"）的干燥品。为常用中药，多入成方制剂，即"鹿胎膏"。鹿胎性味甘咸而温，有益肾壮阳、补虚生精功能，主治虚损劳疾、精血不足、腰膝酸软。同时鹿胎膏还具有调节内分泌功能。鹿胎含有多种免疫成分，具有调节内分泌、垂体、下丘脑、卵巢性腺的分泌作用，有"补养天真、滋益少火，药性温和，为温补之上品"之美称。

2. 鹿茸

鹿茸与人参齐名，是名贵的药材。它是鹿科动物梅花鹿或马鹿的雄鹿未骨化密生茸毛的幼角。前者称"花鹿茸"，后者称"马鹿茸"。夏、秋两季锯取鹿茸，经加工后，阴干或烘干，可用于阳痿滑精、宫冷不孕、神疲、畏寒、眩晕、耳鸣耳聋、腰脊冷痛、崩漏带下、阴疽不敛等症状。鹿茸经制作提取结晶体就是鹿茸精。它的用途也很广，是很好的全身强壮剂，能提高机体的工作能力，改善睡眠与食欲，降低肌肉的疲劳度。

花鹿茸又可以分为锯茸和砍茸。锯茸呈圆柱形，多具 1～2 分枝。外皮红棕色或棕色，多光润；表面密生红黄色或棕黄色绒毛，上部较密，下部较疏，分岔间具一条灰黑色筋脉，皮茸紧贴；锯口黄白色，外无角质，中间密布蜂窝状细孔；体轻，气微腥，味微，具两个分枝者习称"三岔"，皮红黄色，黄毛较稀而粗。砍茸系连头颅骨之茸，也分二杠或三岔等规格；茸形与锯茸相同，茸角与脑角相连处呈环状膨大，有的具突起小疙瘩；肋骨前端齐平后端有一对弧形骨分列两旁，俗称"虎牙"，外附脑皮，皮上密生皮毛。

马鹿茸较花鹿茸粗大，分枝较多，侧枝一个者习称"单门，两个者习称"莲花"，三个者习称"三岔"，四个者习称"四岔"及更多。又据产地不同分为"东马鹿茸"和"西马鹿茸"。东马鹿茸主产东北，外皮灰黑色，茸毛灰褐色或灰黄色，锯口面外皮较厚，中间密布细孔，质嫩，下部有棱筋，锯口面蜂窝状小孔稍大；"三岔"皮色深，较老；"四岔"茸毛粗而稀，大挺下中部具棱筋及疙瘩，分枝顶端多已无毛，习称"捻头"。西马鹿茸主产西北，大挺多不圆，顶端圆扁不一，表面有棱，多抽缩干瘪，分枝较长且弯曲。茸毛粗大，灰色或黑灰色；锯口色较深，常见骨质；气腥臭，味咸。均茸毛饱满、体轻、质嫩、毛色灰褐、下部无棱线。鹿茸以产于东北地区者质佳，内蒙古、新疆、青海、甘肃等省有野生，北京、海南等地有饲养。

3. 名品分类

（1）鹿茸片

由鹿茸（去毛）加辅料蔗糖，制成白灰色片。滋补强身，填精生髓，延年益寿，用于神经衰弱、体虚畏寒、劳伤虚损、腰膝萎弱。

（2）参茸王浆

由人参、鹿茸、蜂王浆制成淡黄色黏稠液体，味甜。对神经衰弱、精力减退、性功能衰退、心脏衰弱、传染性肝炎、消化不良、贫血、营养不良及恢复机体正常状态均有效。

（3）国公药酒

由鹿角胶、鳖甲胶、甘草、羌活、独活、当归、川芎、续断、桑寄生、木瓜、蚕砂、牛膝、防风、白术、玉竹、红花经加工制成深红色澄清的酒剂。

11.2.4　阿胶

"铅华洗尽依丰盈，雨落荷叶珠难停。暗服阿胶不肯道，却说生来为君容。"唐代诗人以此来描述美人杨贵妃如凝脂般的肌肤，当中便有提及杨美人至爱的阿胶。阿胶乃是中药名品。古语有云："中药补身三大宝，人参、鹿茸和阿胶"，其中阿胶不但"补气养血，补血止血"，更能美容养颜，所以备受历代医家推崇，仅医药经典著作的名方就达两千多个。李时珍、陶弘景、孙思邈等历代医药学家的经典著作均有记载。有关阿胶的最早记载在《神农本草经》，距今约有 2000 多年的历史，书中写道，阿胶"生东平郡，煮牛皮作之，出东阿"，由此可见最早的阿胶是由牛皮熬制而成的，到唐代时发现用驴皮熬制的阿胶功效更好，遂一直沿用至今。

阿胶的主要原料是驴皮，辅以冰糖、绍酒、豆油等十几种辅料，用东阿特有的含有多种矿物质的井水，采用传统工艺熬制而成。它的生产周期相对较长，工艺要求严格，要经过选料、洗净、化皮、提炼、切削、晾晒等十几道工序。

1. 性能

现代科学研究指出，东阿阿胶所含 18 种人体必需氨基酸（其中有 8 种不能自身合成）和 20 多种微量元素，不但有养血补血、美容养颜之功，还能调经安胎、改善睡眠、健脑益智、延缓衰老等，可说是女性之宝，因而古今历代，阿胶深得女士们的欢心。同时它对于虚痨咳嗽、肺痿及阴虚、心烦失眠等症状也有很好的疗效。外敷，可治疗烫伤、烧伤、皲裂等。

阿胶主要产于山东、河南、江苏、浙江、河北、上海、北京、天津等地。其中以"福"字阿胶质量最佳。

2. 鉴别

真阿胶一般制成长方形块状，长形平正，色泽均匀，对光照视呈半透明状，且干燥坚实，不弯曲，夏日亦不湿软，并无异常臭味。将胶块置于手中，用手往桌面拍打，胶块即断成碎块，断面光滑似玻璃，无异物者为真。若拍打不碎，不透明，天热变软，断面不光滑，用火烧会发出臭味者系伪品，不能入药。

3. 名品分类

（1）复方阿胶浆（口服液）

以明代医学家张介宾《景岳全书》"两仪膏"为基础方，采用东阿阿胶，配以红参、熟地黄等加工而成，能补气养血、改善失眠、抗疲劳。

（2）补血养颜阿胶羹

以阿胶为主要原料，配以核桃仁、黑芝麻等，根据传统配方调配而成。具有滋阴润燥、补血养颜、乌发、润肠通便等作用。

（3）阿胶西洋参软胶囊

以阿胶和西洋参为主要原料，二者配合，具有气血双调作用，能抗疲劳、改善枯黄脸色。

11.2.5 熊胆

熊胆作为中国四大动物药材之首，素有"药中黄金"之美誉。熊胆为脊椎动物熊科棕熊和黑熊的干燥胆汁。棕熊胆主要产于东北、华北地区，陕西、四川、云南、青海、新疆、甘肃等地也有分布，黑熊胆主要产于东北、华北地区。

1. 性能

熊胆始载于《新修本草》，在《新修本草》中记载了熊胆的性味功能。苏颂谓"熊胆阴干用，然多伪者。但取一粟许滴水中，若线不散者为真"。李时珍谓"按钱乙云，熊胆佳者通明，每以米粒点水中，运转如飞者良。余胆亦转，但缓尔"。《本草纲目》载：熊胆味苦、性寒，归肝胆心经，无毒，能清热、平肝、利胆、明目、杀虫。现代药理学研究证实：熊胆具有清热解毒、抑菌抗炎、保肝护肝、利胆溶石、降脂降压、镇咳平喘、去翳明目、抗疲劳等多方面的药理功能，尤其在治疗胆囊炎、胆结石方面更是功效独特。

熊胆的神奇疗效逐渐被人们所认识，以熊胆为原料的各种制剂应运而生，近年来呈直线上升趋势。如熊胆丸、熊胆乙肝胶囊、熊胆清肝口服液、熊胆滴眼液、熊胆开明片、熊胆茶、熊胆清酒、熊胆王酒、熊胆系列化妆品等产品在国内、国际市场上长销不衰。

2. 鉴别方法

熊胆为珍贵中药材。因来源稀少，故掺伪之品时有发现。有的用猪、牛、羊等家畜的胆伪充熊胆，有的伪品是用三颗针或黄柏浸膏加糖伪造的。鉴别方法如下。

（1）手搓

取熊胆粉末少许置掌心上，用手沾水搓揉后，黏性很强，有拔丝感，并有特异清香气者，为真品。

（2）口尝

味苦回甜，并有清凉而持久的钻舌感，或放小颗粒于口内，很快就完全溶化，清凉窜喉，嚼之不粘牙。伪品苦腥而无清香味，也没有回甜、清凉、窜喉、粘舌感，反有腥臭味。

（3）水检

取清水一杯，投入米粒大的熊胆一小粒于水面，可见其迅速溶解，色素下沉杯底而不扩散。而牛、羊、胆溶解则较慢，色素较少，尚有类白色絮状不溶物。猪胆溶解比牛、羊胆快，但比熊胆慢，溶出色素比牛、羊胆多，但比熊胆少，其不溶物比牛、羊胆少，比熊胆多。

（4）火烧

取熊胆粉末少许置铁皮上，以火烧之，不炽灼，只起白泡而无明显腥气者为真，伪品烧后不溶化，如猪、牛、羊胆仁烧后亦起白泡，但有明显腥气，并发出烧骨胶的臭气。

（5）荧光

取熊胆细粉，在紫外线灯下观察，显黄白色荧光者为真品。伪品显棕黄色荧光。或取约 0.2g 粉末溶于 7％冰醋酸溶液 20mL 中，溶液置紫外线灯下观察，如显浅蓝色乳浊荧光，为牛、羊胆。

11.2.6　蜂蜜、蜂王浆和蜂胶

1. 蜂蜜

蜂蜜是工蜂采花蜜在巢中酿成的，根据采蜜季节不同而有春、夏、秋、冬蜜之分，以冬蜜质量为最好。从野外如树上、岩洞等采取者称为野蜂蜜，又叫石蜜或岩蜜，质量好，但产量很少，现在多采用家养蜂蜜。

蜂蜜对人体健康的好处早已为人们所认识。《神农本草经》把蜜列为有益于人体健康的上品，古希腊人认为蜂蜜是"天赐的礼物"，而印度之《吠陀经》则说蜂蜜可以益寿延年。现代临床医学证明，蜂蜜可促进消化吸收，增进食欲，镇静安眠，提高机体抵抗力，润肠通便，防治便秘；润肺止咳；解毒、医疮、止痛；调和诸药，提高药性；预防血管老化等。此外，蜂蜜还有润肌白肤的作用，由于蜂蜜营养丰富而且多样化，又容易被消化吸收，若作为润肤剂经常外擦，对皮肤可以直接起营养作用，可促进细胞新生，增强皮肤的新陈代谢能力。因此欧美很多高级的化妆品，都是由蜂蜜提炼而成的，可见蜂蜜是一种很好的美容品。

2. 蜂王浆

蜂王浆又叫蜂乳或者蜂皇浆，是工蜂涎腺分泌的专供蜂王和蜂幼虫食用的一种稠乳状物质，呈乳白略带黄色，味道酸涩辛辣。蜂王浆能滋补身体，增强食欲，镇静安眠，调整血压，增强造血功能，加速人体的生长发育，促进人体损伤的修复能力，调节内分泌和代谢功能，以改善重要器官的功能。经常服用蜂王浆，不仅能够促进新陈代谢，增强人体抵抗力，还能抗病防老及延年益寿，因此，蜂王浆被誉为"长寿因子"。蜂王浆是医学和营养界公认的天然高级营养滋补品，是世界上唯一可供人类直接服用的高活性成分的超级营养食品。

蜂王浆兑蜜服用时要充分搅匀，因为蜂王浆和蜂蜜的比重不同，蜂王浆易浮于蜂蜜的上部，如不搅匀会影响功效；绝不能用沸水冲服，否则会破坏蜂王浆中的活性物质而影响其效能，如果需要冲服的话，也只能用温水或凉开水。

近些年来，蜂王浆已经越来越受到人们的欢迎，成为一种时尚的馈赠佳品。调查显示，许多海外游客来中国旅游及港、澳、台同胞来内地观光时也大多会购买几盒蜂王浆回去馈赠亲朋好友。

3. 蜂胶

蜂胶是一种极为稀少的天然资源，素有"紫色黄金"之称，内含 20 大类共

300 余种营养成分。蜂胶中含有丰富的黄酮类、甙类、萜烯类化合物，具有很好的抗氧化性质，同时能够提高人体内的 SOD 活性，常用能增强人体中各种酶的活性，改善微循环，阻止脂质过氧化，减少色素沉积，因此被誉为"血管清道夫"、"微循环的保护神"。此外，蜂胶还能活化细胞，对延缓衰老有一定功效，坚持使用，面部就会充满光泽，脸部斑点会逐步变淡，肤色红润。

蜂胶的主要产品有以下几种。

（1）纯正蜂胶片

蜂胶片的加工工艺流程：纯蜂胶—加乙醇溶解—混合—造粒—干燥—整粒—添加润滑剂—混匀—压片—包糖衣—成品。从工艺流程上可以看出，蜂胶能有效保留蜂胶的活性黄酮，同时具有携带、服用方便的特点，但因为不是浓缩型，所以蜂胶总黄酮含量不是很高。

（2）纯正蜂胶软胶囊

纯正蜂胶软胶囊具有工艺先进、蜂胶含量高、活性蜂胶黄酮总量领先等特点。经临床实践，在调节血糖、血脂、血压，增强免疫力等方面疗效显著，且服用、携带方便。

（3）水溶蜂胶滴液

水溶蜂胶滴液是蜂胶的精萃液，为水溶液，是针对酒精敏感的女士和老年人的保健佳品。本品内服可增强免疫力，调节血糖、血脂，外用对蚊虫叮咬、脚气、口腔溃疡、咽喉肿痛、皮肤红肿等有很好的疗效。

11.3　中　成　药

中成药是以不同的中药为原料，经过加工制成各种不同剂型的中药制品，分为丸、散、膏、丹、片、口服液、药酒、胶剂等，是我国历代医药学家经过千百年医疗实践创造、总结的有效方剂的精华。

11.3.1　分类

中成药的种类繁多，主要有以下 33 个种类。

① 解表药　② 泻下药　③ 和解药　　④ 清热药
⑤ 祛暑药　⑥ 温里药　⑦ 表里双解药　⑧ 补益药
⑨ 祛痰药　⑩ 安神药　⑪ 开窍药　　⑫ 祛风药
⑬ 收涩药　⑭ 理气药　⑮ 理血药　　⑯ 治燥药
⑰ 祛湿药　⑱ 消食药　⑲ 软坚消症药　⑳ 驱虫药
㉑ 涌吐药　㉒ 痈疡药　㉓ 其他中成药　㉔ 内科外治中成药

㉕ 外科外治中成药 ㉖ 妇科外治中成药 ㉗ 眼科外治中成药 ㉘ 耳鼻外治中成药
㉙ 口齿外治中成药 ㉚ 咽喉外治中成药 ㉛ 痔科外治中成药 ㉜ 皮肤外治中成药
㉝ 其他外治中成药

11.3.2 著名中成药

1. 云南白药

云南白药是云南民间医生曲焕章经过长期实践，于1924年配制而成的，最初取名"百宝丹"，后改称为云南白药。

云南白药是我国著名的中成药，可止血愈伤、活血散瘀、消炎去肿、排脓驱毒，为各种跌打损伤、红肿疮毒、妇科血症、咽喉肿痛和慢性胃病的特效良药，素有伤科圣药之誉和"神药"、"仙丹"的美称。该药既可外敷，又可内服，病情严重时，先服一粒"红色保险子"，效果更佳。自20世纪初行销于世以来，蜚声中外，经久不衰。1974年和1979年曾两次荣获国家优质产品金奖，远销世界各地，誉满全球。

2. 六神丸

六神丸已有100多年的历史。它是由蟾酥、雄黄、牛黄、珍珠、麝香、冰片6味药配制而成，因其功效神速而显著，故得名"六神丸"。六神丸颗粒细小，却有着强大的清热解毒、消肿止痛作用，特别对小儿咽喉肿痛、喉痹失音、口舌糜烂、牙痛、流行性腮腺炎、疔疮疖肿功效显著。由于六神丸的主要成分之一蟾酥是由蟾蜍（即癞蛤蟆）腺体分泌的毒液加工而成，毒性很强，能兴奋迷走神经中枢和末梢，并直接作用于心肌，过量服用六神丸，在半小时至两小时内，可出现恶心、呕吐、腹痛、口唇和四肢发麻、心慌、出汗等症状，严重时会出现心律不齐、血压下降、嗜睡、惊厥、休克，甚至导致死亡。六神丸中的雄黄有解毒作用，但过量服用会损害心、肝、肾脏。

3. 漳州片仔癀

原名八宝丹片仔癀，福建漳州制药厂独家生产，以一片即可退癀（消炎化痛）而得名。

片仔癀是用麝香、牛黄、田七、蛇胆等名贵中药制成的，具有清凉解热、消炎杀菌、消肿、拔毒生肌等功效，对急性、慢性肝炎，刀、枪、骨折和烧、烫等多种创伤，脓肿、无名肿毒及一切炎症引起的疼痛、发热等，有显著疗效。外科手术后服用，能消炎止痛，防止伤口感染，加快愈合，因此被国际友人誉为"中国特效抗菌素"，有"国宝神药"之美称，获得国家金质奖。同时，片仔癀也是居家旅游的必备良药。

4. 乌鸡白凤丸

乌鸡白凤丸是传统妇科中成药，始载于明代龚廷贤的《寿世保元》一书。由乌鸡、人参、黄芪、丹参、当归、白芍、川芎、生地、熟地、甘草、制香附、鹿角胶、鹿角霜、银柴胡、牡蛎、鳖甲、桑螵蛸、芡实、山药、天冬等 20 味中药制成。作为北京同仁堂的十大名牌产品之一，长盛不衰，饮誉海内外。

乌鸡白凤丸是补气、养血、调经、止带、阴阳双补的中成药，整个处方药性平和、不寒不燥，各种药味珠联璧合、相得益彰，是治疗妇科病的第一良药，在海内外享有很高声誉。当然，因为乌鸡白凤丸补阳肾成分多，滋阴成分少，只有气血、阴阳两虚者才适用这种药丸。

5. 六味地黄丸

六味地黄丸是滋阴补肾的传统中成药。主要由熟地黄、山茱萸（制）、牡丹皮、山药、茯苓和泽泻制成。六味地黄丸为棕褐色的浓缩丸；味微甜、酸、略苦，主要用于肾阴亏损，头晕耳鸣，腰膝酸软，骨蒸潮热，盗汗遗精，消渴等。

近年来，发现六味地黄丸还具有多方面的防病保健作用。对于某些眼病有一定的辅助治疗作用；可以治疗因服用安基比林所致的白细胞减少症；改善更年期的一些症状；对于糖尿症也有一定的治疗作用。此外，各类癌症患者在放疗、化疗的同时，见阴虚表现者，若服用六味地黄丸可增强体力，减轻副反应；对腰椎肥大性关节炎、突发性耳聋、子宫功能性出血、神经衰弱、高血压均有一定的疗效。基于以上原因，六味地黄丸深受广大消费者的欢迎。

本 章 小 结

随着旅游业的发展和人们生活水平的提高，中药材作为旅游商品将会越来越受到旅游者的欢迎，特别是一些具有保健性质的中成药将日益为海内外游客所青睐。本章对中草药、动物类药材和中成药进行了详细介绍，对于提高旅游专业的知识储备大有裨益，也为旅游者在选购这些旅游商品时提供必要的指导和帮助。

思考与讨论

1. 藏红花原产地在什么地方？现在我国哪些地方有种植？

2. 新中国成立后，我国的人参生产有哪些发展？

3. 我国的鹿茸市场如何？

4. 鉴别熊胆的方法是什么？

5. 蜂蜜与蜂王浆的保健作用是什么？

参 考 文 献

艾艳丰. 2004. 旅游食品学. 北京：科学出版社.

曹燕萍. 2003. 金银器. 上海：上海书店出版社.

高星. 2004. 中国乡土手工艺. 西安：陕西师范大学出版社.

侯在恩，涂彩霞. 2002. 药物美容学. 北京：科学出版社.

黄木坤. 1995. 补身必读. 第二版. 广州：广东科技出版社.

胡明刚. 2004. 皇家珍宝. 北京：世界知识出版社.

刘昭瑞. 1987. 中国古代饮茶艺术. 西安：陕西人民出版社.

南京市博物馆. 2004. 金与玉. 上海：文汇出版社.

沈连生. 2002. 彩色图解中药饮片鉴别手册. 北京：华夏出版社.

万融. 2010. 商品学概论. 第四版. 北京：中国人民大学出版社.

王茂盛. 2004. 中药学. 北京：科学出版社.

姚国坤. 2008. 图说中国茶文化. 杭州：浙江古籍出版社.

殷志强. 2003. 中国玉器真伪鉴别. 第二版. 合肥：安徽科学技术出版社.

郁华，李伟天. 1997. 外国经典鸡尾酒的调制. 广州：广东科技出版社.

张贵君. 2009. 中药鉴定学. 第二版. 北京：科学出版社.

张穗坚. 2002. 中国地道药材鉴别使用手册. 广州：广东旅游出版社.